JN315840

20世紀以降，戦国秦漢時代の墓地や遺跡からの文字資料の出土が続いている。
この中には大量の術数（占術）文献も含まれる。本書は，これまでに出土の術数文献のほぼ全て（67種）の解題を掲載。
最新の資料，最新の学術成果に基づいて，
従来の伝世文献・思想文献のみに依拠した研究とは大きく異なる，中国古代思惟の実態を浮き彫りにする。

Zhanguoqinhan chutushushuwenxian zhi jichuyanjiu

北海道大学大学院文学研究科
研究叢書

戦国秦漢出土術数文献の基礎的研究

大野裕司

北海道大学出版会

第二部　論　文　篇

凡例

一、文献引用文中における異体字・俗字・仮借字・省字については、その文字の下に何の異体字・俗字・仮借字・省字であるかを（ ）に入れて示し、錯字の場合は、その文字の下にその訂正後の文字を〈 〉に入れて示す。

一、文献引用文中における残欠字および判読できない文字は、その文字数が推測できる場合は一文字につき□で示し、残欠字の文字数が推測できない場合は☒で示す。出土資料の欠損箇所（竹簡の断簡等）も☒で示す。文字の残欠部分が推測可能な場合は【 】を用い、その中に文字を入れて示す。

一、文献引用文中において脱字を補う場合は【 】を用い、その中に文字を入れて脱字であることを示す。

一、文献引用文中における重文符号・合文符号「〓」は文字に復元する。その他の出土資料にもともと記載されている符号の類（「●」「レ」「■」等）は写真図版等に拠って再現して掲載しておく。

一、文献引用文中における衍字はその文字の下に「衍」と割注を付す。

一、文献引用文中における算用数字は出土資料の簡番号もしくは行数である。また簡番号の下に漢数字がある場合、それは段数を示している。

一、訓読においては上記の表記符号の厳密な使用を避け適宜調節を行った。

一、伝世文献の引用については、先行研究を参照して本文を直接校訂した箇所がある。

一、本書において睡虎地秦簡『日書』の篇名を表示する場合は、劉楽賢『睡虎地秦簡日書研究』（文津出版社、一九九四年）の篇名に準拠する。

序論　新出土資料と中国古代術数研究

一、出土術数文献の発見とその重要性

本書の研究対象は中国古代の「術数」(数術とも言う)である。[1]『漢書』芸文志・序「成帝の時に至りて……太史令尹咸をして数術を校せしむ」の「數術」に顔師古が注して「占卜の書なり」と云うように、本書に言う「術数」とは、要するに「占い」のことだと考えてもらって構わない(しかしながら、実際にはこの点については研究史上の一大論点となっている。次節でこの点に触れる)。

まずは、現代中国における占いの状況について述べておきたい。そもそも、中華人民共和国は中国共産党のマルクス主義イデオロギーの下、迷信打破を進めてきた。この迷信には術数も当然含まれる。[2]にもかかわらず、改革開放路線以降の急激な経済発展を背景として、一九九〇年代以降にはいわゆる「算命熱」「風水熱」(占いブーム)が興るに到った。[3]

筆者は、二〇〇七年から二〇〇九年および二〇一〇年から二〇一一年にかけて、北京に留学していたが、街の書店では、術数・占術関係の書籍が一般書籍と同じように堂々と陳列されているのを目の当たりにした。それどころか術数書を扱うコーナーの面積は年々拡大する一方であった。以前からこれらの書籍は地下出版のような形

で流通していたようであるが、かかる状況から書籍出版の方面では、迷信禁止の政策は殆ど有名無実化していると言ってよかろう。

　と言うのは、これらの書籍は中国文化の一端を担う「周易」の書籍という建前で刊行されているのである。書店のコーナー名にも「術数」や「占術」を用いず「周易」や「姓氏研究」が用いられるのが一般的である。この背景には近年中国政府が推し進めている伝統文化の再評価がある。「周易」は伝統的儒教文化の代表であり、政府がこれを否定できようはずがない、という寸法である。

大型書店の術数書コーナーにて男性二人が術数談義に花を咲かせている(2011年　北京　著者撮影)。

　台湾・香港では昔ながらに術数が盛んであることは言うまでもない。筆者は二〇一一年から二〇一三年にかけて研究員として台北に在住していたが、台湾の街を歩けば、到る所に占い師の露天や事務所を見かける。瞿海源氏が一九八五年・一九九〇年・一九九五年の三度に渉って行った台湾におけるアンケート調査に拠ってデータを示せば、択日(日選び)に関して、結婚・引越・開業・葬式に良日を選ぶ人が約八割、住宅や家具の方位を考慮する人が約七割、住居や祖先の墓地の風水によって健康・財産・事業・子孫の繁栄に影響があると考える人が約五割、八字(四柱推命)を信じる人が約六割、紫微斗数を信じる人が約四割、手相・面相を信じる人が約五割、という非常に高い数値が出ている。[4]

　殷代の甲骨卜占を例に挙げるまでもなく、中国の占術の歴史は古く、また古代中国においては数多くの種類の占いが生まれた。亀卜・占筮・風水・相術・占星・式占・択日など。これらを総合・包括する総称と言える「術数」は、現在に到るまで伝承され、人々から重視され続けているのである(例えば、キリスト教宣教師など中国を訪れた外国人達はその時代その時代の中国人にとって術数がいかに重要であったかを記録している[5]。また、術数は、その書籍つまり術数書にしろ、その占術にしろ、またその理論にしても、中国以外の東アジアの国々に受容され、その各国でも現在まで伝承されている[6]。故に、全時代を通じて中国および東アジアの諸国において術数が与えた文化的影響は甚大であると言っても過言ではない。東アジアの文化をその研究の対象とした時、その全体像を描こうとする場合においては言わずもがな、個別の時代・個別の地域・個別の事象についての分析の場合においても、術数の影響を考慮せざるを得ないのである。

とは言うものの、三浦國雄氏はこれまでの日本における術数研究の状況について次のように述べる。

術数学は、中国思想、さらには東アジア文化学の基礎学のひとつとして位置づけられるべきなのに、本邦においては従来、思想史学と科学技術史の谷間に置かれてなおざりにされてきた。その一因はおそらく、「数」と「占」とが分かちがたく結びついているその構造に求められよう。「数」は科学的・合理的だが「占」は非科学的・迷信的だとする予断が研究者を躊躇わせていた(いる)のであろう。通書がよい例である[7]。暦法や暦書の研究については科学史家による重厚な研究の蓄積があるのに対して、通書研究は本邦には何の蓄積もなく、キャロル・モルガン、リチャード・スミス、黄一農等、海外の研究に大きく水を開けられている。風水研究も同様で、……基本的な歴史文献の編年や内容の解明が著しく立ち後れていて、風水の文献学をやっているのは……三氏に満たない(風水の文献学的研究に関しては本場の中国でもさほど進んでいない)。易占(易哲学ではない)や呪符についても事情は変わらない[8]。

かかる状況は、従来、術数を迷信と見做してきた中国においても殆ど同じであった。

しかしながら、ここ数年、中国においては術数に関連する学術書籍・論考が陸続と出版・提出されており、以前とは状況が大きく変わっている。その契機となったのは、一九七〇年代以降の、戦国秦漢時代の墓地よりの大量の文献の出土であった。このいわゆる新出土資料の発見は、今日まで不明であった古代の文化・思想・政治・

経済・言語・文学・歴史など多方面に渉って新知見を提供するものであり、多分野の研究者に注目され続けている。(9)

この新出土資料中には術数文献も含まれる。しかも、幾つもの術数文献が、絶え間なく、途切れることなく、今日まで大量に出土を続けている（本書第一部解題篇を参照）。かかる夥しい量の出土術数文献を目の当たりにして、研究者はもはや術数文献を無視することができなくなったのである。以降、出土術数文献を研究対象とする論考が数多く発表された。代表的な研究として以下の著作が挙げられる。

李零『中国方術考』（人民中国出版社、一九九三年。修訂本：東方出版社、二〇〇〇年。改題『中国方術正考』中華書局、二〇〇六年）
李零『中国方術続考』（東方出版社、二〇〇〇年。新版：中華書局、二〇〇六年）
劉楽賢『睡虎地秦簡日書研究』（文津出版社、一九九四年）
劉楽賢『簡帛数術文献探論』（湖北教育出版社、二〇〇三年。増訂版：中国人民大学出版社、二〇一二年）
劉楽賢『馬王堆天文書考釈』（中山大学出版社、二〇〇四年）
劉楽賢『戦国秦漢簡帛叢考』（文物出版社、二〇一〇年）
胡文輝『中国早期方術与文献叢考』（中山大学出版社、二〇〇〇年）
張寅成『中国古代禁忌』（稲郷出版社、二〇〇〇年）
陳松長『馬王堆帛書《刑徳》研究論稿』（台湾古籍出版有限公司、二〇〇一年）
陳松長『簡帛研究文稿』（綫装書局、二〇〇八年）
晏昌貴『巫鬼与淫祀――楚簡所見方術宗教考』（武漢大学出版社、二〇一〇年）
晏昌貴『簡帛数術与歴史地理論集』（商務印書館、二〇一〇年）
呂亜虎『戦国秦漢簡帛文献所見巫術研究』（科学出版社、二〇一〇年）

また出土術数文献の比較資料として伝世の術数文献も着目されるようになった[10]。その一環として術数文献を収録した叢書が陸続と出版され、術数研究の利便性向上の役割を果たしている。

『四庫術数類叢書』（上海古籍出版社、一九九〇～九一年）
『中国方術全書』（上海文藝出版社、一九九三年）
『中国方術概観』（人民中国出版社、一九九三年）
『増補四庫未収術数類古籍大全』（江蘇広陵古籍刻印社、一九九七年）
『続修四庫全書術数類叢書』（上海古籍出版社、二〇〇六年）
『術蔵』（北京燕山出版社、二〇一〇年）

かかる中国における術数研究の活況を受け、日本においても本格的に術数研究に取り組む準備がなされつつある。ここ数年において、幾つかの術数研究グループが組織されたのはこの現れであろう。以下の研究グループがある。

三浦國雄代表「術数書の基礎的文献学的研究」（科学研究費助成事業）[11]
武田時昌代表「術数学——中国の科学と占術」（京都大学人文科学研究所共同研究班）[12]
小林春樹代表「唐・李鳳撰『天文要録』の研究（訳注作業を中心として）」（大東文化大学東洋研究所共同研究部会第七班）[13]
水口幹記代表「天地瑞祥志研究会」（立教大学文学部）

二、術数とは何か——その定義をめぐって——

ここで「術数」の辞書的な意味を確認しておきたい。この分野に関して、唯一の学術的な専門辞典である『中国方術大辞典』では術数を次のように説明する。

古代における方術の重要な内容。「数術」とも言う。「術」は方術を指し、「数」は気数・数理、つまり陰陽五行の生剋制化(五行相生・相剋のこと)の数理、を指す。古代人は、自然界において観察される各種変化を、人事・政治・社会の変化と結び付けて、両者に何らかの内在的関係があって、この関係は、術数を用いることによって帰納、推理できる、と考えた。だから、術数は個人や国家の命運・吉凶を推測するのに用いられるのである。『黄帝内経素問』上古天真論篇には「上古の人、其の道を知る者は、陰陽に法り、術數に和す」とある。また『漢書』芸文志では、天文・暦譜・五行・蓍亀・雑占・形法の六種を術数に区分し「數術なる者は皆な明堂羲和史卜の職なり」と云う。後世、おおよそかかる陰陽五行の生剋制化の数理を運用して占卜の術を行うものが、術数に区分される。例えば、星占・卜筮・六壬・奇門遁甲・相命・拆字・起課・堪輿・択日などはどれもみな術数の類である。(14)

基本的にこの説明に問題があるわけではない。しかし、「術数」という言葉が示す意味とその範囲とは、各時代ごとに変遷・変化を見せる。このため近年、「術数」という言葉の定義をめぐって多くの意見が提出された。主要な論考は以下の通り。

木村英一「術数学の概念とその地位」(『東洋の文化と社会』第一輯、一九五〇年)

坂出祥伸「方術伝の成立とその性格」(山田慶児篇『中国の科学と科学者』京都大学人文科学研究所研究報告、一九七八年)(15)

胡孚琛「周易象数和中国術数学――中国哲学的文化背景剖析」(『社会科学戦線』一九九二年第三期)[16]

川原秀城「術数学――中国の「計量的」科学」(『中国――社会と文化』第八号、一九九三年)[17]

川原秀城「術数学――中国の数術」(渡邉義浩編『両漢における易と三礼』所収、汲古書院、二〇〇六年)

中村璋八「中国思想史上における術数」(『東洋の思想と宗教』第一四号、一九九七年)

保科季子「漢代における「道術」の展開――経学・讖緯・術数――」(『史林』第八三巻第五号、二〇〇〇年)

馬場理恵子「「術数」概念の成立と漢代学術」(『京都女子大学大学院文学研究科研究紀要史学編』第三号、二〇〇四年)

三浦國雄『風水講義』(文春新書、二〇〇六年)

三浦國雄「趣旨説明」(渡邉義浩前掲『両漢における易と三礼』所収)

三浦國雄「総説」(研究代表者三浦國雄『術数書の基礎的文献学的研究――主要術数文献解題――』所収、平成一七～一八年度科学研究費補助金基盤研究(C)研究成果報告書、二〇〇七年)

三浦國雄「総説」(同氏編『術の思想――医・長生・呪・交霊・風水』所収、風響社、二〇一三年)

劉昭瑞「数術及其研究述略」(同氏著『考古発現与早期道教研究』所収、文物出版社、二〇〇七年)

水口拓寿『風水思想を儒学する』(風響社、二〇〇七年)

水口拓寿「四庫全書における術数学の地位――その構成原理と存在意義について――」(『東方宗教』第一一五号、二〇一〇年)

宇佐見文理「術数類小考」(武田時昌編『陰陽五行のサイエンス　思想編』所収、京都大学人文科学研究所、二〇一一年)

このように侃侃諤諤の議論がなされているのではあるが、本書ではこの議論には立ち入らない。なぜならば、次の二点において、本書とこれまでの術数定義をめぐる議論とはあまり関わりがないと思われるからである。

一、時代。「数術」「術数」という言葉自体が後漢の班固『漢書』芸文志(もしくは前漢末の劉歆『七略』)が初出のため、以上の論考の殆どが議論の対象として後漢以降を取り扱う。本書で扱う出土術数文献は戦国から前漢までの文献が大半を占めるため、時代が合わず、議論が嚙み合わない。

二、方法論。この方面の研究では、主として図書目録の区分を根拠とする目録学的方法論によって「術数」を定義しようと試みる研究が進められてきた。一方で本書は出土術数文献そのものを研究対象にする点で、上掲の論考とは方法論を異にする。

歴代の図書目録の分類は、その時代その時代の術数概念の外延を正確に記す、と考えるがため、かかる方法論が用いられてきたわけだが、図書分類に拠る研究では「術数」という概念の外延は明らかになるかもしれないが、その内包についてまでは十分には明確にされないことは言うまでもない（川原秀城前掲「術数学――中国の数術」を参照）。

図書目録の分類を考察することはもちろん大事ではある。が、戦国から前漢時代までは、大量の出土術数文献が発見され、唐代前後は敦煌遺書中の術数文献を利用でき[18]、宋代以降は伝世の術数文献が現存している。現在の我々は既に殆どの時代の術数文献を実見することが可能なのである。このような状況においては、図書目録の分類のみを見るのではなく、各時代ごとに術数文献の内容と図書目録とを突き合わせて考察した上で、各時代ごとの「術数」という言葉の実態に即した定義を追究する必要があるだろう。

戦国秦漢時代の出土術数文献研究においてかかる方法を実践している研究者が劉楽賢氏である。定義問題に関係する論文に以下の二つがある。

劉楽賢「早期数術文献及研究成果概述」（同氏前掲『簡帛数術文献探論』所収）

劉楽賢「従出土文献看兵陰陽」（同氏前掲『戦国秦漢簡帛叢考』所収）

今、後者に拠って劉楽賢氏の方法と結論を纏めれば次のようになる。劉氏は、出土文献のうち、『漢書』芸文志の分類で、数術略文献と見做し得る文献（『日書』・馬王堆漢墓帛書『五星占』『天文気象雑占』等）と陰陽家（兵陰陽を含む）と見做し得る文献（兵陰陽に銀雀山漢簡『地典』・張家山漢簡『蓋廬』、陰陽家に子弾庫楚帛書・銀雀山漢簡「陰陽時令類」文献・虎渓山漢簡『閻氏五勝』がある)とを比較して両者の違いを明確にした。次の通り。
一、陰陽家文献は理論的色彩が濃いが、術数文献は技術的操作について述べる。
二、陰陽家文献は対話体もしくは論述体を用いる点で諸子の著作に近い。術数文献とはこの点が異なる。
三、陰陽家文献が明確な作者(仮託を含む)を表明するのに対し、術数文献には作者が表記されない。
術数文献は技術的操作を重視するという特徴があり、一方、陰陽家は術数の学から生まれ出たものではあるが、術数の学に留まらずに、これを理論化、哲学化した内容であり、当時において儒・道などの諸子と並べられる存在であった、と結論する。

劉氏は出土文献を実際に確認した上で、そこに反映された実際の状況から、両者の違いを明らかにしている。そしてその結論は『漢書』芸文志における区分の実態とも十分合致している。劉氏の結論に従って、本書においては、占術の技術重視の書、具体的な占術の実践法を中心に説く書を「術数文献」と呼ぶことにする。(19)

三、本書の構成およびその目的

本書の目的は、出土術数文献とは何かを明確にすることにある。そのためには、まず出土術数文献の全体像を把握し、次に、その思想史上における位置付けを探る必要がある。よって、本書では、次のような二部構成を採ることにした。

第一部解題篇では、これまでに出土した術数文献の解題を行う。その目的は、①これまでの術数文献の出土状況を確認し、如何なる文献がどの程度出土しているかを把握する。②これまでの各出土術数文献の研究状況を確認し、その研究成果を術数理解に役立てる。解題を通じて戦国秦漢時代の術数の概観を示すことができよう。

第二部論文篇では、出土術数文献の思想的特徴を明らかにすることを目的とする。第二部は全四章から成る。第一章では研究対象として睡虎地秦簡『日書』を取り上げ、その文献としての構造的特徴、思想的特徴を明らかにする。本章では特に『日書』の根幹をなす日選びの禁忌に着目して、そこに表現される古代的思惟を探る。方法としては、①後世の術数書との比較によって、後世の術数書とは違う、睡虎地秦簡『日書』の独自性を浮き彫りにし、②宗教学の理論的枠組みを援用することで、その独自性の意味するところを探り、その背景にある古代的思惟の特徴を明確にする。

第二章では古代的思惟の中でも「天道観」に焦点を絞って議論を進める。前章での議論および方法論を基礎にして、本章では睡虎地秦簡『日書』のみならず出土術数文献全体を考察対象とする。ただし、第一章の議論を受け継ぐ内容のため考察の対象は日選びに関連した文献に限定される。本章では「神煞」を考察の中心に据える。神煞は、従来、伝世古代文献にその存在だけは確認できるものの、実態は明らかでなかった。しかし、出土術数文献には夥しい数の神煞が記載されているのである。筆者は、かかる神煞の分析を通して、これまでの伝世文献には表現されない術数文献に特有の天道観を明らかにすることができると考える。そして、出土術数文献特有の天道観を、従来の伝世文献を用いて構築された思想史研究の成果としての古代の天道観と比較対照させる。かかる検討によって、以下の二点を明確にできると考える。①出土術数文献に特有の古代的思惟およびその思想史上における重要性、②両者の天道観の違いに立脚して、出土術数文献の思想的な位置付け、を明確にする。また、かかる天道観の変遷についても考察し、古代的思惟の継承と断絶の具体相をも示したい。

第三章および第四章は、第一章と第二章での取り組みを個別の内容へ応用したものである。具体的には、第三章では、出土術数文献『日書』に見える「禹歩を伴う出行儀式」の性格を明らかにし、第四章では、伝世術数文献に見える「玉女反閉局法」の性格を明らかにする。その方法としてはいわゆる「二重証拠法」[20]を用いる。しかし、出土文献と伝世文献とを単純に並べるのではなく、術数文献の歴史的変遷を、時代を追って確認し、その際、各内容の継承と変化の実態を明確にし、その上ではじめて考証の資料として用いる。かかる方法によって、先行研究の事実誤認の修正を可能にし、従来とは異なる解釈を提出できよう。

本書は、以上のような構成および方法によって、出土術数文献全体および個々の内容について、文献的特徴、思想的特徴を明らかにするものである。これまでの思想史研究において、術数文献は、出土の文献、伝世の文献にかかわらず、あまり積極的に用いられては来なかった。本書は出土術数文献を思想史研究に用いたほぼ最初の専著となろう。その点から、従来の思想史研究に貢献するところがあると信じるものである。

（1）『漢書』芸文志・序に「歆於是總羣書而奏其『七略』、故有輯略、有六藝略、有諸子略、有詩賦略、有兵書略、有術數略、有方技略」とある。『漢書』芸文志において、劉歆『七略』の「術数略」に相当する箇所は「数術略」となっており、この点から「術数」と「数術」はほぼ同義と考えてよい。

（2）リチャード・J・スミス（三浦國雄監訳・加藤千恵訳）『通書の世界――中国人の日選び』（凱風社、一九九八年）第三章「中国の通書と大陸の政治」を参照。

（3）当時の状況を取材したTV番組にNHK　BS1「よみがえる易――中国市場経済の裏舞台――」（一九九九年七月二〇日午後一〇時～午後一一時）がある。

（4）瞿海源『宗教、術数与社会変遷（一）』（桂冠図書股份有限公司、二〇〇六年）第一〇章「術数流行与社会変遷」。

（5）例えば、マッテーオ・リッチ（一五五二～一六一〇）『中国キリスト教布教史1』（川名公平他訳、岩波書店、一九八二年）第九章「チーナの迷信および悪弊について」、ジョアン・ロドリーゲス（一五六一～一六三三）『日本教会史　下』（池上岑夫他訳、岩波書店、一九七〇年）第一六章「これら（東方）諸民族の実用占星術と、それに付随しているさまざまな迷信について」、ジャスタス・ドーリトル（盧公明・Justus Doolittle）（一八二四～一八八〇）『中国人的社会生活――一個美国伝教士的晩清福州見聞録』（陳沢平訳、福建人民出版社、二〇〇九年）第三一章「卜算」などがある。

（6）例えば、日本の陰陽道は、中国の術数を源流とし日本において独自の発展を遂げた。山下克明『陰陽道の発見』（NHKブックス、二〇一〇年）を参照。

（7）日選びの書のこと。本書第二部第一章を参照。

（8）研究代表者三浦國雄『術数書の基礎的文献学的研究――主要術数文献解題――』（平成一七～一八年度科学研究費補助金基盤研究（C）研究成果報告書、二〇〇七年）「刊行に当たって」。

（9）この方面の概説として福田哲之『文字の発見が歴史をゆるがす――20世紀中国出土文字資料の証言』（二玄社、二〇〇三年）、朱淵清（高木智見訳）『中国出土文献の世界――新発見と学術の歴史――』（創文社、二〇〇六年）がある。参照されたい。

（10）伝世術数文献は、出土術数文献のいわゆる二重証拠法の資料として利用される。出土術数文献研究において、相当に早い段階で伝世術数文献を利用した研究が行われている。羅振玉・王国維『流沙墜簡』（一九一四年）において敦煌漢簡術数文献の考証に当たって清代の『欽定協紀辨方書』（巻四・義例二「建」および巻六・義例四「月煞」「大時」）が利用されている（ただし出典を明記していない）。『流沙墜簡』中華書局一九九三年リプリント版九四頁を参照。

（11）研究成果として研究代表者三浦國雄前掲『術数書の基礎的文献学的研究――主要術数文献解題――』、同代表『術数書の基礎的文献学的研究――主要術数文献解題 続編――』（平成一九～二〇年度科学研究費補助金基盤研究（C）研究成果報告書、二〇〇九年）、同代表『術数書の基礎的文献学的研究――主要術数文献解題 第三編――』（平成二一～二三年度科学研究費補助金基盤研究（C）研究成果報告書、二〇一二年）がある。

（12）本会の前身である共同研究班「陰陽五行研究会」の成果として武田時昌編『陰陽五行のサイエンス 思想編』（京都大学人文科学研究所、二〇一一年）がある。

（13）研究成果として小林春樹・山下克明編『『天文要録』の考察［一］』（大東文化大学東洋研究所、二〇一一年）がある。

（14）陳永正主編『中国方術大辞典』（中山大学出版社、一九九一年）二二頁。

（15）後、坂出祥伸『中国古代の占法――技術と呪術の周辺』（研文出版、一九九一年）に収録。

（16）胡孚琛『《周易》象数与中国術数学析論』（『象数易学研究』第二輯、斉魯書社、一九九七年）および「中国術数学簡論」（袁樹珊著・謝路軍主編、鄭同点校『述卜筮星相学』所収、北燕山出版社、二〇一〇年）はこれと同内容。

（17）後、川原秀城『中国の科学思想』（創文社、一九九六年）に収録。

（18）敦煌遺書術数文献の概説に黄正建『敦煌占卜文書与唐五代占卜研究』（学苑出版社、二〇〇一年）がある。また余欣『神道人心――唐宋之際敦煌民生宗教社会史研究』（中華書局、二〇〇六年）導論第四節「学術史回顧」はこの方面の研究史を手際よく纏めており参考になる。

（19）これは戦国秦漢時代に適合した定義ではあるが、本書では戦国秦漢時代以降の術数文献も利用するので、実際には、便宜的に「各図書目録において術数に分類されている書籍」およびその内容を「術数」と見做すことにする。

(20)　二重証拠法については、王国維『古史新証』(清華大学出版社、一九九四年)を参照。

第一部　解題篇

出土術数文献解題

出土術数文献の分類および先行研究

第一部解題篇では、現在までに出土した術数文献の解題を掲載する。術数文献の出土状況および、各出土文献の内容を紹介することを通して、現在までの出土術数文献の研究状況を概観したい。

まず、『漢書』芸文志・数術略の分類方法を用いて、(1)筆者の見解によって、現在までに出土した戦国秦漢時代の出土術数文献を分類すれば、以下の通りになる。(2)

(1) 天文

馬王堆漢墓帛書『五星占』

馬王堆漢墓帛書『天文気象雑占』

馬王堆漢墓帛書『日月風雨雲気占』甲篇・乙篇

阜陽双古堆漢簡『五星』

阜陽双古堆漢簡『星占』

銀雀山漢簡『天地八風五行客主五音之居』
銀雀山漢簡『占書』

(2)暦　譜

荊州関沮周家台秦簡『暦譜』
湖南大学嶽麓書院蔵秦簡『質日』
里耶秦簡『暦譜』
北京大学蔵秦簡『質日』
阜陽双古堆漢簡『天暦』
阜陽双古堆漢簡『漢初朔閏表』
江陵張家山二四七号漢墓竹簡『暦譜』
江陵張家山二五八号漢墓竹簡『暦譜』
江陵張家山三三六号漢墓竹簡『七年質日』
銀雀山漢簡『元光元年暦譜』(『七年視日』)
随州孔家坡漢簡『暦譜』(『暦日』)
雲夢睡虎地七七号漢墓竹簡『質日』
荊州印台漢簡『暦譜』
山東日照海曲漢簡『後元二年視日』
尹湾漢墓木牘『元延元年暦譜』
尹湾漢墓木牘『元延二年日記』

尹湾漢墓木牘『元延三年五月暦譜』
張家界古人堤漢代遺址木牘『暦日表』
江蘇連雲港花果山漢代木牘『暦譜[3]』
江蘇連雲港花果山漢代木牘『元寿二年十月干支紀日』
江蘇連雲港花果山漢代木牘『元寿二年至元寿三年朔閏表』
居延・敦煌等中国西北部出土漢代木牘『暦譜』
敦煌懸泉置漢代木牘『暦譜』
阜陽双古堆漢簡『楚月』
阜陽双古堆漢簡『干支』
居延漢代木牘（居延新簡）『干支表』
清華大学蔵戦国簡『算表』
湖南大学嶽麓書院蔵秦簡『数』
北京大学蔵秦簡『算書』
北京大学蔵秦簡『田書』
北京大学蔵秦代木牘『九九術』
里耶秦簡『九九術』
阜陽双古堆漢簡『算術書』
江陵張家山二四七号漢墓竹簡『算数書』
銀雀山漢簡『算書』
雲夢睡虎地七七号漢墓竹簡『算術』

張家界古人堤漢代遺址木牘『九九乗法表』
居延漢代木牘（居延旧簡）『九九術』
居延漢代木牘（居延新簡）『九九術』
敦煌漢代木牘『九九術』

（3）五　行

江陵九店楚簡『日書』
上海博物館蔵戦国楚簡『日書』
浙江大学蔵戦国楚簡『日書』（『玉勺』『四日至』）
雲夢睡虎地秦簡『日書』甲種・乙種
天水放馬灘秦簡『日書』甲種・乙種
江陵王家台秦簡『日書』
荊州関沮周家台秦簡『日書』
江陵岳山秦墓木牘『日書』
北京大学蔵秦簡『日書』
定県八角廊漢簡『日書』
阜陽双古堆漢簡『日書』
江陵張家山漢簡『日書』
沅陵虎渓山漢簡『日書』（『閻氏五勝』）
随州孔家坡漢簡『日書』

西安杜陵漢墓木牘『日書』農事篇
雲夢睡虎地七七号漢墓竹簡『日書』
荊州印台漢簡『日書』
香港中文大学文物館蔵漢簡『日書』
北京大学蔵漢簡『日書』
北京大学蔵漢簡『日約』
北京大学蔵漢簡『日忌』
北京大学蔵漢簡『揕輿』
武威磨嘴子漢墓木牘『日書』(『日忌雑占』)
永昌水泉子漢墓木牘『日書』
居延・敦煌等中国西北部出土漢代木牘『日書』
敦煌懸泉置漢代木牘『日書』
高台県駱駝城魏晋木牘『日書』
馬王堆漢墓帛書『刑徳』甲篇・乙篇・丙篇
馬王堆漢墓帛書『陰陽五行』甲篇・乙篇
馬王堆漢墓帛書『出行占』
阜陽双古堆漢簡『刑徳』甲篇・乙篇
阜陽双古堆漢簡『向』
尹湾漢簡『刑徳行時』
尹湾漢簡『行道吉凶』

江陵王家台秦簡『災異占』

（4）著　亀

上海博物館蔵戦国楚簡『卜書』
清華大学蔵戦国簡『筮法』
清華大学蔵戦国簡『別卦』
江陵王家台秦簡『帰蔵』
北京大学蔵秦簡『禹九策』
阜陽双古堆漢簡『周易』
敦煌馬圏湾漢代木牘『周易』
北京大学蔵漢簡『荊決』

（5）雑　占

北京大学蔵秦簡『祠祝書』（『祠祝之道』『祓除』『白囊』）
居延漢代木牘（居延旧簡）『占嚏耳鳴書』
馬王堆漢墓帛画『太一将行図』
湖南大学嶽麓書院蔵秦簡『占夢書』
尹湾漢墓木牘『神亀占』
尹湾漢墓木牘『六甲占雨』
尹湾漢墓木牘『博局占』

北京大学蔵漢簡『六博』
北京大学蔵漢簡『雨書』

（6）形　法

馬王堆漢墓帛書『木人占』（『雑占図』）
馬王堆漢墓帛書『宅位吉凶図』
馬王堆漢墓帛書『相馬経』
敦煌懸泉置漢代木牘『相馬経』
敦煌漢代木牘『相馬法』
銀雀山漢簡『相狗方』
阜陽双古堆漢簡『相狗』
居延漢代木牘（居延新簡）『相宝剣刀』

出土術数文献は、伝世の術数文献の源流に当たる。出土術数文献の発見以前は、戦国秦漢時代の術数文献の殆どが散佚しており、術数文献の源流を考察することは非常に困難であった。よって近年の夥しい数の出土術数文献の発見は、術数の源流の考察を可能にしたと言えるのである。ここでは各文献の解題に入る前に、各部門ごとにこの点について説明を加えておきたい。併せて先行研究の紹介も行いたい。

（1）「天文」は四庫分類における「占候」に相当する。任松如『四庫全書答問』（啓智書局、一九三五年）に拠れば「日月星土雲氣の變と龍蛇蟲魚五穀の異とを占視して、以て吉凶禍福を知るの書」とされる。天文占・雲気占・風占いなどが含まれる。馬王堆漢墓出土の天文関係の書などは、後世の天文についての術数書（唐・李淳風『乙巳占』や唐・瞿曇悉達『開元占経』など）の源流と見做される。主な先行研究に坂出祥伸「風の観念と風占い――中国古代の疑似科学」「望気術のさまざま」「中国古代の気または雲気による占い――漢代以後における望気術の発達」（ともに同氏著『中国古代の占法――技術と呪術の周辺』所収、研文出版、一九九一年）や余欣『中古異相』（上海古籍出版社、二〇一一年）第四章「観風望気――吐魯番文書残存占候之術鈎沉」がある。また天文占と漢代讖緯学との関係について研究がなされている。安居香山『緯書と中国の神秘思想』（平河出版社、一九八八年）、劉楽賢（田中靖彦訳）「一種の注目に値する古代天文文献――緯書『河図帝覧嬉』新考」（渡邉義浩編『両漢における易と三礼』所収、汲古書院、二〇〇六年）などがある。

（2）「暦譜」については、『漢書』芸文志では（現代の我々から見て科学的と思える）算術・数学・天文科学に関連する書籍をも数術類・暦譜に分類する。例えば、『顓頊暦』『傅周五星行度』『律暦数法』『許商算術』などがある。このことに関して筆者は次のように考える。例えば放馬灘秦簡『日書』には天文律暦学の数値や数理に関する記載があるが、これらはすべて占術の根拠として用いられるものである（武田時昌「五音と五行――音律理論と占術のあいだ――」を参照。同氏編『陰陽五行のサイエンス　思想編』所収、京都大学人文科学研究所、二〇一一年）。『漢書』芸文志の暦譜類の書籍は、こういった数値や数理といったデータ部分を集積して、一種のデータベース化した書籍だと考えればわかりやすい。あくまでその本来的用途は占術の根拠としての基礎的データベースの提供であり、占術の利用の便に供するためにある。よってこの類の書籍が数術略に分類されていることは何の異もないのである。後、『四庫全書総目』など一部の図書目録ではこの類を術数とは別のジャンルに区分する。

本書では紙幅の都合により暦譜類の解題は省略する。しかし、銀雀山漢簡『元光元年暦譜』、中国西北部出土の木牘中の幾つかの暦譜、尹湾漢墓木牘『元延三年五月暦譜』等は、後世のいわゆる「具注暦」に相当し、択日（日選び）と関連が深い。詳しくは三浦國雄「択日書・通書について」（研究代表者三浦國雄『術数書の基礎的文献学的研究――主要術数文献解題――』所収、平成一七～一八年度科学研究費補助金基盤研究（C）研究成果報告書、二〇〇七年）を参照されたい。銀雀山漢簡『元光元年暦譜』については呉九龍『銀雀山漢簡釈文』（文物出版社、一九八五年）に釈文がある。高村武幸「中国西北部烽燧遺址出土漢簡に見える占術・暦注関係簡牘の集成と注釈」（『文学研究論集』第八号、明治大学大学院、一九九八年）は中国西北部出土の術数関連の簡牘を集輯しており、具注暦も集めている。

近年の研究によって、これらの暦譜は当時においては『視日』『質日』と呼ばれていたことが判明している。李零「視日、日書和葉書——三種簡帛文献的区別和定名」（『文物』二〇〇八年第一二期）、劉楽賢「秦漢暦日的内容及功用」（《法国漢学》叢書編輯委員会編『古羅馬和秦漢中国——風馬牛不相及乎』（『法国漢学』第一四輯）所収、中華書局、二〇一一年）、陳偉（森和・工藤元男訳）「嶽麓書院秦簡「質日」初歩研究」（『中国出土資料研究』第一六号、二〇一二年）、工藤元男「「日書」の史料的性格について——質日・視日との関連を中心として」（渡邉義浩編『中国新出資料学の展開』所収、汲古書院、二〇一三年）、同氏著「具注暦の淵源——「日書」・「視日」・「質日」の間」（『東洋史研究』第七二巻第二号、二〇一三年）を参照。

（3）「五行」は、四庫分類の「陰陽五行」に相当する。『四庫全書答問』に拠れば「遁甲」「六壬」つまり式占と「択日」の類であり、「陰陽衰旺・五行休咎を以て禍福を預知し、人をして早《すみ》やかに趨避を爲さしむ者」とされる。『漢書』芸文志では、択日・式占・災異の類の著作が著録されているが（例えば『鍾律叢辰日苑』『羨門式法』『務成子災異応』等）、これらと類似した内容と推測される文献が大量に出土している。中でも、択日に関する文献は非常に多い。すなわち『日書』と呼ばれる書籍である。

最も早くに出土した択日文献が睡虎地秦簡『日書』であり、その乙種に「日書」の表題が確認できた。以降、陸続と出土した択日文献は、表題がないものについてはその殆どが、整理者によって、睡虎地秦簡『日書』からその書名を採って、『日書』と名付けられることになった。現在、竹簡に「日書」という表題が書写されていることが確認されているものに、睡虎地秦簡『日書』乙種の他、孔家坡漢簡『日書』・雲夢睡虎地七七号漢墓竹簡『日書』・北京大学蔵漢簡『日書』があり、『日書』という名称が通行していたことを物語る。表題のない択日文献も当時実際に「日書」と呼ばれていた可能性が高い。

なお、『日書』は択日文献ではあるが、その内容は、択日を中心にしつつも、それのみならず各種の雑占の類も掲載する。この点に着目し、かかる類の書籍は後世において「通書」と呼ばれることから、『日書』は古代の通書にほかならないことを喝破したのが劉楽賢氏である。劉楽賢『睡虎地秦簡日書研究』(文津出版社、一九九四年)第三章第五節「睡虎地秦簡《日書》的性質」を参照。本書第二部第一章でも言及する。

『日書』に関する先行研究は非常に多いが、論著目録として工藤元男「「日書」研究関連文献目録」(『中国研究集刊』第二七号、二〇〇〇年)がある。専著としては、『日書』を社会史の資料として扱った研究として工藤元男『睡虎地秦簡よりみた秦代の国家と社会』(創文社、一九九八年)および同氏著『占いと中国古代の社会』(東方書店、二〇一一年)がある。入門書として同氏著『中国古代文明の謎』(光文社文庫、一九八八年)がある。

(4)「蓍亀」は四庫分類の「占卜」に相当する。『四庫全書答問』に拠れば「凡そ易義に依託して、數に因りて以て吉凶を觀る者は、統べて之を占卜と謂ふ。龜を用ひ、蓍を用ひ、棋を用ひ、錢を用ひ、以て物に隨ひて數を取り、數に隨ひて卦を取るに至る」類の占いである。『漢書』芸文志においては、「蓍」つまり占筮と「亀」つまり亀卜の書籍のみ著録される。

易に関しては、馬王堆漢墓帛書『周易』、上海博物館蔵戦国楚簡『周易』といった六芸略(経書)の『周易』に相当する書籍の出土が有名ではあるが、それらとは別の、占いとしての易(占筮の書)も多く出土しているのである。このような『周易』とは別系統の易占は、唐代の敦煌遺書中に多く見え(黄正建『敦煌占卜文書与唐五代占卜研究』学苑出版社、二〇〇一年を参照)、そして宋代に到る頃には、『火珠林』を代表とする断易(五行易)が大変流行し、後世において、易占を行う場合、断易を用いるのが一般的ですらあった。詳しくは三浦國雄「五行易——黙殺された占術」(『しにか』一九九九年一二月号)を参照。出土術数文献の蓍亀類の著作はこれらの易占の源流であると見做せよう。

（5）「雑占」は、四庫分類の「雑技術」に相当する。四庫全書には「占夢」「相字」の類しか著録されないが、『漢書』芸文志では、夢占い、クシャミや耳鳴りなどに関する雑占、厭劾の術（悪鬼妖怪の退治祓除の術）、祈禱祭祀の術、農業関係の占いなど多種類の内容が含まれる。

解題で取り上げた文献以外に、各種『日書』中には雑占に相当する内容が多く掲載されている。例えば雲夢睡虎地秦簡『日書』の「夢」篇や「詰咎」篇などは雑占に相当する。「夢」篇は夢占いと悪夢祓いの法が記載されており、「詰咎」篇は厭劾の術についての記載である。

また、『日書』の中には図を用いた雑占が幾つか見える。後世の通書などの術数書や日用類書にも図を用いた雑占が多く見え（単に絵図を載せるものではなく、図を用いて吉凶を割り出すもの、例えば周堂図のようなもの）、かかる方式の淵源が古いことを示す。一例を挙げるならば、睡虎地秦簡『日書』・孔家坡漢簡『日書』・北京大学蔵漢簡『日書』に見える人字図は、現在の香港の通書や日本の『家庭暦』『運勢暦』の類にも掲載される「黄帝四季詩」などと呼ばれる占いと非常に類似しており、両者は継承関係にあるものと推測される（図1参照）。

（6）「形法」は、四庫分類の「相宅相墓」「命書相書」に相当する。『四庫全書答問』に拠れば、相宅相墓は「生人住宅（陽宅）と死人葬地（陰宅）との方向形勢・營造月日を相視して、以て吉凶禍福を知る者」とされ「古、之を堪輿と謂ひ、或いは堪餘に作る。又た之を形家と謂ふ」つまり後世にいわゆる風水である。命書相書は「命書なる者は、人の出生の年日月時を以て、吉凶妖祥を定むるの書なり。又た星命と曰ふ。相書なる者は、人の形狀氣色を視て、吉凶妖祥を定むるの書なり。又た星相と曰ふ」とされる。『漢書』芸文志に著録される『宮宅地形』『相人』『相宝剣刀』『相六畜』と関連するであろう内容の文献が幾つか出土している。

まず、相宅については、宮崎順子「風水書について」（三浦國雄前掲『術数書の基礎的文献学的研究――主要術数文献解題――』所収）に伝世文献から窺える初期の風水術について次のように云う。

風水思想の発生は漢代にあり、五音法と呼ばれる術数が盛んであった。これは姓を音韻によって、各々五音

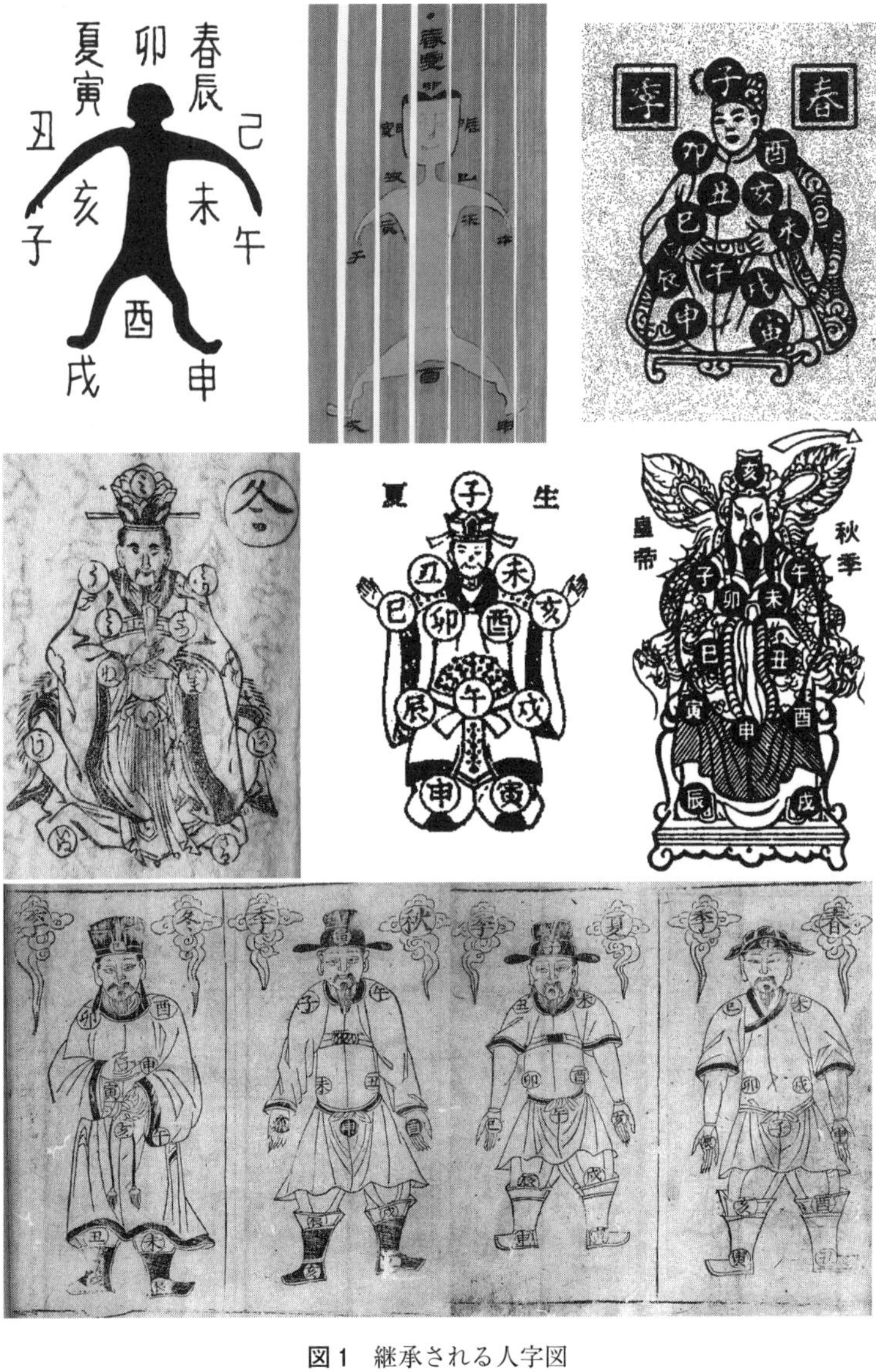

図1　継承される人字図

上段左から睡虎地秦簡『日書』、北京大学蔵漢簡『日書』、『聚宝楼(2001年版)』。中段左から『文化大雑書万宝大成』、『平成十五年高島本暦』、『大義福禄寿暦書(2005年版)』。下段は宋刊本『三世相』。

（中国の五音階である宮・商・角・徴・羽）に五分類し、土地も形勢によって五分類し、互いの相性を占う方法で、図宅術とも呼ばれた。後漢の王充『論衡』詰術篇には、当時流行の五音法を批判した文章が残る。また四諱篇には「忌西益宅」（西への増築を忌むこと）が述べられ、難歳篇には太歳の方位の建造を不吉とする禁忌の類が記されている。『漢書』芸文志・数術略・形法類の中に、『宮宅地形』が採録されており、これは初期の土地選択術書であると考えられている。陰宅風水は陽宅風水に遅れて始まったようで、『後漢書』袁安伝には、袁安が道で出会った書生の意見に従って父を埋葬したところ、累世隆盛を極めたという記述が見られる。発生の背景としては、後漢末から死者の陰徳が子孫に恩恵をもたらすという考えが一般に浸透したことが指摘できる。

馬王堆漢墓帛書『宅位吉凶図』は敦煌遺書の五姓人宅図という五音法を用いた相宅図に類似するとされる。となればこれは『論衡』詰術篇に当時流行したとされる五音法の実物が発見されたと考えてよかろう。『宅位吉凶図』にはこの他、凶宅の形を示す図（宋・王洙等『地理新書』巻第二・宅居地形に見える図のようなものであろう）があるという。また九店楚簡『日書』や睡虎地秦簡『日書』などにも相宅（例えば「置室門」篇や「相宅」篇など）の内容が記載される。その内容は、建築物の位置、形状によってその住人の吉凶を占うものである。劉楽賢前掲『睡虎地秦簡日書研究』二一八～二二五頁では、睡虎地秦簡『日書』甲種「相宅」篇と同類のものとして、明代頃の風水書である『陽宅十書』論宅外形第一などを挙げている。なお、陰宅（相墓）に関する文献は発見されていない。

先行研究としては、敦煌遺書中の相宅と『日書』の記述とを比較した研究などがある。例えば陳于柱『敦煌写本宅経校録研究』（民族出版社、二〇〇七年）など。

相書については、相人の書とされる馬王堆漢墓帛書『木人占』が出土しており、また、相馬・相狗・相剣に関する書も出土している。伝世文献の記述から、相人・相馬・相狗・相剣はどれも当時大変流行していたことがわかっていた。かかる分野の研究はこれまで伝世文献に依拠するしかなかったが、今後は出土文献を用いることで当時の実態が解明されることであろう。

伝世文献による相術関連の先行研究としては、祝平一『漢代的相人術』（台湾学生書局、一九九〇年）、坂出祥伸「古代の人相術」（同氏著『「気」と養生──道教の養生術と呪術』所収、人文書院、一九九三年）、張栄明『方術与中国伝統文化』（学林出版社、二〇〇〇年）「相術篇」などがある。

出土術数文献の研究は、術数の中でも研究が盛んであり、先行研究も多く、既に幾つか解題が作られている。筆者の解題もそれらの先行研究に依拠する部分が多いことをあらかじめ断っておく。

本解題執筆に当たって参考にした出土術数文献の解題に以下のものがある。

李零「占卜体系与有関発現」（同氏著『中国方術正考』所収、中華書局、二〇〇六年）

李零「簡帛古書導読六──方術類」（同氏著『簡帛古書与学術源流』所収、生活・読書・新知三聯書店、二〇〇四年）

劉楽賢「早期数術文献及研究成果概述」（同氏著『簡帛数術文献探論』所収、中国人民大学出版社、二〇一二年）

沈頌金『二十世紀簡帛学研究』（学苑出版社、二〇〇三年）

胡平生・李天虹『長江流域出土簡牘与研究』（湖北教育出版社、二〇〇四年）

趙超『簡牘帛書発現与研究』（福建人民出版社、二〇〇五年）

駢宇騫・段書安『二十世紀出土簡帛綜述』（文物出版社、二〇〇六年）

以上の書籍・論考は、本解題中では書誌情報を省略する。この他、横田恭三『中国古代簡牘のすべて』（二玄社、二〇一二年）も執筆に当たって参考にした。

本解題では各文献の出土地に関する情報についても記載したが、同一の出土地が複数回登場する場合は、その出土地が最初に登場する文献の解題箇所にのみ詳細を記載し、以降の文献解題では省略してある。

国家文物局主編『中国文物地図集』（中国地図出版社、一九八九年～）既刊分に出土地（墓地・遺址）が掲載されている場合はその場所を示しておいた。

本解題の特色として、できる限りではあるが後世の術数文献との関係について言及するよう努めた。

また、劉楽賢「早期数術文献及研究成果概述」には、各出土術数文献の主要な先行研究が列挙されており、本解題では紙幅の都合により先行研究すべてを紹介することはできないため、併せて参照されたい。

一、天　文

馬王堆漢墓帛書『五星占』

馬王堆漢墓帛書は、一九七三年一一月から一二月にかけて、湖南省長沙市東郊の馬王堆三号漢墓より出土した。馬王堆漢墓は、長沙駅から北東約一・三キロに位置する三基の漢墓である（『中国文物地図集』湖南分冊五三頁6B）。

一号墓は、二号墓墓主の軑侯利蒼の妻の墓。二号墓は、一号墓の西約二三メートルに位置する。副葬品に「利蒼」「軑侯」「長沙丞相」の印章があったことから墓主は初代軑侯・長沙国丞相の利蒼だとわかった。三号墓は、一号墓の南約四・二メートルに位置する。前漢文帝初元一二年（前一六八年）に下葬したことを記す紀年木牘が見付かっており、該墓の下葬年代が判明している。三〇歳前後の遺骨が見付かっており、この遺骨は利蒼の息子で該墓の墓主と見做される。ただし、『漢書』高恵高后文功臣表に記載の第二代軑侯の利豨は前一六五年に死んでいるため墓主は利豨の兄か弟ということになる。

この三号墓の副葬品に大量の文献が含まれていた。副葬品は棺の東西南北四つの椁箱に収められており、西椁箱からは遺策（副葬品のリスト）として竹簡四〇二枚・木牘五枚が出土、東椁箱からは長方形の漆奩が見付かり、この中に帛書（文献約五〇種）・医書竹簡（文献四種）・上記の紀年木牘一枚が収蔵されていた。

帛書は総文字数約一一・五万字にも登り、内容は思想・歴史・軍事・天文・暦法・術数・地理・医学など多方面に渉る。帛書の抄写年代については、上述の紀年木牘から三号墓の下葬年代は前一六八年であり、馬王堆帛書の抄写年代はこの年を下限となす。帛書の書体には、篆隷・古隷・漢隷・初期の草書等があり、かなりのバリエーションが確認できる。

発掘報告として一号墓については湖南省博物館・中国科学院考古研究所編『長沙馬王堆一号漢墓（上、下集）』（文物出版社、一九七三年）が、二号墓・三号墓については湖南省博物館・湖南省文物考古研究所編著・何介鈞主編『長沙馬王堆二、三号漢墓　第一巻 田野考古発掘報告』（文物出版社、二〇〇四年）が出版されている。参照されたい。[4]

『五星占』は幅四八センチ、一四四行、約八〇〇〇字。全編を通して書体は標準的な漢隷が用いられる。原書に題名はなく、『五星占』は整理者が帛書の内容を根拠に付けたもの。該書は占星部分と表部分の二部分から成る。占星部分は七四行、その主たる内容は、五星の運行規律および種々の天文現象との関係によって用兵の吉凶を占測するもの。占星部分は全六章。劉楽賢「早期数術文献及研究成果概述」（『簡帛数術文献探論』所収）によりその内容を纏めれば以下の通り。

第一章は歳星（木星）占。主に木星名主（五星の五行・方向・帝・神を「名主」と言う）・木星の行度・木星の盈縮失行（星の出方が早いことと遅いこと）およびその吉凶について述べる。

第二章は太白（太白・金星）占。主に金星名主・金星の行度・金星の光芒（星の発する光）・金星の盈縮失行・金星の経天（子午線を通過すること）・金星の変異およびその吉凶について述べる。

第三章は営或（熒惑・火星）占。主に火星名主・火星の行度・火星の光色芒角およびその吉凶について述べる。

第四章は塡星（鎮星・土星）占。主に土星名主・土星の行度およびその吉凶について述べる。

第五章は辰星（水星）占。主に水星名主・水星の行度・水星の経天およびその吉凶について述べる。

第六章は五星占の総論。主に五星間の相遇、相隣およびその吉凶について述べる。第六章の後にはまた一段金星の運行の描述がある。一部の学者は錯簡に由来すると考える。

表部分は三章「木星行度」「土星行度」「金星行度」から成る。すなわち秦始皇元年（前二四六年）から漢文帝三年（前一七七年）の計七〇年間に渉る木星・土星・金星それぞれの晨出位置を記した表、および各星の運行周期に関する記述を載せる。この表部分から該書の抄写年代の上限は前一七七年となる。

該書は『開元占経』に収録される各種占星書と一致する内容を大量に含む。戦国時代の占星書とされる『甘氏星経』『石氏星経』と一致する内容も見えるため、星占部分は戦国末期には既に完成していた可能性がある。

該書の写真は、陳松長編著『馬王堆帛書芸術』（上海書店出版社、一九九六年）に全編のカラー写真が掲載される。(5) 注釈に川原秀城・宮島一彦「五星占」（山田慶児編『新発現中国科学史資料の研究 訳注編』所収、京都大学人文科学研究所、一九八五年）、劉楽賢「《五星占》考釈」（同氏著『馬王堆天文書考釈』所収、中山大学出版社、二〇〇四年）がある。科学方面の先行研究として藪内清「馬王堆三号漢墓出土の「五星占」について」（『小野勝年博士頌寿記念東方学論集』所収、龍谷大学東洋史学研究会、一九八二年）、武田時昌「太白行度考――中国古代の惑星運動論（一）」（『東方学報』第八五冊、二〇一〇年）、同氏著「五星会聚説の数理的考察（上）」（『中国思想史研究』第三一号、二〇一一年）、同氏著「五星会聚説の数理的考察（下）」（『中国思想史研究』第三二号、二〇一二年）などがある。

馬王堆漢墓帛書『天文気象雑占』

一九七三年、湖南省長沙市馬王堆三号漢墓より出土。縦四八センチ、横一五〇センチの絹に書写されていた。出土時には破れて大小何十もの絹片となっていたが、整理小組の綴合作業を経て原貌に回復した。帛書上に書名は見えず、整理者が内容によって『天文気象雑占』と擬定した。字体は古隷。

該書は多彩な図と文章から成り（帛書の左下の一部分を除いて）上から下までを六列に分類することができる。

各列には約二〇～五〇条の占文が掲載されている。各条は、上に図が下に占文が書写される。図は墨か朱砂（もしくはその両方）が用いられ、雲・気・暈・虹などの気象現象および月・星・彗星などの天文現象が描かれる。占文は一から二行の文から成り、天文現象・気象現象の名称およびかかる現象が出現した場合の占測が記載される。内容は殆どが軍事に関するもの。この部分は全部で二四四条から成る。帛書の左下には以上とは別に上・中・下の三列に分かれて抄写される占文がある。ここには図はない。図がある部分（以下、第一部分）と内容的に類似している。この部分の占文は全部で五六条（以下、第二部分）である。図2を参照。この第一部分と第二部分を別々の占書と見做す研究者もいるが、今、劉楽賢『馬王堆天文書考釈』（中山大学出版社、二〇〇四年）の見解に従い、この両者は合わせて一つの書籍だと考える。以下、劉楽賢氏の研究に拠りつつ該書を紹介する。次の通り。

第一部分は、第一列第一条から第二列第一八条まではすべて雲気占文である。雲気の多くは動物・植物・器物の形状である。その下に占文がある。その中の幾つかは雲気の名称が示されている。なお、第二列第一二条から第二列第一八条までは樹木の形状であり、ある研究者は、これを蜃気と考え、雲気でないと見做すが、劉楽賢氏は、後世の占星書において雲気が樹木の形状で描かれていることが多いことから、ここもまた雲気を描いたものであると考える。

第二列第一九条から第六列第九条までは、基本的に日占と月占から成る。中でも日暈や月暈といった日月の旁気についての占文が最も多い。

第六列第一〇条から第六列第四〇条までは彗星占である。第六列第四一条は北斗七星の形状をした雲についての占文。

第二部分は、文字だけで図はない。内容は、日月旁気の占文や雲気占文および

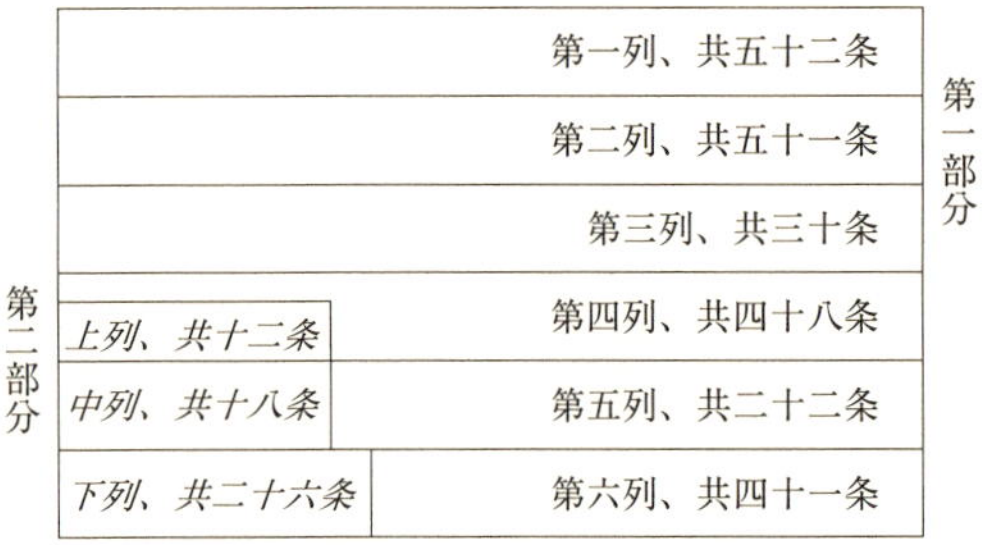

図2　『天文気象雑占』排列位置示意図

彗星などの占星。

『天文気象雑占』の年代については、帛書上にその時代を示すものが何もなく、具体的な年代は不明である。劉楽賢氏は「『天文気象雑占』の大部分の内容は戦国時代に形成され、おそらく秦楚の際に至って幾つかの新しい内容が加えられた」と推測する。

該書のカラー写真は傅挙有・陳松長編著『馬王堆漢墓文物』（湖南出版社、一九九二年）に掲載。注釈に武田時昌・宮島一彦「天文気象雑占」（山田慶児編『新発現中国科学史資料の研究　訳注編』所収、京都大学人文科学研究所、一九八五年）、劉楽賢「《天文気象雑占》考釈」（同氏前掲『馬王堆天文書考釈』所収）がある。陳松長・劉紹剛・王樹金「帛書《天文気象雑占》釈文再補」（『出土文献研究』第八輯、二〇〇七年）には新たな綴合の成果による釈文を掲載する。また『出土文献研究』第八輯には鮮明なカラー写真も掲載されている。

馬王堆漢墓帛書『日月風雨雲気占』甲篇・乙篇

一九七三年、湖南省長沙市馬王堆三号漢墓より出土。『刑徳』甲篇・乙篇と同一布帛上に書写される。『刑徳』の一部と見做す研究者もあるが、劉楽賢『馬王堆天文書考釈』（中山大学出版社、二〇〇四年）の見解に従い、独立した文献と見做す。書名は劉楽賢氏が内容から擬定したもの。『星占書』とも呼ばれる。写真は、傅挙有・陳松長編著『馬王堆漢墓文物』（湖南出版社、一九九二年）、陳松長編著『馬王堆帛書芸術』（上海書店出版社、一九九六年）、陳松長『馬王堆帛書《刑徳》研究論稿』（台湾古籍出版有限公司、二〇〇一年）に掲載されている。ただし、どれも『刑徳』として紹介されているので注意されたい。

該書は劉楽賢氏による詳細な考釈が発表されている（劉楽賢前掲書所収）。以下、劉楽賢氏の著書に拠り『日月風雨雲気占』の内容を紹介する。

甲篇と乙篇の内容は基本的に同じ。その内容は主に日占・月占・風占・雷占・雨占・雲気占について書かれている。乙篇は赤色の分章符号によって全一一章に分割されている（甲篇には符号はないが、全一一章である）。具体的には以下の通り。

第一章（第一行～第一五行）。前半は月占、後半は主に日占。『開元占経』の月占・日占部分に類似する。

第二章（第一六行～第二一行）。主に六十干支日の風や雨の状況に基づいて用兵の吉凶を占う。

第三章（第二二行）。正月の暈の数から用兵の吉凶を占う。

第四章（第二三行～第二六行）。風雨等から用兵の吉凶および出軍の期日を占う。

第五章（第二七行～第三〇行）。軍気の形状・色・高低・厚薄などから攻城戦の勝敗を占う。

第六章（第三一行～第三二行）。残欠のためよくわからない。

第七章（第三三行～第三七行）。日の出の形状や雨天時の雲気などから用兵などの吉凶を占う。

第八章（第三八行～第四二行）。望地の術について述べる。日没後の雲気の形状や色から、雲気が発生している場所の吉凶を占う内容などがある。

第九章（第四三行～第四六行）。雨・雷・雲気から用兵と守城の吉凶を占う。

第一〇章（第四七行～第五四行）。雲気・風・雨・雷などから用兵の吉凶および出軍の期日を占う。

第一一章（第五五行～第五九行）。二十八宿[6]の分野について述べる。伝世文献の分野説（『淮南子』天文訓・『史記』天官書・『漢書』地理志など）とは異なるが、部分的に一致する箇所もある。

なお、抄写年代等については、馬王堆漢墓帛書『刑徳』甲篇・乙篇・丙篇の解題を参照されたい。

阜陽双古堆漢簡『五星』

一九七七年七月から八月にかけて安徽省阜陽地区博物館は阜陽双古堆一号漢墓より大量の竹簡を発掘した。阜陽駅から南西に約八キロの場所にかつて東西約一〇〇メートル、南北約六〇～七〇メートルの封土があり、その封土には頂上が二つあったため「双古堆」と呼ばれた。現在では阜陽師範大学（西湖地区）になっており跡形もない。該墓からは竹簡と同時に銅器・漆器・鉄器・陶器等の文物約二〇〇件が出土。これらの出土器の中に「女（汝）陰侯」の銘文があるものがあり、またある漆器には「十一年」の紀年があり、これらの材料から、墓主は前漢第二代汝陰侯の夏侯竈であると推測されている（詳しくは安徽省文物工作隊他「阜陽双古堆西漢汝陰侯墓発掘簡報」『文物』一九七八年第八期を参照）(7)。夏侯竈は前漢建国の功臣である夏侯嬰の子で、文帝一五年（前一六五年）に卒している。これより、阜陽漢簡の下限は遅くともこの年であり、少なくとも漢初の遺物であることは確かである。竹簡はもともと木笥（カゴ）の中に収められていたようであるが、出土時には既に、墓の陥没や盗掘もあり、木笥は朽ち果て、竹簡も散乱し、多くが黒く変色し朽ちていた。このため竹簡の整理は困難を窮めたが、現在整理を経て竹簡には下記の内容が含まれることがわかった。『詩経』『春秋事語』『蒼頡篇』『年表（大事記）』『万物』『作務員程』『行気』『辞賦（楚辞）』、術数文献には『周易』『日書』『五星』『星占』『楚月』『天暦』『算術書』『刑徳甲種』『刑徳乙種』『向』『漢初朔閏表』『相狗』『干支』がある。字体は隷書。阜陽漢簡整理組他「阜陽漢簡簡介」（『文物』一九八三年第二期）に簡単な紹介があり、また、術数書については胡平生氏の紹介もある（「阜陽双古堆漢簡数術書簡論」『出土文献研究』第四輯、中華書局、一九九八年）。しかしながら術数類の竹簡は、『周易』を除いて、現在に到るまで写真・釈文は公開されていない。

『五星』についてもその状況は同じで、出土時に竹簡は残断となっていた。もともと書名はなく、『五星』は整理者が内容から定めたもの。以下は、胡平生氏の紹介に基づき、その内容を纏めたもの。

『五星』は五星の順序を排列した表であり、その間に十二支が書き込まれている。例えば、一号簡は「辰・水・土・土」、一六号簡は「【戌】・亥・火・火・金」のようになっている。その排列の規則については明確にできないが、十二支はおそらくはその方位を示す。阜陽双古堆一号漢墓から同時に出土した式盤に十二支の方位が書き込まれており、傍証となる。竹簡の字体は『天暦』のものと類似する。もしかしたら、『五星』は天文暦占に関する書籍に附属した表で、これを用いて五星の運行を推算していたのかもしれない。

阜陽双古堆漢簡『星占』

一九七七年、安徽省阜陽県双古堆一号漢墓より出土。出土時に多くの竹簡は既に残簡であった。もともと書名はなく、『星占』は整理者が内容から定めたもの。写真・釈文は未公開。以下は胡平生氏の紹介（「阜陽双古堆漢簡数術書簡論」『出土文献研究』第四輯、中華書局、一九九八年）に基づきその内容を纏めたもの。阜陽漢簡中、『星占』に属する竹簡は僅かしかない。比較的多く見られるのは「日・辰星」の文句で、これは日にちと辰星の位置から吉凶を占うものだろう。五星と五行を結び付けた占いとしては「辛者金於木所亡者」という残簡がある。星の名前としては二十八宿や「玄戈」が見える。また、分野説に関する竹簡も見付かっている。

銀雀山漢簡『天地八風五行客主五音之居』

一九七二年四月、山東省博物館と臨沂文物組は、山東省臨沂県、旧臨沂城より南一キロに位置する銀雀山（『中国文物地図集』山東分冊二八三頁3E）において二基の漢墓を発掘し、陶器・銅器・銭幣などとともに大量の竹簡を発見した。

副葬品として一号墓から前一四〇〜前一三八年にかけて鋳造された三銖銭が出土、一・二号墓それぞれから前一一八年に鋳造が開始された半両銭が出土、二号墓から前一三四年の暦譜である『元光元年暦譜』が出土していることから、該墓の下葬年代は前一三四年から前一一八年の間と見做される。また、一号墓出土の耳杯に「司馬」とあり、二号墓出土の陶缶に「召氏十斗」とあり、それぞれ墓主は司馬氏・召氏と見做される。以上、山東省博物館・臨沂文物組「山東臨沂西漢墓発現《孫子兵法》和《孫臏兵法》等竹簡的簡報」（『文物』一九七四年第二期）に拠る。

一号墓からは竹簡四九四二枚および数千の残片、合計約七五〇〇枚および木牘五枚が出土、二号墓からは竹簡三二枚が出土した。字体は基本的に隷書、一部に篆書や草隷に近いものが含まれる。内容は、一号墓の竹簡に『孫子兵法』『孫臏兵法』『尉繚子』『晏子』『六韜』『守法守令等十三篇』、「論政論兵」の類、「陰陽時令占候」の類があり、二号墓の竹簡に『元光元年暦譜』がある。一号墓竹簡の写真と釈文は銀雀山漢墓竹簡整理小組編『銀雀山漢墓竹簡〔壹〕』（文物出版社、一九八五年）、同編『銀雀山漢墓竹簡〔貳〕』（文物出版社、二〇一〇年）に収録されている。一号墓の残片竹簡および二号墓竹簡については、未刊の第三巻に収録予定である。

整理者によって「陰陽時令占候」の類とされた内容が術数に関連する。この中で、劉楽賢「従出土文献看兵陰陽」（同氏著『戦国秦漢簡帛叢考』所収、文物出版社、二〇一〇年）の見解に従い、『曹氏陰陽』『陰陽散』『三十時』『四時』『四時令』『五令』『不時之応』『為政不善之応』『人君不善之応』を陰陽家書と見做し、『天地八風五行客主五音之居』『占書』を術数書と見做す。

『天地八風五行客主五音之居』は全一二五枚。ただし、竹簡のすべては残簡である。推定される本来の簡の長さは約一八センチ、幅は〇・五センチ。字体は篆書に近い。書名である「天地八風五行客主五音之居」は簡1945の表面に書写されている。天地・八風・五行・客主・五音の五篇から成る。以下、胡文輝「銀雀山漢簡《天地八風五行客主五音之居》釈証」（同氏著『中国早期方術与文献叢考』所収、中山大学出版社、二〇〇〇年）に拠って各篇の内容を紹介したい。

天地篇（簡1946～1963）は、「天」と「地」が旬を単位に周期的に四方を運行する。馬王堆帛書『陰陽五行』甲篇にも同類の「天」「地」が見える。この「天」「地」は、吉凶を占うための神煞（神煞については本書第二部第二章を参照）であり、当時の人々は自己の位置と「天」「地」の所在の方位との関係で、行為の吉凶を判断していた。

八風篇（簡1964～1981）は、風の方向から戦争の宜忌を占う。朱墨の二色を用いた八風図と占風部分から成る。この占いは隋・蕭吉『五行大義』巻四・論八卦八風や唐・李淳風『乙巳占』巻十・占八風知主客勝負法と類似する。

五行篇（簡1982〜1986）は、五行説によって行軍の布陣を説き、戦争の勝敗を占う。

客主篇（簡1987〜2002）の「客」は客軍、つまり外部から進軍して来た軍を意味し、「主人」は主軍、すなわち本土を防衛する側を指す。該篇は風の方向と六十干支日から戦争の形勢・優劣を占う。

五音篇（簡2003〜2012）は、風の吹いた時刻から戦争の宜忌を占う。その原理は、五行納音法によって六十干支日を宮・商・角・徴・羽の五音に分類し、各日に吹いた風を五音に所属する風と見做す（例えば、戊戌の日の風は「角風」とされている）。この五音の風によって用兵の宜忌を占う。『開元占経』巻九十一・五音六属法に類似の占法がある。

この他、以上に帰属できない竹簡として簡2013〜2069がある。

銀雀山漢簡『占書』

一九七二年、山東省臨沂県銀雀山一号漢墓より出土。『占書』は全四三枚の竹簡から成る。簡の長さは二七・五センチ、幅は〇・五〜〇・七センチ、厚さは〇・一〜〇・二センチ。三道編縄（編縄とは竹簡を綴じる紐のことで、三道編縄とは竹簡を上・中・下三本の紐で綴じたものを指す）。竹簡に題名はなく、「占書」は整理者が内容によって定めたもの。写真・釈文は銀雀山漢墓竹簡整理小組編『銀雀山漢墓竹簡〔貳〕』（文物出版社、二〇一〇年）に収録。内容は天文・占候・災異・怪異・星宿分野など多岐に渉る。内容的に『乙巳占』『開元占経』と類似する。整理者が冒頭と判断する箇所に「帝令司徳監觀于下、視其吉兇禍福及以兵時」とあり、軍事に関する内容を中心にしたいわゆる「占候」に属する占術書である。整理者による綴合の順序に沿って内容を説明すれば以下の通り。

簡2070〜2079。国君および人民の行為から国の吉凶などの将来を占う。例えば「取人之國而法（廢）其鬼社禝（稷）、立其後、是胃（謂）威（滅）族棄祀、其子孫不有其國」（簡2070〜2071）とある。また、一部内容が後世の術数書『天鏡』と類似することが指摘されている。例えば次の通り。

无故而小其衡石斗甬(桶)、是胃(謂)削〼2074
人君改小秤衡斗桶、是謂裂德、五穀不入倉、民流亡、大饑。(『開元占経』巻一百一十四所引『天鏡』)
无故而短其衣、是胃(謂)棘德、乃亡其邊城。2079
人君好爲短小之衣、兵革、不出六年、邉城有相犯、君弱臣強。(『開元占経』巻一百一十四所引『天鏡』)

簡2080〜2087および簡2105〜2107。「五強」「五殆(始)」「□愛(五愛か)」「五棄」「五貪」を審察することの重要性について述べる。

簡2088〜2094。歴史上のかつて滅んだ一四の国について、その国が滅ぶ際に現れた不吉な天文現象について述べる。古の『亡国志』からの引用とされている。この箇所については劉楽賢「談銀雀山漢簡中的《亡国志》」(同氏著『簡帛数術文献探論』所収、中国人民大学出版社、二〇一二年)を参照。

簡2095〜2099。二十八宿の分野について述べる。例えば「秦受東井・輿鬼、其日甲、其辰子」(簡2098)とある。『淮南子』天文訓、『漢書』地理志、『開元占経』巻六十四・分野略例などに掲載の分野説と類似する。

簡2099〜2103。落雷の季節や音量などから吉凶を占う。落雷時の禁忌についての記載もある。

簡2103〜2104。客星(常には現れず臨時に出る星。新星・超新星)による占星。類似の内容が『開元占経』巻七十七・客星占一・客星犯月三に見える。

簡2108〜2112は残簡。簡2110「〼東、莫居其鄉、國大實、民歴居與六畜□〼」が京房『易飛候』「天雨土是大凶、民人負子東西、莫居其鄉」(『開元占経』巻三所引)と類似することが指摘されている。

二、五　行

江陵九店楚簡『日書』

一九七八年、湖北省江陵県九店公社磚瓦廠が雨台大隊施家窪において工場建設のための作業を行っていた際、多数の楚墓を発見。湖北省博物館は一九八一年五月から一九八九年末にかけてここより六〇〇の古墓を発掘した（西周晩期墓一基、東周から戦国の墓五九六基、唐以後の墓三基）。これらの九店墓地群は楚故都紀南城から東北一・二一～一・五キロの丘陵地帯に位置する（『中国文物地図集』湖北分冊一四九頁6D）。この中の五六号墓より、全二〇五枚の竹簡が出土した。発掘報告に拠れば、該墓は楚文化系統に属する単棺で、年代は「戦国晩期早段」であり、墓主の身分は「庶人」である程度位の高い者、もしくは没落した「士」と推測されている。

竹簡二〇五枚中、有字簡は一四六枚、出土時には大部分が既に残欠しており、三五枚だけが比較的完全な状態である。簡の長さは四六・六～四八・二センチ、幅は〇・六～〇・八センチ、三道編縄。字数は全部で約二七〇〇。字体は楚文字。整理者は簡文の内容より、一五組に分けて簡を排列している。

第一組（簡1～12）の農作物に関係した記述を除く、第二組から第十四組が時日の吉凶を選択する類の『日書』に属する（簡上に書名は見えない）。

第二組（簡13～24）は上下二段に分けて書写され、建除(8)による択日が記されている。ここでの建除十二直の名称は、睡虎地秦簡『日書』甲種1～13簡、乙種1～25簡に記載の建除十二直の名称と基本的に同じである。上段が各月の建除十二直が当たる日が記載された表で、下段が十二直の占辞。例えば、簡13下段に「凡建日、大吉。𥝢（利）㠯（以）取妻・祭祀・竺（築）室・立社禝（稷）・𦃇（帯）鐱（劍）完（冠）」とある。

第三組（簡25～36）は稷辰（叢辰）(9)。簡文は上下の二段に分かれ、上段が、「結」「陽」等の叢辰十二名が一年十二ヵ月のどの日に当たるかを示す表、下段が「結日」「陽日」など十二日およびその占辞。睡虎地秦簡『日書』甲種「除」篇に記載される内容と基本的に同じ。

第四組（簡37～42）は春夏秋冬ごとにどの十干の日が「不吉日」「吉日」「城（成）日」であるかの記述と「不吉日」「吉日」「城（成）日」が何をするのに吉で何をするのに凶であるかを記す。

第五組（簡37下段～簡40下段）は五子、五卯、五亥日の禁忌の記述。簡37下段～38下段には「凡五卯、不可㠯（以）復（作）大事。帝㠯（以）命嗌（益）凄（齎）墨（禹）之火」とあり、伝世文献やこれまでの出土資料には見えない禹と益についての記述がある。

第六組（簡43～44）は「告武夷」篇と呼ばれる。巫祝が病人のために行う祈禱であると考えられているが、本篇についての理解は研究者によって異なる。詳しくは工藤元男「九店楚簡「告武夷」篇からみた「日書」の成立」（『福井重雅先生古稀・退職記念論集　古代東アジアの社会と文化』所収、汲古書院、二〇〇七年）を参照。

第七組（簡45～59）は住宅建築などの方位による吉凶を示す。相宅に属する内容。睡虎地秦簡『日書』甲種「相宅」篇とほぼ同内容。本篇は現在のところ、最も古い相宅の記述である。本篇は残欠が著しい。

第八組（簡60～76）も残欠が著しいが、その内容は、睡虎地秦簡『日書』乙種「十二支占卜」篇の内容と基本的に同じ。

第九組（簡77）は、神煞「大歳」についての記述。大歳の毎月各日の所在地（東西南北）を記す。睡虎地秦簡『日書』甲種「歳」篇に見える「歳」とほぼ同じ。大歳については詳しくは劉楽賢（広瀬薫雄訳）「出土文献から見た楚と秦の選択術の異同と影響――楚系選択術中の「危」字の解釈を兼ねて」（渡邉義浩編『両漢における易と三礼』所収、汲古書院、二〇〇六年）を参照。

第十組（簡78～80）は二十八宿紀日表。つまり、二十八宿を各日に割り当てる対照表である。本篇の内容は睡虎地秦簡『日書』「直心」篇と一致する。詳しくは劉楽賢「睡虎地秦簡《日書》二十八宿紀日法補証」(同氏著『簡帛数術文献探論』所収、中国人民大学出版社、二〇一二年)を参照。

第十一組(簡81〜87)は神煞「往亡」について。本篇に神煞名として「往亡」は見えないが明らかに後世の往亡に相当する。詳しくは劉楽賢「往亡考」(同氏前掲『簡帛数術文献探論』所収)を参照。

第十二組(簡88〜93)は出行(「徙」「行」)についての禁忌に関する記述。唐・韓鄂『四時纂要』の「出行日」の項には、各季節の旺の方向に行ってはならないとあり、本篇と内容的に一致する。

第十三組(簡94〜95)は「裁衣」の宜忌について。睡虎地秦簡『日書』甲種「衣」篇と類似する。

第十四組(簡96〜99)は「生日」と「寛(亡)日」の宜忌を述べるもののようであるが、残簡のためよくわからない。

第十五組(簡100〜146)はすべて残簡で聯綴および通読ができないものを集めた部分。その簡文から見て大多数が『日書』に属すると見做される。

九店楚簡には『日書』という書名は明記されてはいないが、その内容の大部分が睡虎地秦簡『日書』をはじめとした出土『日書』と一致・類似しており『日書』と見做すことができる。該書は現在のところ公開された文献の中で、唯一の確実に戦国時代に抄写されたことが確認できる最古の『日書』である。写真・釈文・発掘報告は湖北省文物考古研究所・北京大学中文系編『九店楚簡』(中華書局、二〇〇〇年)に収録。また陳偉等編『楚地出土戦国簡冊[十四種]』(経済科学出版社、二〇〇九年)にはこれまでの研究成果を集成した新たな釈文と注釈が掲載されている。

上海博物館蔵戦国楚簡『日書』

李零「簡帛古書導読六——方術類」(『簡帛古書与学術源流』所収)に「上海楚簡『日書』(篇題はなく補ったもの)。

他の内容の簡文と合抄されている（正面と背面に連抄されている）。未発表。これは二十八宿占の断片と裁衣宜忌の断片より構成されている。篇幅は短く、摘抄である」とある。上海博物館蔵戦国楚簡については、上海博物館蔵戦国楚簡『卜書』の解題を参照。

浙江大学蔵戦国楚簡『日書』（『玉勺』『四日至』）

二〇〇九年四月、浙江大学は盗掘により海外に流出した戦国楚簡を入手した。同年一一月北京大学考古文博学院実験室により行われた炭素14年代測定の結果に拠れば、竹簡の年代は前三四〇年前後である。竹簡の大部分は残簡であり、完全なものは多くない。その枚数は全三二四枚であり、綴合作業の結果、本来の竹簡の枚数は一六〇枚前後であったと推測されている。竹簡の内容には『春秋左氏伝』『日書』・卜筮祭禱・遣策がある。字体はすべて楚文字。二〇一一年一二月に曹錦炎編『浙江大学蔵戦国楚簡』（浙江大学出版社）が出版され写真・釈文が公開された。

整理者によって『日書』と見做される竹簡は全三枚。三枚とも表裏両面に文面が抄写されている。この『日書』簡の特徴としては三枚とも竹簡の下端が尖っている点が挙げられる。篇題によって『玉勺』『四日至』の二篇に分類される。

『玉勺』は全二枚、一号簡は長さ二八・五センチ、二号簡は三〇・八センチ。簡首に「玉勺」の篇題がある。

一号簡の内容は「玉勺。庚子曲墜（降）、辛丑悉（婺）女、壬寅敢土……」といったように六十干支と星名の対応を述べるもの。庚子から乙丑まで順番に並ぶ。ただし壬子はない。星名は『史記』天官書や『開元占経』に見えるものが殆どであるが一部不明のものもある。整理者の解釈によれば、玉勺は北斗であり、本簡の内容は、各干支日に北斗星（の斗柄）が指す星の位置を示すものとされる。しかしながら本簡の体例から考えるに、「玉勺」については篇題ではなく、庚子以下と同じく干支に対応する星名として記されていた可能性も考えられよう。本簡に前接する竹簡があったと仮定すれば「己亥玉勺」となろうか。これらの対応関係がどのような意味を有するかは不明である。

二号簡は、簡首に「冬栾」とあり、これは楚の月名で夏暦の十月に相当する。以下、「冬栾。己巳尾、辛未索夆……」のように六十干支と星名の組み合わせが羅列される。干支の排列は、大部分は一つ飛ばしか二つ飛ばしで並ぶ。連続して並ぶのは一ヵ所のみである。整理者は冬栾月の各日において斗柄が指す星の位置を示すものと考える。

『四日至』は全一枚。簡の長さは二八・八センチ。簡首に「四日至」の篇題がある。整理者は「四日至」を「立春」「立夏」「立秋」「立冬」の四節気と見做す。本文は「四日至。甲戌木折、甲申羕（永）風、甲午九𡱂（暑）……」のように、干支と天候との対応関係を示す。干支の排列の規則性は不明。整理者は、「日至」に各干支日が当たる日の天候を占う「占候」だと考える。例えば「庚寅霊雨降」とあり、立春などが庚寅に当たった場合の天候は「霊雨」が降る、ということになる。後世には『探春暦記』など、六十干支日の天気予測を掲載する「占候」の術数書が存在するが、整理者は本篇をその淵源と考えるようである。ただし、本篇には「庚戌鳥至」「己未虫蟄」のような天候以外の記述も見える。

整理者は該書を『日書』と命名するが特に根拠は示されない。該書の内容はこれまでの出土『日書』には見えないものであり、また整理者は該書の内容は式占に関係する可能性があるとも云う。とすれば該書を『日書』と見做すことには問題があろう。本解題では整理者の意見に従い『日書』としておく。

なお浙江大学蔵戦国楚簡には偽作の嫌疑がかかっている。邢文「浙大蔵簡辨偽（上）（下）」（『光明日報』二〇一二年五月二八日。復旦大学出土文献与古文字研究中心 http://www.gwz.fudan.edu.cn 等に転載あり）を参照。ただし『日書』については言及されていない。福田哲之「浙江大学蔵戦国楚簡の真偽問題」（『中国研究集刊』第五五号、二〇一二年）は『日書』にも言及がある。次の通り。「『日書』の『玉勺』簡1正・背、簡2正・背および『四日至』簡1正・背は同一人の筆跡で『左伝』『卜筮祭禱』『遣策』とは書風を異にする。両篇は書法面において様式上の破綻が甚だしく、『玉勺』簡2正には薄れた墨を上からなぞった不自然な補筆(例えば「丑」「庚」「昏」「癸」など)が目立ち、疑問とすべき点が多い。さらに形式面においても、『玉勺』簡1背および『四日至』簡1正・背、簡2正・背の簡首がすべて冒頭の空白をあけず、簡端ぎりぎりのところから書写されているのに対し、『玉勺』簡1正のみが簡首の缺損を避ける形で冒頭部分を空白にしており、缺損後の竹簡を用いて書写されたことを示唆する。……その信憑性は低いと見なさざるを得ないのである」。

最近、該竹簡群を真簡と見做す研究、浅野裕一・小沢賢二『浙江大『左伝』真偽考』(汲古書院、二〇一三年)が発表された。本書には小沢賢二「浙江大戦国楚簡『玉勺』の書写年代」を収める。

雲夢睡虎地秦簡『日書』甲種・乙種

一九七五年一二月、湖北省博物館・孝感地区亦工亦農文物考古訓練班・孝感地区および雲夢県文化局は湖北省雲夢県睡虎地、雲夢駅から北約一〇〇メートルの地点において戦国末から秦代の墓一二基を発掘し、その中の一一号秦墓より大量の竹簡を発見した(『中国文物地図集』湖北分冊一九一頁1F)。睡虎地一一号秦墓は小型木椁の墓で、副葬器物は青銅器・漆器・陶器・竹簡など約七〇種に及ぶ。竹簡は棺内に収められており、保存状態はかなり良く残欠は少ない。文字は秦隷。竹簡は全部で一一五五枚(および残片が八〇片)、すなわち『編年記』『語書』『秦律十八種』『效律』『秦律雑抄』『法律答問』『封診式』『為吏之道』『日書』甲種・乙種である(このうち、『語書』『效律』『封診式』『日書』乙種のみ簡上に書名が見える。他は整理者がその内容によって擬定したもの)。墓主は『編年記』に拠れば、名は「喜」、前二六二年生まれ。秦朝の地方官として各地を転任した。以上、詳しくは孝感地区第二期亦工亦農文物考古訓練班「湖北雲夢睡虎地十一号秦墓発掘簡報」(『文物』一九七六年第六期)、松崎つね子『睡虎地秦簡』(明徳出版社、二〇〇〇年)第一章「睡虎地秦簡及び睡虎地十一号秦墓について」を参照。

該墓出土の『日書』は二種類あり、整理者はそれらを区別して『日書』甲種・『日書』乙種と称する。『日書』甲種は簡の長さ二五センチ、幅〇・五センチ、三道編縄。『日書』乙種は簡の長さ二三・五センチ、幅〇・六センチ、三道編縄。両種とも簡文は、竹簡を幾つかの段に分け、抄写される。甲種には書名はない。乙種には書名があり、「日書」の二字が『日書』乙種の最後の一簡の背面に抄写されている。『日書』甲種は全一六六簡、簡の表裏両面に文面が抄写されている。字は小さく密である。『日書』乙種は全二五九簡、表面にのみ文面が抄写されている。字体は比較的大きい。このため、『日書』甲種は簡数では乙種より少ないのだが、字数は却って乙種より多い。

一一号秦墓の下葬年代は、墓主喜の生平および人骨鑑定より、秦始皇三〇年（前二一七年）と推定されている。よって該書の抄写年代についても、少なくとも秦始皇三〇年以前である。成書年代については、劉楽賢氏は「大体、前二七八年から前二四六年の約三〇年の間に内容が形成され編写が行われた」と推測する。劉楽賢『睡虎地秦簡日書研究』（文津出版社、一九九四年）第三章第一節「睡虎地秦簡《日書》的年代」を参照。

睡虎地秦簡『日書』の性質については、既に多くの先行研究によって明らかにされている。中でも劉楽賢『睡虎地秦簡日書研究』はその集大成と言える。劉楽賢氏は睡虎地秦簡『日書』が古代の択日（日選び）の書であり、後世の「通書」に相当することを明らかにした（同氏前掲書第三章第五節「睡虎地秦簡《日書》的性質」）。内容を紹介するに当たって、まず筆者の見解によって『日書』を内容ごとに分類したものを示す。篇名および篇番号は劉楽賢『睡虎地秦簡日書研究』に基づく。

睡虎地秦簡『日書』甲種

一、択日部分

（一）時間別の日選び。1除篇、2秦除篇、4稷辰篇、6朔望弦晦篇、8男日女日篇、9玄戈篇、11艮山篇、13歳篇（前半部分）、14星篇、18帝篇、25十二支避忌篇、27避忌篇、31禹須臾篇、33臽日敫日篇、48視羅篇、

53剌毀篇、57天李篇、58反支篇

（二）事項別の日選び。

動土（土木関連）：22土忌篇一、55土忌篇二

門戸の設置：20四向門篇、56門篇

建築：19起室篇、21室忌篇

出門と帰行：28行篇一、29帰行篇、30到室篇、32十二支占行篇、51行篇二

遷徙（方角の吉凶）：10遷徙篇、54忌徙篇

入寄者（居候）：12室去入寄者篇

入官見官（赴任と出仕）：38吏篇、39入官篇

娶妻・出女（結婚関連）：37作女子篇、40取妻出女篇

祭祀：16祭祀篇

裁衣：5衣篇

農事：3農事篇

作事と毀棄：23作事篇、24毀棄篇

求人：36求人篇

その他：17諸良日篇、46十二支占卜篇、47忌殺篇、59傅戸篇

二、非択日部分

（一）択日原理。13歳篇（後半の秦楚月名対照表・日夕表）、44日夕表篇、49五行篇、50直心篇

（二）雑占。7鼠襄戸篇、15病篇、34生子篇、35人字篇、45盗者篇

（三）相宅（風水）。26置室門篇、42相宅篇

（四）解除祈禱等。41夢篇、43詰咎篇、52出邦門篇、60馬禖祝篇

睡虎地秦簡『日書』乙種

一、択日部分

（一）時間別の日選び。1除乙篇、3徐篇、4秦篇、11刺毀篇、13四敫日篇、15官篇、19臽日篇、22男日女日篇、24朔望篇、28甲子篇、29避忌篇、40辰日篇、44視羅篇

（二）事項別の日選び。

動土（土木関連）：8壊垣篇

建築：23室忌篇、39為圂篇

出門と帰行：10諸行日篇、32行篇、33逃亡篇、35十二支占卜篇（第1部分）

遷徙（方角の吉凶）：16忌徙篇、41嫁子刑篇

入寄者（居候）：9入寄者篇

入官見官（赴任と出仕）：45入官篇

祭祀：7祭祀篇

裁衣：30製衣篇、31初冠篇

農事：5農事篇

作事と毀棄：26作事篇

見人（人と会う）：14見人篇

責人：27責人篇

疾病（看病）：37問病者篇

その他：6諸良日篇、42四季天干占死者篇

二、非択日部分

（一）択日原理。2日夕表篇、17五行篇、18直心篇、20天閻篇、34十二時篇、43干支篇

（二）雑占。12方向占生子篇、25占風篇、35十二支占卜篇（第2部分・第3部分）、36有疾篇、38夢篇（前半部分）、46生篇、47失火篇、48盗篇

（三）解除祈禱等。38夢篇（後半部分）、21出邦門篇、7祭祀篇（後半の行行祠）

「択日部分」の「時間別の日選び」には、例えば建除十二直の当たる各日における吉凶宜忌（甲種1「除」篇、2「秦除」篇。乙種1「除乙」篇、3「徐」篇）や神煞の当たる各日における吉凶宜忌の記載がある。後世の通書において建除十二直による択日は常見であり、また後世の通書に見える神煞が該書にも多く確認できる（例えば四廃、反支、帰忌、往亡など）。「事項別の日選び」には様々な行為についての吉日凶日を示す。「非択日部分」の「択日原理」は日選びを行うための基礎知識に関するもの。例えば陰陽五行説の説明（五行相生・五行相剋・三合局などが見える）、秦の月名と楚の月名の対照表など。「雑占」には、後世の通書にも共通する種々の占いが登場する。例えば甲種35「人字」篇（後世の「黄帝四季詩」の源流）など。『日書』には夢占いが掲載されているが（乙種38「夢」篇）、後世の通書にも夢占いの記事があることが多い。相宅についても同じで、後世の通書には風水に関する記事を載せたものが多い。ただし該書に見えるものは陽宅（相宅）のみで陰宅（相墓）に関連するものは見えない。「解除祈禱」については、悪夢祓い（甲種41「夢」篇・乙種38「夢」篇）、悪鬼妖怪の撃退方法（甲種43「詰咎」篇）などの記述がある。後世の通書にもこの類の記事が掲載される。出邦門篇は後世の通書に見える「速用縦横法」と同じ類のものである（本書第二部第三章で詳論する）。

該書「択日部分」が扱う分野は、土木・建築・旅行・祭祀・農業・結婚など多岐に渉るが、それらの記述は、

すべて吉日を選び、凶日を避けることが目的である。「非択日部分」においても吉を選び（あるいは招き）、凶を避けるための手段の記載がその殆どである。この点もまた、後世の通書との共通点である。『日書』はこのように、凶を避け吉に趨《おもむ》くための実用のための術数書であると見做せる。

以上、各占術の共通性、書籍としての構成の共通性、文献としての性質の共通性から、『日書』はまさに古代の通書だと言えるのである（本書第二部第一章も参照されたい）。

写真・釈文は睡虎地秦墓竹簡整理小組編『睡虎地秦墓竹簡』（文物出版社、一九九〇年）に掲載。注釈書も既に幾つか出版されている。上述の劉楽賢『睡虎地秦簡日書研究』の他、呉小強『秦簡日書集釈』（岳麓書社、二〇〇〇年）、王子今『睡虎地秦簡《日書》甲種疏証』（湖北教育出版社、二〇〇三年）がある。

天水放馬灘秦簡『日書』甲種・乙種

一九八六年六月から九月にかけて、甘粛省文物考古研究所は甘粛省天水市の東南七〇キロ秦嶺山中部の放馬灘秦漢墓群（『中国文物地図集』甘粛分冊一六三頁4C）の発掘調査を行い、一号秦墓より竹簡群を発見した。竹簡の内容は『日書』および『志怪故事（墓主記）』。『志怪故事（墓主記）』は「丹」（墓主か）という人物の復活譚であるが、該書に秦王政八年（前二三九年）と見做せる紀年があり、該墓の下葬年代は前二三九年が上限となる。写真・釈文・発掘報告は甘粛省文物考古研究所編『天水放馬灘秦簡』（中華書局、二〇〇九年）に収録。以下『天水放馬灘秦簡』掲載の「天水放馬灘墓葬発掘報告」に拠って内容を紹介する。

『日書』甲種は全部で竹簡七三枚、簡の長さは二七・五センチ、幅は〇・七センチ、厚さ〇・二センチ、三道編縄。出土時に、36・56・68号簡の三枚が簡の下部を損失した他は、完全な状態が保存されている。一枚の竹簡上に書写される文字数は、最大で四三字。多くの竹簡は二五から四〇字である。原簡冊に書題はなく、整理者が内容によって定めたもの。書体は秦隷。ただし『日書』甲種と乙種とで用筆法が異なっている。そのため、抄写者は甲種と乙種では別人であると推測されている。整理者は『日書』甲種をその内容によって八章に分ける。

「月建表」(簡1壹〜12)。正月から十二月までの各月の建除十二直と十二支の対応循環関係を記述する。

「建除書」(簡13〜21壹および簡18貳・簡20貳〜21貳)。建除十二直が当たる各日の良し悪し、吉凶および何らかの活動に従事した際の有利不利について述べる。整理者は分割しているが、「月建表」と「建除書」で、一つの建除による日選び部分、と見做せよう。睡虎地秦簡『日書』にも類似のものが見える。

「亡盗」(簡22壹〜41)。主に逃亡した盗賊を捕まえるための択日について述べる。睡虎地秦簡『日書』にも類似のものが見える。

「吉凶」(簡42〜72)。整理者が「吉凶」と名付ける部分は、上段は竹簡上に「禹須臾行日」という題名が付けられ、下段には竹簡上に「禹須臾所以見人日」という題名が付けられている箇所。上段「禹須臾行日」は、月の一日から三十日の各日において、四時制による各時刻の四方位への出行の吉凶を述べる。下段「禹須臾所以見人日」は、各十二支日の「見人」(人と会う)の際の吉凶を示すもので、こちらは五時制。「吉」「凶」のみを示す簡43から簡53までの部分と具体的な記述のある簡54から簡65までの部分の二種類がある。睡虎地秦簡『日書』にも類似のものが見える(なお、整理者は簡42を「禹須臾」篇と見做すが誤り)。

「禹須臾」(簡66貳〜67貳)。整理者が「禹須臾」と名付ける部分は、出行に関する儀式が記載してある箇所。筆者は、該篇は「禹須臾行日」(整理者の云う「吉凶」の上段部分)と関連して述べられた内容だと考えている。詳しくは本書第二部第三章を参照。なお、整理者は簡73も本章と関係あるとするが不明。

「人日」(簡1貳〜4貳)。その内容は十二支紀日でひと月を男日と女日に分け、男女はその日に応じて行動をする。例えば病気の治療や死後の埋葬などは男女各々その日に応じて行動する。簡文にはまた、特に男日は奴隷逃亡の日にちであると注意書きしてある。男日は卯・寅・巳・酉・戌、女日は午・未・申・丑・亥・辰の日である(「子」を脱する。おそらく男日であろう)。睡虎地秦簡『日書』「男日女日」篇と類似する内容である。

「生子」（簡16貳～17貳および簡19貳）。内容は十六時制における平旦から鶏鳴までのそれぞれの時刻に子供を産んだ場合、男であるか女であるかを占うもの。

「禁忌」（簡24貳および簡68貳～73貳）。主に裁衣、穿衣、滅鼠、養狗、畜圏の掃除、土木建築、戦争などに関する忌日を記載している。睡虎地秦簡『日書』にも類似のものが見える。

『日書』乙種は竹簡全三八一枚。竹簡の殆どが完全な状態。簡の長さは二三センチ、幅は〇・六センチ、厚さ〇・二センチ、三道編縄。文字は比較的小さい。乙種は甲種に比べて分量が多く、乙種中には甲種八章の内容がすべて含まれている。文面もほぼ同じ。ただ「禁忌」については両者で異なった条目が見える。整理者は乙種をその内容によって三九章に分ける。

「月建表」（簡1壹～13壹）。甲種と同じ。

「建除書」（簡14壹～24壹）。甲種と同じ。

「置室門」（簡1貳～15貳）。門の吉凶について記述する。睡虎地秦簡『日書』甲種「置室門」篇と類似する。

「門忌」（簡48貳～53貳および簡133貳～135貳）。門の建築に関する忌日を述べる。

「方位吉時」（簡25壹～54壹）。整理者が「方位吉時」と名付ける部分は、甲種の「吉凶」の上段（「禹須臾行日」）と同じ。

「地支時辰吉凶」（簡25貳～34貳）。整理者が「地支時辰吉凶」と名付ける部分は、甲種の「吉凶」の下段（「禹須臾所以見人日」）の前半部分と同じ。

「吏聴」（簡35貳～46貳）。整理者が「吏聴」と名付ける部分は、甲種の「吉凶」の下段（「禹須臾所以見人日」）の後半部分と同じ。

「亡盗」（簡55壹～64壹および簡66壹～77壹）。甲種と同じ。

「昼夜長短」（簡56貳～65貳）。十二ヵ月各月の昼夜の長さを示す。睡虎地秦簡『日書』「日夕表」篇と類似する。

「臽日長短」（簡78貳～86貳）。各月の臽日およびその昼夜の長さを示す。臽日は睡虎地秦簡『日書』乙種「臽日」篇などに見えるが、そこに昼夜の長さの記述はない。

「五行相生及三合局」（簡73貳～77貳）。五行相生と五行三合局の理論について簡潔に述べる。睡虎地秦簡『日書』「五行」篇に類似する。

「行」（簡78壹～82壹）。六十干支日それぞれの五時制の各時刻（「夕」「日失」「日中」「莫食」「平旦」）の出行の喜数を示す。睡虎地秦簡『日書』甲種「禹須臾」篇に類似する。

「衣良日」（簡83壹）。竹簡の文字が不鮮明でその内容はよくわからない。

「牝牡月日」（簡84壹～90壹）。牝月・牡月・牝日・牡日の娶妻・喪葬の吉凶を述べる。睡虎地秦簡『日書』「男日女日」篇に類似のものが見える。

「人日」（簡91～93）。甲種と文面がやや異なる。

「四廃日」（簡95壹～104壹）。四廃日などの禁忌を述べる。ほぼ同じ内容が睡虎地秦簡『日書』甲種「帝」篇に見える。

「行忌」（簡94貳～103貳および簡123貳～126）。十干日および十二支日の出行の禁忌を述べる。睡虎地秦簡『日書』にも類似する内容がある。

「五音日」（簡104壹～111壹）。宮・商・角・徴・羽の五音日の禁忌を述べる。

「死忌」（簡103參～114貳）。一年各月の死亡する日にちが記述されてある。簡108に「●遠」、簡109に「●行兇」とあり、「遠行」の凶日を示すものかもしれない。

「作事」（簡115壹～141）。諸々の日における吉凶を述べる。建築関連のものが多い。睡虎地秦簡『日書』にも類似する内容がある。

「六甲孤虚」（簡115貳～120貳）。孤虚法による占い。孤虚は周家台漢簡『日書』・孔家坡漢簡『日書』にも見える。

「生子」（簡142～144壹）。甲種と同じ。ただし簡144の一文は甲種には見えない。

「衣忌」（簡145壹）。衣の忌日と吉日を示す。

「井忌」（簡146壹）。井の忌日と吉日を示す。

「畜忌」（簡147壹～151壹）。鶏・彘・羊の忌日と吉日を示す。

「卜忌」（簡153壹）。卜（亀卜）の忌日と吉日を示す。「衣忌」から「卜忌」まで、睡虎地秦簡『日書』にも類似のものが見える。

「六十干支」（簡144貳～153貳）。六十干支の表。菱形状に書写されている。

「占候」（簡154～163）。雨に関する占い、豊年に関する占いなど。

「五種忌」（簡164）。麦・黍・稷・菽・秫・稲の忌日を述べる。睡虎地秦簡『日書』「農事」篇に類似のものが見える。

「禹歩」（簡165）。甲種「禹須臾」と同じ。

「正月占風」（簡166）。正月一日から七日までの風による占い。この占いは後世まで伝承されている。詳しくは胡文輝「〝人日〟考辨」（同氏著『中国早期方術与文献叢考』所収、中山大学出版社、二〇〇〇年）を参照。

「星度」（簡167～178）。二十八宿とその度数を記述する。残欠がある。

「納音五行」（簡179壹～192壹）。納音の法を記す。「八風」「六律」などと書かれた図が掲載されている。

「律書」（簡168伍～205貳）。十二律に関する記述。十二律の律数や相生などが記述されている。

「五音占」（簡196貳～205貳）。五音が属する日にちによって諸事を占う内容。

「音律貞卜」（簡206～300）。五音十二律を時間に配当し、それらを「卦」と称して、その卦に拠って吉凶・疾病・喪葬などを占う。他の出土術数文献や後世の文献にも見えない独特な占いである。

「雑忌」（簡301～331）。伐木、動土、養畜、歌楽、殺生、占卜、出行、帰室、入官、訴訟などの宜忌の日についての記述。睡虎地秦簡『日書』などにも類似のものが見える。

「問病」（簡332～366）。疾病に関する占いであるが、「音律貞卜」と類似する。

「其它」（簡367～簡381および簡47・55・66）。残欠により綴合できなかったもの。

音律に関する部分については、武田時昌「五音と五行――音律理論と占術のあいだ――」（同氏編『陰陽五行のサイエンス　思想編』所収、京都大学人文科学研究所、二〇一一年）がその原理と占法を解明している。


なお、『天水放馬灘秦簡』に掲載の竹簡写真は非常に不鮮明である。このため一部分ではあるが、鮮明なカラー拡大写真を掲載する胡之主編『中国簡牘書法係列　甘粛天水秦簡』（重慶出版社、二〇〇八年）を参照する必要がある。また、『天水放馬灘秦簡』に掲載の釈文は標点や注釈が一切施されていないため、その後、何人かの研究者によって改めて釈文が作成されている。孫占宇『放馬灘秦簡日書整理与研究』（西北師範大学博士論文、二〇〇八年）、同氏著「放馬灘秦簡甲種日書校注」（『出土文献研究』第一〇輯、中華書局、二〇一一年）、晏昌貴「天水放馬灘秦簡乙種《日書》分篇釈文（稿）」（『簡帛』第五輯、上海古籍出版社、二〇一〇年）、張顕成主編『秦簡逐字索引』（四川大学出版社、二〇一〇年）などの釈文があり、各自文字の訂正や注釈も行っている。最近、張徳芳主編・孫占宇著『天水放馬灘秦簡集釈』（甘粛文化出版社、二〇一三年）が出版された。全簡の赤外線写真を掲載、竹簡の排列を改め、これに基づいた新たな釈文・注釈を作成している。

江陵王家台秦簡『日書』

一九九三年三月、湖北省荊州市郢城鎮郢北村王家台において村民が養魚池を掘ろうとした際、古墓を発見し、荊州地区博物館は同地を発掘調査した。この王家台秦墓は、紀南城の東南約五キロ、漢代古郢城の北城壁から北へ約一キロのところにあり、秦漢期の墓葬一六基が発見された。

この中の一五号墓より大量の秦代の竹簡が出土した。竹簡の多くは、保存状態があまり良くない残簡であった。

が、中には完全なものもあり、竹簡上に編綴の紐が残存しており、上中下の三道で竹簡を編綴して冊をなしていた。しかしながら、それらも整理時には紐が腐って散乱し順序が乱れてしまった。出土竹簡は、整理者により残欠が激しいものを除いた八一三の竹簡に整理番号が付けられた。内容には『效律』『政事之常』『日書』『帰蔵』『災異占』がある。

王家台一五号秦墓の下葬年代は、前二七八年「白起抜郢」を上限とし秦代を下限とすると推定されている。王家台一五号秦墓からは出土物として種々の占卜用具が見付かっている。算木（六〇本）・木骰子（木製のサイコロ、二三個）・式盤などがある。これらより墓主は、『日書』等占いに関する書物を蔵し、占卜用具を実際に使用して占いを行った、占い師であったと考えられている（以上、詳しくは荊州地区博物館「江陵王家台一五号秦墓」『文物』一九九五年第一期を参照）。

王家台秦簡『日書』については、今のところ、「江陵王家台一五号秦墓」および王明欽「王家台秦墓竹簡概述」（艾蘭・邢文編『新出簡帛研究』所収、文物出版社、二〇〇四年）に一部分が紹介されるのみである。王明欽氏の紹介を纏めれば以下の通り。

王家台秦簡に含まれる『日書』の分量は非常に多い。竹簡の長さは多くが約二二・六～二二・九センチ。一簡に二二～四三字が書写されている。文字は秦隷。内容の大部分は睡虎地秦簡『日書』と類似・同一のものである。王明欽氏はその内容から一一篇に分類する（以下の篇名は睡虎地秦簡『日書』に擬り仮に付けたもの）。

一、建除。全一二簡。睡虎地秦簡『日書』甲種「秦除」篇とほぼ同じである。ただし、王家台秦簡『日書』には吉凶の占辞が見えない。

二、稷辰。全二五簡。睡虎地秦簡『日書』甲種「稷辰」篇と基本的に同じ。

三、啓門。主に春夏秋冬における「啓門」の方向および祭祀をするべき日について述べる。

四、啓閉。内容的には九店楚簡『日書』第八組や睡虎地秦簡『日書』乙種「十二支占卜」篇と同じ。ただし、王家台秦簡の方が記述が簡略である。

五、置室。図と文から成る。睡虎地秦簡『日書』甲種「置室門」篇と同内容(同篇の内容は孔家坡漢簡『日書』等にも見える)。該篇竹簡は残欠が激しい。

六、生子。六十干支紀日で、各日に生まれた子供の将来について占う。一簡ごとに三段に分け三条を記述する。各条ごとに横線を引く。次のようになっている。

甲子生孜　━乙丑生不武巧　━丙寅生武聖

同内容のものは睡虎地秦簡『日書』甲種「生子」篇・乙種「生」篇に見える。が、上記の箇所を睡虎地秦簡『日書』甲種が「甲子生子、少孤、衣污。乙丑生子、武以攻(工)巧。丙寅生子、武以聖」に、乙種が「甲子生、少孤。乙丑生、不武乃工考(巧)。丙寅生、武聖」に作るように、文面には三者それぞれ違いがある。

七、病。二種類に分類される。一つ目は、十干紀日の各日に五行・五色・五方を配し、病状を占うもの。

甲乙木青東方。甲乙病鷄鳴到日出篤不死〼。49〼丙丁有瘳毋復□〼50

二つ目は、十二支紀日の各日の時刻別の病状を占うもの。

子有病、不五日乃七日有瘳、鷄鳴病死。399

八、疾。上記七の「病」と似ている。十干紀日のもの(全五簡)と十二支紀日のもの(全七簡)の二種類がある。十干紀日のものは次のようになっている。

丙丁有疾赤色當日出死、不赤色壬有瘳、癸汗(間)。401

十二支紀日のものは次のようになっている。

五子有疾、四日不瘳乃七日鷄鳴有疾死。ㇾ五丑有疾、三日不瘳乃九日〼360死。ㇾ五寅有疾、四日不瘳乃五日日出有疾死。ㇾ五卯有疾、三日不瘳乃〼373

王家台秦簡『日書』の「病」「疾」は、その内容が睡虎地秦簡『日書』甲種「病」篇・乙種「有疾」篇・乙種

「十二支占卜」篇の一部分および孔家坡漢簡『日書』有疾篇・死篇等と類似する。

九、死。全六〇簡。甲子から癸亥までの各日の各時間における死がその家族に与える影響について記述されている。孔家坡漢簡『日書』死失篇は本篇と関係あるかもしれない。

　庚午日中、以死失西北五六歩小子也、取其父大人也。不去必傷其家。706

一〇、宜忌。六畜・五行・祭祀・行事・門戸などの宜忌の日を記述する。睡虎地秦簡『日書』「諸良日」篇等に類似した内容が幾つか見える。

一一、日忌。本篇は睡虎地秦簡『日書』等の他の『日書』には見えないものである。一日から三十日までの各日の行事の吉凶について記されている。

　一日是胃(謂)奮光。祭有斗敗者、亡人曰歸也。顛人93行、不行。以戰、有和有得。占五矢得、疾人凶夢有言〼104

　十日曰駸、是胃(謂)逋。【作】美事吉。以取妻、先有□虖、百矢吉、以112有疾、少飤(食)、五矢言也。取妻不吉。以行、各入以六畜、吉。疾人不23死、夢言也、有命來、爲事不吉、亦毋大咎也。人亡(無)故而怒也143、□以戊之日而飤(食)黍□□□□祭則止矣。■昔入、一日、以□夆、二日、□152〼雨戸、三日、下中、五日、大入、六日、東北〼158

　十五日曰載、是胃(謂)望。以作百事大凶。風雨畾(雷)、日月宜飤(食)、邦44君更歳不朝、邦多廷獄作、民多寡、陽疾、亡人得戰。46

之來者不起。凡人亡(無)故而心哀矣、乃取桂盛尊而中折之、以113望始出而飤(食)之而寤則止矣。114

部分的に睡虎地秦簡『日書』甲種「詰咎」篇と類似する文章も見える(上記の「人亡(無)故而怒也……」「凡人亡(無)故而心哀矣……」など)。また「夢」の字が見えるため占夢と関係あるかもしれない。

　該書は睡虎地秦簡『日書』とほぼ同年代の『日書』と見做される。今後の全容の公開が待たれる。

荊州関沮周家台秦簡『日書』

一九九三年六月、湖北省荊州市周梁玉橋遺址博物館は、郢城跡から東へ一・七キロに位置する荊州市沙市区関沮郷清河村にある周家台三〇号秦墓の発掘調査を行い、竹簡三八一枚と木牘一枚を発見した。内容は『暦譜』『日書』『病方及其它』の三種。文字は秦隷。写真・釈文・発掘報告は湖北省荊州市周梁玉橋遺址博物館編『関沮秦漢墓簡牘』(中華書局、二〇〇一年)に掲載される。

『暦譜』には秦始皇三四・三六・三七年および秦二世元年の紀年があり、発掘報告では、この暦譜の紀年、避諱(「正月」を「端月」とする)、墓主の頭骨の鑑定、竹簡の文字、副葬品などを根拠に該墓の下葬年代を秦代末年とする。また生前の墓主の身分を小吏と推測している。

『日書』は全一七八枚。簡の長さは二九・三〜二九・六センチ、幅は〇・五〜〇・七センチ、三道編縄。原簡冊に書題はなく、整理者が内容によって定めたもの。『関沮秦漢墓簡牘』の釈文に依拠してその篇目を示せば以下の通り。

「二十八宿」「二十箇干支排列」「二十八宿時占(図あり)」「吏」「不明」「五行」「孤虚」「戎磨日　一(図あり)」「産子占」「戎磨日　二(図あり)」「古五子(五つの刑徳図が掲載されている)」

該書は、他地域の出土『日書』と類似しない独特の内容のものが多い。例えば、「二十八宿時占」(図3)は、円形の図で、これは安徽省阜陽双古堆一号漢墓出土の前漢初年の式盤や甘粛省武威磨嘴子六二号漢墓出土の後漢初年の式盤と類似する。かかる円形の内側には、時計回りに二十八個の時間の名称が記される。「夜半」を一日の開始と見做せば、その次第は、夜半・夜過半・雞未鳴・前鳴・雞後鳴・毚旦・平旦・日出・日出時・蚤食・食時・晏食・廷食・日未中・日中・日過中・日失(昳)・餔時・下餔・夕時・日毚【入】・日入・黄昏・定昏・夕食・人鄭・夜三分之一・夜未半となる。これは一日の時間を二十八に分ける二十八時制の最も古い記録である。「二十八宿時占」中で占われる項目には、獄訟・約結・病者・行者・来者・逐盗・追亡人・市旅・物・戦闘がある。

また、「戎磨日」は敦煌遺書P二六〇二背の「神亀推走失法」やS・P六『乾符四年具注暦日』の「周公五鼓

逐【日法】」と類似することが指摘されている。西澤宥綜『敦煌暦学綜論――敦煌具注暦日集成――』（自家発行、二〇〇四年）上巻四〇三〜四〇四頁、周西波「敦煌文献中之逐盗求失物方術略考」（劉進宝・高田時雄主編『転型期的敦煌学』上海古籍出版社、二〇〇七年）、余欣『中古異相』（上海古籍出版社、二〇一一年）第五章第二節「従〝戎磨日〟到〝六日〟――秦漢至宋元間択日術推衍」、孔慶典『10世紀前中国紀暦文化源流』（上海人民出版社、二〇一一年）第七章第二節「〝戎磨日〟紀日法」を参照。

なお、『病方及其它』中にも吉凶選択などの占いに関連した内容が散見される。

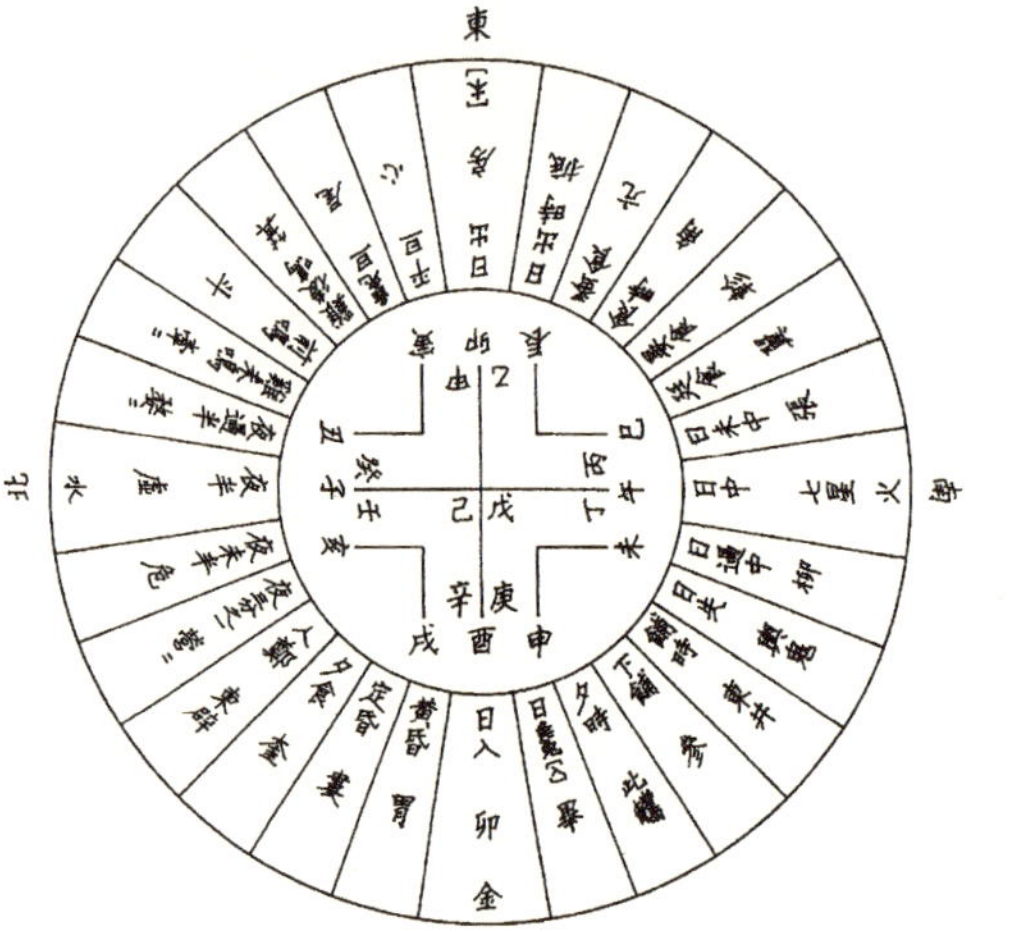

図3　二十八宿時占

江陵岳山秦墓木牘『日書』

一九八六年九月から一〇月にかけて、湖北省江陵県文化局および荊州地区博物館は、郢城跡から南へ約五〇〇《メートル》に位置する岳山三六号秦墓の発掘調査を行い（『中国文物地図集』湖北分冊一五三頁6D岳山寺墓群）、二枚の木牘を発見した。該墓の下葬年代は、副葬器物の考古学調査より、雲夢睡虎地一一号秦墓と同時期であり、また墓主は下層官吏とされる。木牘は、ひとつは縦二三《センチ》、横五・八《センチ》、厚さ〇・五五《センチ》。もうひとつは縦一九《センチ》、横五《センチ》、厚さ〇・五五《センチ》。二枚とも両面に文字が抄写されている。文字は秦隷。内容は、「水」「土」「木」「火」「玉」「金」「人」「牛」「馬」「羊」「犬」「豕」「雞」の良日と忌日、巫咸の死日、田大人の死日、大父・門・竈を祭る良日および忌日、「裚衣」「衣忌」「五服忌」など衣服に関する忌日、「問病」「到室」「入室」の忌日などが記載されている。幾つかは睡虎地秦簡『日書』等に類似する内容がある。

湖北省江陵県文物局・荊州地区博物館「江陵岳山秦漢墓」(『考古学報』二〇〇〇年第四期)に釈文と写真の一部が発表されている。最近、渡邉義浩『中国新出資料学の展開』(汲古書院、二〇一三年)に、劉国勝「江陵岳山秦牘《日書》研究」が掲載され、劉氏は新たに撮影した写真に基づいた新釈文を発表した。該論文には二枚の木牘両面すべての写真を掲載している。しかしながら写真は小さく不鮮明である。

北京大学蔵秦簡『日書』

二〇一〇年一月、北京大学は盗掘によって海外に流出した秦代の簡牘を入手した。かかる秦簡は、泥に浸かった幾つかの簡牘の束の状態で収蔵されたが、多くが出土時の状態であろう簡冊(巻物)の状態をなお保持していた。全部で十巻。北京大学出土文献研究所によって初歩的整理が行われ、同研究所「北京大学蔵秦簡概述」(『文物』二〇一二年第六期)が発表された。これによって判明した情報を纏めれば以下の通り。

入手した簡牘の総数は、竹簡七六二枚、木簡二一枚、木牘六枚、竹牘四枚、木觚一枚(および若干の竹簡の残片)であり、また骰子《サイコロ》一個、算木六一本も発見された。内容には、『従政之経』『善女子之方』『道里書』『田書』『制衣』『公子従軍』『隠書』『飲酒歌詞』『秦原有死者』『算書』『九九術』『三十一年質日』『三十三年質日』『日書』『禹九策』『祠祝之道』『祓除』『白嚢』『医方』『作銭』および記帳文書が含まれる。文字は基本的に秦隷が用いられているが、ごく一部に篆書が見られる。簡牘の抄写年代については、『質日』(暦譜)の内容および竹簡に見える紀年により、秦始皇の時期であるとされる。『従政之経』『道里書』といった官吏の職務に関連した文献が含まれることから、該簡牘群は地方官吏の墓より出土したものだと推測されている。出土地は不明であるが、『道里書』に記載の地名から湖北省中部江漢平原地区ではないかと推測されている。

北京大学蔵秦簡のうち、巻二および巻四の一部が『日書』の内容に当たる。陳侃理「北大秦簡中的方術書」(同上)に拠ってその内容を纏めれば以下の通り。

巻二『日書』は、竹簡五五枚、簡の長さは三六・五～三七・〇センチ、幅は〇・五～〇・七センチ。表題はないが内容から『日書』と見做される。「占雨」「見人」「行」「聞」の四篇から成る。「占雨」篇は北京大学蔵漢簡『雨書』に類似した内容。「見人」篇は睡虎地秦簡『日書』や周家台秦簡『日書』等に見える「吏」篇に類似した内容。「行」篇は睡虎地秦簡『日書』乙種「十二支占卜」篇や馬王堆帛書『出行占』に類似した内容。「聞」篇は六十干支各日において「聞憂」「聞兵」「聞喜」した際の吉凶禍福等について記載される。

巻四『日書』は、竹簡約五〇枚、簡の長さは二二・六～二三・一センチ、幅は〇・五～〇・七センチ。表題はない。竹簡の両面に文字が抄写されており、陳氏は竹黄面（表面）を甲組とし、竹青面（背面）を乙組とする。内容は甲組に「日廷」「穿門」「門」「死失図」「星」、乙組に「占雨」「禾日」「禾忌」「占禾」「建除」がある。「日廷」篇は孔家坡漢簡『日書』・北京大学蔵漢簡『日書』に類似した内容がある。「穿門」篇は、東西南北に門を穿つ際の吉日を記す。「門」篇は睡虎地秦簡『日書』甲種「置室門」篇や孔家坡漢簡『日書』直室門篇に類似した内容。「死失図」は孔家坡漢簡『日書』の「死失図」に類似した内容。「星」篇は睡虎地秦簡『日書』甲種「星」篇・乙種「官」篇、孔家坡漢簡『日書』星官篇に類似した内容。「占雨」篇は「十二辰風占雨」（風が吹いた日によって天気を占う）と「十二辰雞鳴占雨」（鶏が鳴いた日によって天気を占う）から成る。「禾日」「禾忌」両篇は、六種の作物に関する良日と忌日を記したもので、各種『日書』に類似した内容が見える。「占禾」篇は、十月朔日の雲色によって作物の豊作を占う内容で、陳氏は『史記』天官書に「各以其時用雲色占種其所宜」と紹介される魏鮮の占いに関連すると指摘する。「建除」篇は九店楚簡『日書』や睡虎地秦簡『日書』甲種の「除」篇に類似した内容。

定県八角廊漢簡『日書』

一九七三年五月から一二月にかけて、河北省文物管理処と定県博物館は、河北省定県四〇号漢墓より大量の竹簡を発掘した。該墓は定県城から西南四キロの八角廊村（現、定州市）に位置し、河北省文物研究所「河北定県四〇号漢墓発掘報告」(『文物』一九八一年第八期)は前漢中山懐王劉脩の墓だと推測している。前漢末年に該墓は盗掘と火災に遭っており、そのため多くの竹簡は焼け焦げ、破損していた。竹簡は出土時には既に散乱した残簡で、焼け焦げた簡の文字は多くは解読不能であった。その後、竹簡は北京に運ばれ整理作業が行われたのだが、一九七六年七月の唐山大地震によって、整理作業中の竹簡がさらに散乱、破損した。その後の整理作業によって、竹簡は『論語』『儒家者言』『哀公問五義』『保傅伝』『六韜』『文子』『六安王朝五鳳二年正月起居記』『日書・占卜』等残簡の八種の典籍から成ることがわかった。

『日書・占卜』等残簡については、定県漢墓竹簡整理組他「定県四〇号漢墓出土竹簡簡介」(同上)が「このグループの残簡は、多数のものが通読不能」と紹介するのみで、現在まで写真・釈文ともに未公開であり、その詳細は全く不明である。

阜陽双古堆漢簡『日書』

一九七七年、安徽省阜陽県双古堆一号漢墓より出土。釈文・写真は未公開。もともと書名はなく整理者が内容から定めたもの。胡平生氏の紹介(「阜陽双古堆漢簡数術書簡論」『出土文献研究』第四輯、中華書局、一九九八年)では、『日書』は約一〇〇枚の竹簡の残片で、その原貌を回復するのは難しいという。最も長い簡が約一六・五センチ、二〇字。「中旬築、丑・未吉」「因東南隅爲室胃(謂)敝□、其子産必有大驚」という文が紹介されている。阜陽漢簡整理組他「阜陽漢簡簡介」(『文物』一九八三年第二期)では「日辰星皆大凶、不可祭祀、作土事、起衆、益地」という一文が紹介されている。また、同墓出土の『干支表』は『日書』もしくは『刑徳』の附録だった可能性があるという。

江陵張家山漢簡『日書』

湖北省江陵県張家山は荊州城から西二キロにある丘陵地帯で、一帯は東周・秦漢墓群が密集している(『中国文物地図集』湖北分冊一五二頁3D)。一九八三年一二月から一九八四年一月にかけて荊州地区博物館は三基の前漢早期の古墓を発掘し(二四七号墓・二四九号墓・二五八号墓)、副葬品とともに一六〇〇枚の竹簡が出土した。その中に二四九号墓から出土した『日書』が含まれる。その後、一九八五年から一九八八年にかけて同博物館は三二七号墓・三三六号墓を発掘し、三二七号墓からも『日書』が出土した。要するに張家山漢簡『日書』は二種類存在する。

張家山二四九号墓および該墓『日書』については、荊州地区博物館「江陵張家山三座漢墓出土大批竹簡」(『文物』一九八五年第一期)に拠れば、張家山二四九号墓を含む三墓の年代は、その墓制と副葬品の特徴から雲夢睡虎地秦墓よりは遅く、江陵鳳凰山西漢墓の年代に近い。出土した竹簡の調査からその年代は上は前漢初年、下は景帝代より降らないとされる。『日書』については張家山漢簡竹簡整理小組「江陵張家山漢簡概述」(同上)は「『日書』は二四九号墓より出土。原簡に書題はなく、その内容が睡虎地秦簡『日書』と似ていることにより、仮に『日書』と名付ける。阜陽双古堆簡にも『日書』があり、前漢前期にこの種の書籍が甚だ通行していたことがわかる」と述べ、二枚の竹簡の写真を載せるのみで、その詳細は殆ど不明である。

張家山三二七号墓については、荊州地区博物館「江陵張家山両座漢墓出土大批竹簡」(『文物』一九九二年第九期)は、下葬年代は恵帝の時期で、墓主については、三二七号墓の規模は三三六号墓より小さいことなどから、三二七号墓墓主の身分は三三六号墓より低い(三三六号墓の墓主は五大夫以上の爵位の吏で経済的に恵まれていたと推測されている)が、該墓墓主も爵位を有する身分ではあっただろうと推測している。

張家山三二七号墓の『日書』については中国考古学会編『中国考古学年鑑 1987』(文物出版社)二〇二～二〇三頁に次のように述べる。

竹簡の総計は三〇〇枚で、そのうち残簡は一三〇枚。既に散乱しており、排列の順序は失われていた。竹簡の形態は二種類あり、一つは幅狭の長簡で、簡長は三五～三六・五センチ、幅は六～七ミリ、厚さは約一～二ミリ。

もう一つは幅広の短簡で、簡長は一七・四～一七・六センチ、幅は七ミリ～一・一センチ、厚さは二～二・五ミリ、この種の簡は二十余枚ある。長簡には三箇所の紐の痕があり、短簡には紐の痕が二箇所しかない。第一段の紐の痕の上には表題以外に一般には字を記さず、第三段の紐の痕の下にも字を記さない。字は表皮を削り取った後の表面（竹黄）に記され、大部分の字は今でもはっきりしている。短簡の背面（表皮面）にもおおくの字痕があるが、墨跡の褪色がひどく、すでに多数の字が識別できなくなっている。字体はみな隷書。初歩的な釈読によれば、睡虎地秦墓出土の「日書」と類似し、みな建除を主な内容としている。その中はいくつかの小表題にわかれ、表題の下に具体的な説明や論述があり、それには択日・吉凶・禁忌などの方面の事例が含まれている。秦簡「日書」と比較するとこの部分は簡略である。（以上、工藤元男『睡虎地秦簡よりみた秦代の国家と社会』創文社、一九九八年、一五三頁の翻訳に拠る）

「江陵張家山両座漢墓出土大批竹簡」に拠れば小表題には「祠日」「八者八風」等があるという（該報告は三二七号墓をＭ一二七と表記するが両者は同一墓である）。該報告には二枚の竹簡の写真を載せる。

張家山漢簡の整理者である湖北省荊州博物館の彭浩氏はこの二つの『日書』について次のように述べる。

> 全部で二部。その一つは張家山二四九号墓から、他の一つは三二七号墓からそれぞれ出土した。両部の日書には共に篇題がないが、その内容が睡虎地秦簡の《日書》に似ているためこの篇題がつけられた。日書は占いを主な内容とするが、その中はまた若干の小表題をつけて分けられ、その下は吉日選び、吉凶、禁忌等の方面にわたる具体的な事例を挙げて説明している。それらの内容は睡虎地の《日書》より更に簡略化されたものである。（彭浩（鳥井克之訳）「湖北江陵出土前漢簡牘概説」大庭脩編輯『漢簡研究国際シンポジウム'92報告書　漢簡研究の現状と展望』関西大学出版部、一九九三年）

沅陵虎渓山漢簡『日書』(『閻氏五勝』)

一九九九年六月から九月にかけて、湖南省文物考古研究所は湖南省沅陵県城関鎮の西、沅水と邑水の合流地点に位置する虎渓山一号漢墓の発掘調査を行い、該墓から「呉陽」印をはじめとした副葬品および竹簡一三三六枚が出土した。「呉陽」印によって墓主が呉陽であることが判明した。彼は第二代長沙王呉臣の子であり、沅陵侯として、呂后元年(前一八七年)に初封され、文帝の後元二年(前一六二年)に死去した人物である。

該墓から出土した竹簡は『黄簿』『日書』『美食方』の三種類に分類される。字体は隷書であるが、草隷に近い字体も見られる。今のところ、沅陵県博物館他「沅陵虎渓山一号漢墓発掘簡報」(『文物』二〇〇三年第一期)、郭偉民「虎渓山一号漢墓葬制及出土竹簡的初歩研究」(艾蘭・刑文編『新出簡帛研究』所収、文物出版社、二〇〇四年)、西林昭一編『簡牘名蹟選2　湖南篇二』(二玄社、二〇〇九年)、張春龍「沅陵虎渓山漢簡選」(『出土文献研究』第九輯、中華書局、二〇一〇年)に部分的な釈文と写真が紹介されるのみである。

『日書』は一〇九五枚、その中で完全な竹簡は約五〇〇枚。長さ二七・〇～二七・五センチ、幅〇・六～〇・八センチ、二道編縄。内容については「行」「徙」「生子」「娶婦」「伐木」「伐樹」「挙事」などに関連した記載があるという。「沅陵虎渓山一号漢墓発掘簡報」に紹介される内容は、首簡に「閻氏五勝」と記されている(末簡には「閻氏五生」とある)簡冊。出土時においてもともとの編帙の順が保持されていた。劉楽賢「虎渓山漢簡《閻氏五勝》及相関問題」(同氏著『戦国秦漢簡帛叢考』所収、文物出版社、二〇一〇年)は本篇についての論文である。釈文を示せば次の通り(簡戊1～8)。

五勝。金勝木、木勝土、土勝水、水勝火、火勝金。衡平力鈞則能相勝、衡不平力【不】鈞則不能相勝。水之數勝火、萬石之積燔。一石水弗能勝、金之數勝木、一斧之力不能踐(殘)一山之林。土之數勝水、一纍壤不能止一河之原。火之數勝金、一據(炬)之火不能爍千鈞之金。木之數勝土、【二】圍之木不能任萬石之土。是故十火難一水、十木難一金、十水難一土。十金難一火。十土難一木。閻昭曰、舉事能謹順春秋冬夏之時、舉木水金火之興而周還之、萬物皆興、歳乃大育、年讎(壽)益延、民不疾役(疫)、強國可以廣地、弱國可以柳(抑)強敵。故常以良日支干相宜而順四時舉事、其國日益。所謂順四時者、用春甲乙・夏丙丁・秋庚辛・冬壬癸。常以困・罰日舉事、其國日秏(耗)。所謂罰日者、干不勝其支者也。所謂困日者、春戊己・夏庚辛壬癸・秋甲乙・冬丙丁。是故舉事、日加喜數而福大矣。日加憂數而禍大矣。禍福之來也、遲亟无常、故民莫之能察也。故殘國亡家常好用困・罰日舉事、故身死國亡、諸侯必加之矣。

また「紅圖之論曰、上徹天文、下知地理、中知安國」(簡戊9)という一文があり『紅図之論』なる書からの引用となっている。「閻氏」「閻昭」は『漢書』芸文志・数術略・五行に著録される『猛子閻昭』の「閻昭」と同一人物の可能性がある。ただし劉氏は本篇はその内容と文体から術数文献ではなく陰陽家文献に分類すべきだと考える。本篇は五行説の中でも「五行無常勝」説(『孫子』虚実篇および『墨子』経下・経説下に見える)に類似する内容である。ただし、これを困日・罰日といった神煞(凶日)と結び付ける点で独特である(困日・罰日については『欽定協紀辨方書』巻五・義例三「宝義制専伐日」を参照)。なお永昌水泉子漢墓から出土した『日書』にも「閻氏五勝」が含まれている。

この他に、「虎渓山一号漢墓葬制及出土竹簡的初歩研究」に紹介された文面に以下のものがある。「火勝其金、木勝其土、加寅成有小喜」「徙與娶婦嫁女良日甲子甲辰」「壬寅日加子、舉事有大喜。甲戌日加子、舉事不成」「凡生子、毋迎日、毋倍日」等。この他、虎渓山漢簡『日書』の特徴として秦末漢初の歴史事件や有名人物と関連させて『日書』の占いが確かなものであることを注記している箇所があるとする。「陳勝反攻秦、以十月壬申發、此正當西方實不當有功」「章邯降項籍、以八月西略秦」「陳豨以丙午誅軍吏、丁未引其兵來兵攻」「趙相國建信君復西之奉公孫勝復令以」等。このような記述は、これまでに出土の『日書』には見えない。

「沅陵虎渓山漢簡選」に新たな竹簡数枚の釈文が紹介されたが、その写真は『簡牘名蹟選2 湖南篇二』中に幾つか見ることができる。「咸池」「小歳」「天文」「地武」「方兩君」「方偏子」「方中子」「天罡」「地檗(魁)」などの神煞の遊行を説く内容や「重日」「罰日」「西行良日」「出門」などの内容があり、明らかに択日に関する内容である。また、字体は「閻氏五勝」が漢隷なのに対し、これらの択日関連の部分は草隷が用いられている。字体や内容から考えるに、両者は別の書籍なのではなかろうか。

随州孔家坡漢簡『日書』

二〇〇〇年三月、前漢初期の『日書』が湖北省随州市孔家坡八号漢墓から出土した。該墓は随州駅から北へ約一・五キロ、編鐘で有名な曽侯乙墓から東へ六～七キロに位置する墓群中の一基である。該墓からは『日書』の他、『暦日』『告地書』が出土しており、両書に見える紀年から該墓の下葬年代は前漢景帝後元二年（前一四二年）とされる。墓の規模や副葬品などから判断して墓主は「低級官吏」「中小地主」とされる。

『日書』は椁室の頭廂東北角から見付かった。出土時に絹片が付着しており、絹で包まれていたと考えられる。巻物状で出土しており、下葬時の原貌を保持している。有字簡が約七〇〇枚、他に残簡、無文字簡が幾つかある。簡の長さは三三・八センチ、幅は〇・七～〇・八センチ、厚さは〇・一センチ。三道編縄。字体は隷書。

写真・釈文・発掘報告は湖北省文物考古研究所・随州市考古隊編『随州孔家坡漢墓簡牘』（文物出版社、二〇〇六年）に掲載されている。該書所収の「随州孔家坡漢墓発掘報告」に拠って、孔家坡漢簡『日書』の特徴を纏めれば以下の通り。

孔家坡漢簡『日書』は、出土状況が良好で分量も多く、睡虎地秦簡『日書』の後を継ぐ『日書』関連の書籍として重要な発見である。他の出土『日書』と共通する内容が孔家坡漢簡『日書』にも確認できる。特に睡虎地秦簡『日書』と内容が類似するものが多い。しかしながら、「随州孔家坡漢墓発掘報告」によれば、ただ類似するだけでなく、これまでの『日書』に対する「解経」を行う、つまりこれまでの『日書』中のわかりづらい占いを解説するものがあるという。例えば、孔家坡漢簡『日書』の「星官」は、睡虎地秦簡『日書』甲種「星」篇・乙種「官」篇と同じく二十八宿(が当たる日にち)の宜忌を述べるものだが、睡虎地秦簡『日書』にはない「司某」などの解説文が存在する。また「死失図」では、睡虎地秦簡『日書』にはない図についての解説文がある(睡虎地秦簡『日書』「視羅」篇に同図が見える)。しかしながら、この解説文も難解であり、「死失図」がどのような占法なのか現在も判明していない。詳しくは凡国棟(本間寛之訳)「日書「死失図」の総合的考察——漢代日書の楚秦日書からの継承と改変の視点から——」(工藤元男・李成市編『東アジア古代出土文字資料の研究』所収、雄山閣、二〇〇九年)を参照。「死失図」の他にも、図を用いた占いが多く見える点も孔家坡漢簡『日書』の特徴である。

『随州孔家坡漢墓簡牘』の釈文に拠って、その篇目を示せば以下の通り。

「建除」「伐木日」「金銭良日」「叢辰」「星官」「撃」「刑徳」「徙時」「□□」「□生」「五勝」「臨日」「時」「徙」「孤虚」「反支」「日廷」「帰行」「到室」「窮日」「亡日」「亡者」「離日」「来」「禹須臾行日」「行日」「見人」「禹須臾所以見人日」「嫁女」「牝牡月」「牝牡日」「出入人」「裁衣」「入官」「直心」「四季日」「五子」「土功」「司空」「穿地」「土忌」「雞」「豕」「困」「井」「屛困」「入内」「天剌」「殺日」「土功事」「垣」「蓋屋・築室」「垣日」「直室門」「門」「死咎」「死失(死失図)」「報日」「有疾」「死」「日時」「馬牛亡者」「天牢」「盗日」「人字」「生子」「忌日」「血忌」「□稼」「占」「司歳」「主歳」「朔占」「羅」「始種(種)」「歳」「未編聯簡」。

孔家坡漢簡『日書』については、森和氏による一連の研究があり参考になる。森和「日者の語った天地の終始」(『アジア遊学』第一一五号、二〇〇八年)、同氏著「「日書」と中国古代史研究——時称と時制の問題を例に——」(『史滴』第三〇号、二〇〇八年)、同氏著「離日と反支日からみる「日書」の継承関係」(前掲『東アジア古代出土文字資料の研究』所収)。

なお、李零「視日、日書和葉書——三種簡帛文献的区別和定名」(『文物』二〇〇八年第一二期)に拠れば、該簡冊を赤外線処理したところ「日書」という表題が確認されたそうである。

西安杜陵漢墓木牘『日書』農事篇

二〇〇一年六月から一二月にかけて、陝西省考古研究所は、西安南郊にある漢宣帝杜陵（『中国文物地図集』陝西分冊一四一頁6D）の陵区内にある前漢墓一七基を調査発掘し、墓葬編号二〇〇一XRGM五の墓から一枚の前漢木牘を発見した。

この木牘は縦二三チセン、横四・五チセンの長方形。材質は松。左下に少し残欠があるが、字は基本的にはっきりしている。字体は古隷体であるが、中に俗字や草書が混ざっている。全八行で一行に一五～二五字。全部で約一七七字。各行ごとに上部に圏点（黒丸）が記されて、章節の始めを示す。その内容は、農作物の種植の良日と忌日に関するもので、「始田良日」および禾・粟・豆・麻・麦・稲の良日と忌日の記載などがある。睡虎地秦簡『日書』甲種・乙種や放馬灘秦簡『日書』乙種に同内容が見える。故にこの木牘は『日書』の一部分であると推測される。劉楽賢『睡虎地秦簡日書研究』（文津出版社、一九九四年）ではかかる内容の箇所を「農事篇」と呼ぶため、この木牘も「『日書』農事篇」と呼称された。

該墓の墓主は、墓葬の地域・副葬品から、その地位は高く、平民ではないと考えられる。張銘洽・王育龍両氏は漢宣帝に近い高官で、木牘の内容から墓主は身分が高いだけではなく皇室の礼儀活動および農業生産活動に関与する立場、大鴻臚もしくは大司農だったのではないかと推測している。

以上、張銘洽・王育龍「西安杜陵漢牘《日書》「農事篇」考辨」（『国際簡牘学会会刊』第四号、蘭台出版社、二〇〇二年、『陝西歴史博物館館刊』第九輯、三秦出版社、二〇〇二年に再録）に拠る。該論文中に木牘の写真が載せてある。

雲夢睡虎地七七号漢墓竹簡『日書』

二〇〇六年一一月、湖北省雲夢駅付近でのレール敷設作業中に前漢の墓葬が見付かったため、湖北省文物考古研究所・雲夢県博物館は発掘調査を行い、副葬品三七件および簡牘二一三七枚を発見した。この湖北省雲夢睡虎地七七号漢墓は睡虎地一一号秦墓から南西、すぐ間近に位置する。湖北省文物考古研究所・雲夢県博物館「湖北雲夢睡虎地M七七発掘簡報」(『江漢考古』二〇〇八年第四期)に拠れば以下の通り。

竹簡の内容には『質日』『日書』『算術』『法律』および『書籍』(商紂・仲尼・越王勾践・伍子胥等が登場する)がある。書体は隷書、部分的に草隷。『質日』(暦譜)が前漢文帝前元一〇年(前一七〇年)~後元七年(前一五七年)の暦であることおよび副葬品の内容から判断して、該墓の年代は前漢文帝末年から景帝の時期だと推測されている。『日書』については「完全な状態の竹簡を発見できない。C組八二号簡の背面に「日書」二字の表題がある。残簡中に大量の『日書』類の内容が確認できる」と紹介されるのみで、釈文・写真などは一切公表されていない。

荊州印台漢簡『日書』

二〇〇二年一月から二〇〇四年一月にかけて荊州博物館は高速道路建設に合わせて岳橋村墓群の発掘調査を行った。岳橋村墓群は郢城跡から東二・七キロに位置し(『中国文物地図集』湖北分冊一五四頁1A)、この中に印台秦漢墓群も含まれる。この印台秦漢墓群中の九基の前漢墓から、竹簡と木簡が約二三〇〇枚、木牘が約六〇枚出土した。内容は『文書』『卒簿』『暦譜』『編年記』『日書』『律令』『遣策』『器籍』『告地書』。『文書』には景帝前元二年(前一五五年)に臨江国の丞相が漢の丞相申屠嘉から下達文書を受け取った記事があり、これより該墓の下葬年代は前一五五年以降となる。竹簡の写真二四枚が鄭忠華「印台墓地出土大批西漢簡牘」(荊州博物館『荊州重要考古発現』所収、文物出版社、二〇〇九年)に掲載されている(このうち一二枚の拡大写真が西林昭一編『簡牘名蹟選12 湖北・江蘇・甘粛・湖南篇』二玄社、二〇一二年に掲載あり)。この二四枚は全部『日書』であり、これについての論考に、劉楽賢「印台漢簡《日書》初探」(『文物』二〇〇九年第一〇期)がある。以下、劉氏の論考に拠って『日書』の内容を述べる。

『日書』は文字は隷書。竹簡の長さは二三・〇~二三・六センチ、幅は〇・四五~〇・七五センチ。簡23・5・19・17・13

の上段は二十八宿占。これは睡虎地秦簡『日書』甲種「星」篇・乙種「官」篇および孔家坡漢簡『日書』星官篇に相当する内容で、字句も大同小異である。簡19・17・13の下段は睡虎地秦簡『日書』甲種「玄戈」篇と同内容である。簡14・16・18・24の上段は神煞「招揺」「玄弋〈戈〉」「星忌」「四牝」の運行およびその宜忌について記す。簡16・18・24の下段には「巫」に関する占文が見えるが残欠のためよくわからない。簡4・8・10・21は出行の宜忌。簡9・11・12は三角形のような形を組み合わせた図を用いた占い。その内容は不明。簡1の内容は睡虎地秦簡『日書』乙種「見人」篇および孔家坡漢簡『日書』見人篇と類似する。簡2の内容は神煞「大魁」についての記述。『後漢書』蘇竟伝に見える「八魁」と同一の神煞かもしれない。簡3には「即行、之邦門之困(閫)、禹歩三、言曰、門左、門右、中央君子、某有行擇道。乞(迄)、樂▨」とあり睡虎地秦簡『日書』甲種「出邦門」篇と類似する。簡15は、孔家坡漢簡『日書』建除篇の除日の部分と文面が一致する。印台漢簡『日書』にも建除篇が存在するのであろう。簡20は男日女日について。これと類似する内容は睡虎地秦簡『日書』「男日女日」篇など多くの『日書』に見られる。簡22は「種忌日」について。睡虎地秦簡『日書』「農事」篇など多くの『日書』に類似した内容が見られる。

以上を要するに、現在公表されている竹簡からは、印台漢簡『日書』は睡虎地秦簡『日書』および孔家坡漢簡『日書』と類似した内容を多く有する、と判断できる。

香港中文大学文物館蔵漢簡『日書』

香港中文大学文物館が数年かけて骨董市場から購入収集した二五九枚の簡牘(一一枚の無字簡を含む)中、一〇枚は戦国簡、一枚は東晋の木牘で、残りはすべて漢簡であった、その中に漢簡『日書』が含まれる。『日書』の写真と釈文は陳松長編著『香港中文大学文物館蔵簡牘』(香港中文大学文物館、二〇〇一年)に収録。全一〇九枚。字体は隷書(古隷・草隷を含む)。骨董市場からの購入のため具体的な出土時期と場所は不明であるが、簡中に「孝恵三年」(前一九二年)の紀年があり該書は漢初のものだと推測される。また、出土地については、孔家坡漢簡『日書』との比較から湖北省随州の近く、と推測されている。

竹簡に書名は見えないが、整理者の陳松長氏はその内容より該竹簡を『日書』と見做し、二三篇に分類する。すなわち「帰行」「陥日」「盗者」「取妻出女」「禹須臾」「嫁子刑」「艮山」「詰咎」「稷辰(叢辰)」「玄戈」「行」「四激」「帝」「五行」「有疾」「良日」「八魁・血忌」「虚日」「報日」「日夜表」「生子」「吏」「干支表」である。

北京大学蔵漢簡『日書』

二〇〇九年一月、北京大学は盗掘によって海外に流出した前漢の竹簡群を入手した。その経緯については公表されておらず、出土地も不明である。竹簡の総数は、首尾完全な竹簡が約一六〇〇枚、残簡が約一七〇〇枚。字体は基本的に漢隷である。現在初歩的整理を終え、以下の内容を含むことが判明した。六芸類に『蒼頡篇』『趙正書』、諸子類に『老子』『周馴』『妄稽』『其他子書』[10](『其他子書』中には儒家・陰陽家・時令・災異・占候に関する内容が含まれる)、詩賦類に『反淫』、兵書類に『節』、術数類に『日書』『日忌』『日約』『揕輿』『雨書』『六博』『荊決』、方技類に『医方目録』、『医方』甲種・乙種、『医経』がある。字体と内容の分析から、その抄写年代は前漢武帝後期、遅くとも宣帝期を降らないと推測されている。以上、北京大学出土文献研究所「北京大学蔵西漢竹書概説」(『文物』二〇一一年第六期)に拠る。また中国出土文献研究会「北京大学蔵西漢竹書について」および北京大学出土文献研究所(竹田健二訳)「北京大学出土文献研究所工作簡報」(ともに『中国研究集刊』第五二号、二〇一一年)の解説も参照。文字について詳しくは陳侃理「北京大学蔵西漢竹書及其書法価値」(『書法叢刊』二〇一一年第四期)および矢野千載「北京大学蔵西漢竹書の書法に関する一考察」(『日本文学会誌』第二四号、二〇一二年)を参照。竹簡の写真・釈文は、『文物』二〇一一年第六期誌上および北京大学出土文献研究所編『北京大学蔵西漢竹書墨迹選粋』(人民美術出版社、二〇一二年)にごく一部分のみ公開されている。

『日書』については、李零「北大漢簡中的数術書」（『文物』二〇一一年第六期）の紹介に拠って情報を纏めれば以下の通り。総数六九五枚。簡の長さは四五・八～四六・一センチ、幅は〇・七～〇・九センチ。三道編縄。竹簡背面に「日書」の表題が朱書されている。該書の特徴として朱と墨によって描かれた図が幾つか掲載されている点が挙げられる。「占産子図（人字図）」「置室門図」「日廷図」「居官図」があり、睡虎地秦簡や孔家坡漢簡『日書』に掲載の図と類似する。また、陳侃理「北大漢簡数術類《六博》、《荊決》等篇略述」（同上）に拠れば、該書には北京大学蔵漢簡『六博』および『荊決』と同一内容の篇が含まれる。

北京大学蔵漢簡『日約』

李零「北大漢簡中的数術書」（『文物』二〇一一年第六期）の紹介に拠って情報を纏めれば以下の通り。総数一八三枚。簡の長さは四五・九～四六・一センチ、幅は〇・九～一・〇センチ。三道編縄。竹簡背面に「日約」の表題が墨書されている。その内容は『日書』の類である。該書はいわば択日の早見表のようなものであり、六十干支日の各日が何の日に当たるかを調べることができる一覧表になっている。八段に分けて書写されており、最上段に六十干支が記され、二段目から七段目までに建除日・叢辰日・臽日・玄戈・坐陰・坐陽などが記され、八段目には義・葆（宝）・榑（専）・制・困および宮・商・角・徴・羽の五音が記される。李零氏は「日約」とは「日要」の意であると考える。

北京大学蔵漢簡『日忌』

李零「北大漢簡中的数術書」（『文物』二〇一一年第六期）の紹介に拠って情報を纏めれば以下の通り。総数四一四枚。簡の長さは四五・八～四六・一センチ、幅は〇・九～一・〇センチ。三道編縄。竹簡背面に「日忌第一」の表題が墨書されている。内容は『日書』の類である。該書は目録部分を有し、六段に分けて書写されている。日の吉凶に関する一〇五種の内容が記載されているという。

北京大学蔵漢簡『堪輿』

李零「北大漢簡中的数術書」(『文物』二〇一一年第六期)の紹介に拠って情報を纏めれば以下の通り。総数七七枚。簡の長さは二九・四～二九・七センチ、幅は〇・八～〇・九センチ。三道編縄。竹簡背面に「揕(堪)輿第一」の表題が墨書されている。内容は『日書』の類である。陳侃理「北大漢簡数術類《六博》、《荊決》等篇略述」(同上)に拠れば厭・衝・無堯・陷・闔衡・折衡・負衡・杓・莢・臺・堵・却・連などの内容の記述があるようである。

「堪輿」は、後世では風水の意味に用いられるが、古代においては択日を意味する(『淮南子』天文訓・『史記』日者列伝等)。『漢書』芸文志・数術類・五行に『堪輿金匱』、『論衡』譏日篇に『堪輿歴』という択日書が見え、北魏の殷紹の著作に『四序堪輿』があり(『魏書』殷紹伝)、該書と関係があろう。

武威磨嘴子漢墓木牘『日書』(『日忌雑占』)

一九五九年七月、甘粛省博物館は、甘粛省武威市新華郷纏山村磨嘴子から南へ五〇〇メートルに位置する磨嘴子墓群中の六号漢墓から木牘約六〇〇枚を発見した。磨嘴子は河西回廊の東、武威県城から南に一五キロ、祁連山の麓、雑木河の西岸に位置する(『中国文物地図集』甘粛分冊一七七頁4D)。出土した木牘の大部分は『儀礼』であったが、この中に日忌木牘七枚、雑占木牘四枚が含まれていた。木牘の長さは二三・〇～二三・五センチ、幅は一・二～一・五センチ。すべて松の木牘で二道編縄、隷書で抄写されている。中国科学院考古研究所・甘粛省博物館編『武威漢簡』(文物出版社、一九六四年)に写真・釈文を載せる。

該書「叙論」に拠れば、該墓墓主は墓制・副葬品から「官吏」「士人階層」と見做される。更に、日忌木牘1枚目背面に「河平□【年】四月三日、諸文學弟子出穀五千餘斛」とあるのを、「叙論」はこれを墓主についての記事と見做し、河平年間（前二八～前二五年）において「諸文學弟子」（郡学の学生）だったと推測する。該墓の副葬品として、王莽が、即位の前年の居摂二年に発行した「大泉五十」銭が出土しており、下葬年代は新朝以降であることは間違いない。

日忌木牘の内容は次の通り。木牘1枚目正面は「□□□不乏蹇人、買席辟壬・庚・八魁、以祠家邦必揚」とあり、神煞「八魁」についての記述（釈文は「河魁」とするが写真は明らかに「八」に作る）だが前後が不明のためよくわからない。2～5枚目は十干日の禁忌、6～7枚目が十二支日の禁忌となっており、これと同様の内容は、各種『日書』に見えるだけでなく、後世まで百忌日として伝わっている。詳しくは劉楽賢『睡虎地秦簡日書研究』（文津出版社、一九九四年）一四四～一四七頁を参照。

雑占木牘については「悪言」「有客」「遠行」「諦泣」「熹事」「得財」「風雨」「見婦人」等について占う内容のようであるがどれも前後が不明のためよくわからない。整理者によれば11枚目の「見婦人」の上部不鮮明な部分に「夢」字があるという。よって該木牘は夢占いの可能性がある。木牘の年代は上述の木牘1枚目背面の紀年から前漢末頃だろう。

後、何双全氏はこの木牘の内容が十干と十二支を柱として、日の禁忌について記述していることから、『日書』忌篇の残章と見做した（何双全「漢簡《日書》叢釈」『簡牘学研究』第二輯、甘粛人民出版社、一九九八年）。

永昌水泉子漢墓木牘『日書』

二〇〇八年の八月から一〇月にかけて、甘粛省文物考古研究所は甘粛省永昌県西北三九キロの紅山窑郷水村子村西北に位置する水泉子漢墓群の調査を行い（『中国文物地図集』甘粛分冊一五二頁2B）、五号墓から木牘約一四〇〇枚を発見した。木牘の材質は松。内容に『日書』『蒼頡篇』がある。また、整理者が『日書』と見做す木牘中には「閻氏五勝」「丞相府土功要書」「叢辰」の表題を持つ竹簡がある。甘粛省文物考古研究所「甘粛永昌水泉子漢墓発掘報告」(『文物』二〇〇九年第一〇期)に拠れば、該墓群の年代は、その墓制から前漢末から後漢早・中期とされる。胡平生「読水泉子漢簡七言本《蒼頡篇》之二」(簡帛網 http://www.bsm.org.cn/ 二〇一〇年一月二一日)は前漢晩期と考えている。『日書』については張存良・呉葒「水泉子漢簡初識」(『文物』二〇〇九年第一〇期)に写真と釈文の一部分が紹介されている。字体は漢隷。木牘の長さは一九~二〇センチ、幅は〇・六~一・〇センチ、厚さは〇・一~〇・三センチ。内容は建除・叢辰・裁衣・男女・生子・入官・捕盗・出行・日用禁忌などについて述べる。研究として劉楽賢「読水泉子漢簡《日書》」(簡帛網二〇〇九年一二月九日)がある。なお、整理者が『日書』と見做す木牘中に、

☒□不得行者至　●本始二年大軍出【渡遼】將軍捕類將軍將出張掖酒泉　(封二:11)

という文面が見える。ここに「本始二年」(前七二年)の紀年があるが、竹簡の内容が『日書』であり記録文書ではないため、整理者はこの紀年は下葬年代を決定する材料には使えないと考えている。

該木牘は睡虎地秦簡などの『日書』に共通する内容もあるが、独特の内容も多いようである。筆者が一部分を見たのみでの感想ではあるが、内容や書写形式が居延・敦煌等中国西北部出土の『日書』に似ている感じがある。地域的共通性もしくは時代的共通性があるのかもしれない。全容の公開が待たれる。

居延・敦煌等中国西北部出土漢代木牘『日書』

内モンゴル自治区額済納《エチナ》河流域(居延地区)や甘粛省疏勒河流域(敦煌地区)の漢代遺址から出土した木牘には択日に関連した内容が散見される。かつて羅振玉が『流沙墜簡』で「陰陽書」や「占書」と名付けた類のものである。近年は択日に関する木牘を集輯して『日書』と見做す研究者が多い。何双全「敦煌漢簡研究」(『国際簡牘学会会刊』第二号、蘭台出版社、一九九六年)、同氏著「漢簡《日書》叢釈」(『簡牘学研究』第二輯、甘粛人民出版社、一九九八年)、胡文輝「居延新簡中的《日書》残文」(同氏著『中国早期方術与文献叢考』所収、中山大学出版社、二〇〇〇年)、魏徳勝「居延新簡、敦煌漢簡中的〝日書〟残簡」(『中国文化研究』二〇〇〇年春之巻)など。これらの論文に掲載される釈文に

ついて写真を確認するためには大庭脩編『大英図書館蔵　敦煌漢簡』（同朋舎、一九九〇年）、甘粛省文物考古研究所編『敦煌漢簡』（中華書局、一九九一年）、中国社会科学院考古研究所編『居延漢簡甲乙編』（中華書局、一九八〇年）、甘粛省文物考古研究所・甘粛省博物館・中国文物研究所・中国社会科学院歴史研究所編『居延新簡』（中華書局、一九九四年）などに当たる必要がある。

また、劉昭瑞「居延新出漢簡所見数術考釈」（同氏著『考古発現与早期道教研究』所収、文物出版社、二〇〇七年）、高村武幸「中国西北部烽燧遺址出土漢簡に見える占術・暦注関係簡牘の集成と注釈」（『文学研究論集』第八号、明治大学大学院、一九九八年）は中国西北部出土の術数関連の木牘（『日書』・択日以外の内容を含む）を集輯整理しており参考になる。

また、額済納《エチナ》河流域における一九九九年・二〇〇〇年・二〇〇二年の三度の調査によって発掘された新出の額《エ》済納《チナ》漢簡にも術数の内容が含まれている。魏堅主編『額済納漢簡』（広西師範大学出版社、二〇〇五年）に写真・釈文が掲載される。劉楽賢「額済納漢簡数術資料考」（同氏著『戦国秦漢簡帛叢考』所収、文物出版社、二〇一〇年）に考察がある。

敦煌懸泉置出土の『日書』に関しては、整理者が発掘報告の段階で『日書』と認めていることもあるので、別に項目を立ててそこで論じることにしたい。

敦煌懸泉置漢代木牘『日書』

漢代懸泉置遺址は、甘粛省敦煌市甜水井東南三キロに位置する（『中国文物地図集』甘粛分冊一九五頁5C）前漢武帝期から後漢和帝期まで使用された駅站の遺址であり、当時の東西交通の要地であり、その面積は約二万二五〇〇平方メートルにもなる大規模な遺址である。

一九九〇年一〇月から一九九二年一二月にかけて、甘粛省文物考古研究所は懸泉置遺址において三度に渉る発掘調査を行い、約三万五〇〇〇枚（有字簡は約二万三〇〇〇）もの木牘が出土した（竹簡・帛書・紙文書も少数出土している）。木牘の長さは二三・〇～二三・五センチ、幅は〇・六～一・二センチ。字体には隷書・草書・草隷体がある。紀年がある木牘が約一九〇〇枚出土しており、最も早いものは前漢武帝元鼎六年（前一一一年）、最も遅いもので後漢安帝永初元年（一〇七年）である。木牘の内容は詔書・律令・科品・檄記・簿籍・爰書・劾書・符・伝・暦譜・各種典籍（『日書』『相馬経』『急就篇』『蒼頡篇』等）・医薬方および私人の書記と多岐に渉る。該木牘群は漢代の歴史とりわけ郵便交通・政治法律および漢王朝と西域等の周辺地域との関係を研究する上で、極めて価値のある資料である。甘粛省文物考古研究所「甘粛敦煌漢代懸泉置遺址発掘簡報」および同所「敦煌懸泉漢簡内容概述」（ともに『文物』二〇〇〇年第五期）を参照。

『日書』については、何双全「漢簡《日書》叢釈」（『簡牘学研究』第二輯、甘粛人民出版社、一九九八年）および胡平生・張徳芳編『敦煌懸泉漢簡釈粋』（上海古籍出版社、二〇〇一年）において一部の釈文が紹介されている。以下『敦煌懸泉漢簡釈粋』に拠ってその内容を紹介したい。

一、建除。いわゆる建除表であり、建除十二直が各月の十二支のどの日に当たるかを示す。しかし該篇にはその下に「東四」「南四」「東六」「南六」といった方位と数が配されている。これについて劉楽賢氏は該篇は建除ではなく孔家坡漢簡『日書』死失篇と同一の内容だと考える。詳しくは劉楽賢「懸泉漢簡中的建除占〝失〟残文」（『文物』二〇〇八年第一二期）を参照。

二、死。死および喪葬に関する禁忌の記述。睡虎地秦簡『日書』に類似する文が見える。例えば「●丁丑不可入喪。喪、不出三年有人三死亡」（簡Ⅰ0309③:335）とある。

三、裁衣に関する内容。その文は睡虎地秦簡『日書』甲種「衣」篇に類似する。例えば「戊子、財（裁）衣、不利出入。戊午、財（裁）衣、不吉」（簡Ⅰ0111②:19）とある。

四、日入・日出の時の方位吉凶。例えば「日入時、西吉。日出時、東吉」（簡Ⅱ0216②:898）とある。

五、大時。大時は神煞「大歳」の別名で、種々の出土『日書』および後世の通書に登場する。

六、禹歩。睡虎地秦簡『日書』・放馬灘秦簡『日書』等には出行時に禹歩を行うことが見えるが、該篇は厠に入る際に行う禹歩である。このような禹歩は他には見えない。釈文は次の通り。

入厠、禹歩三。祝曰「入則謂厠哉、陽謂天大哉、辰、病與悪入、疾去。」毋顧。（簡 II 0214 ②：71）

七、葬日（陰葬・陽葬）。喪葬に関する禁忌。難解で文意が取り難い。例えば「自將野死、不葬、取若陰葬、若陽【葬】、凡爲▨」（簡 I0112 ②：28）とある。

八、喪葬に関する禁忌だと思われるがよくわからない。例えば「其死者、毋持刀刃上冢、死人不敢近也。上冢、不欲哭、哭者、死人不敢食、去。即上冢、欲其□」（簡 V 1410 ③：72）とある。

九、数と物との配当。「天一、地二、人三、時四、音五、律六、星七、風八、州九▨」（簡 II 0215 ②：204）とある。『淮南子』墬形訓に類似した文面が見える。

高台県駱駝城魏晋木牘『日書』

一九九八年五月、甘粛省高台県駱駝城九八―六古墓より出土した魏晋時代の木牘について、何双全・狄暁霞「甘粛省近年来新出土三国両晋簡帛綜述」（『西北師大学報（社会科学版）』二〇〇七年第四四巻第五期）はこれを『日書』と見做している。しかし、劉楽賢「〝生死異路、各有城郭〟――読駱駝城出土的一件冥婚文書」（『歴史研究』二〇一一年第六期）に云うように、かかる木牘は冥婚についての文書と見做すべき内容である。なお、この木牘は術数書ではないが、択日や命理に関する内容を含んでおり、魏晋時代の術数に関する貴重な資料である。

馬王堆漢墓帛書『刑徳』甲篇・乙篇・丙篇

一九七三年、湖南省長沙市馬王堆三号漢墓より出土。書名は整理者が内容によって付けたもの。『刑徳』には甲篇・乙篇・丙篇の三篇が存在する。三篇の尺寸は、甲篇は縦四八センチ、横六四・五センチ、乙篇は縦四四センチ、横八四センチ、丙篇は縦四八センチ、横八二センチ。甲篇と乙篇は比較的保存状態が良いが、丙篇は散り散りの帛片となってしまっており、綴合は困難を極める状態にある。丙篇は今のところ、一八の残片が確認でき、その断片から推測される内容は甲篇・乙篇と大体同じ。ただし丙篇は全編が朱でもって書写されている。甲篇の字体は古隷、乙篇は漢隷、丙篇は古隷。

　甲篇と乙篇の内容は基本的に同じ。「刑徳大遊甲子表」「刑徳小遊九宮図」と刑徳の運行規則についての記述およびその占辞（「刑徳大小遊的文字説明」）から成る（図4aおよび図4b）。「雲気占文字」の箇所は内容から『日月風雨雲気占』という別の書籍として扱う。本書解題を参照。

　甲篇の「刑徳大遊甲子表」に「乙巳、今皇帝十一」の紀年があり、甲篇の抄写年代は前漢高祖一一年（前一九六年）以降、乙篇の「刑徳大遊甲子表」に「丁未、孝恵元」の紀年があり、乙篇の抄写年代は孝恵元年（前一九四年）以降とわかる。

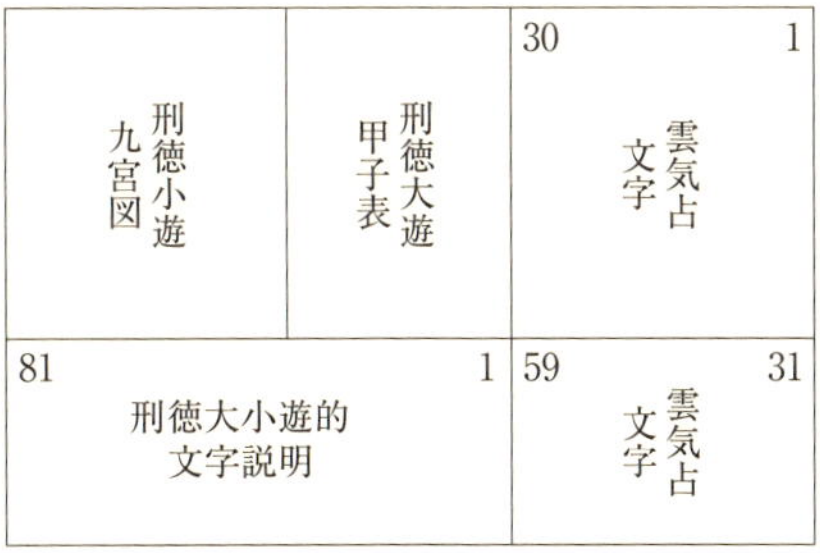

図 4a　『刑徳』甲篇排列位置示意図

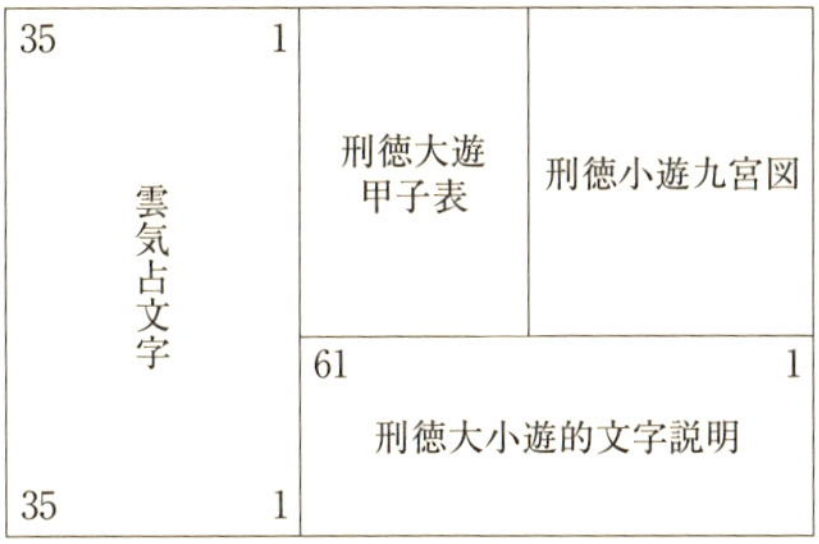

図 4b　『刑徳』乙篇排列位置示意図

　『刑徳』には大遊説と小遊説という刑徳に関する二種類の占いを掲載する。

　大遊説は、毎年五方を遊行する「刑」「徳」の居場所を、「刑徳大小遊的文字説明」と「刑徳大遊甲子表」（図5a）から割り出し、その年に戦争するべきかするべきでないか、また、刑徳の位置との対応関係から、攻める方向の吉凶を占う。具体的な刑徳大遊甲子表の見方および刑徳の運行規律

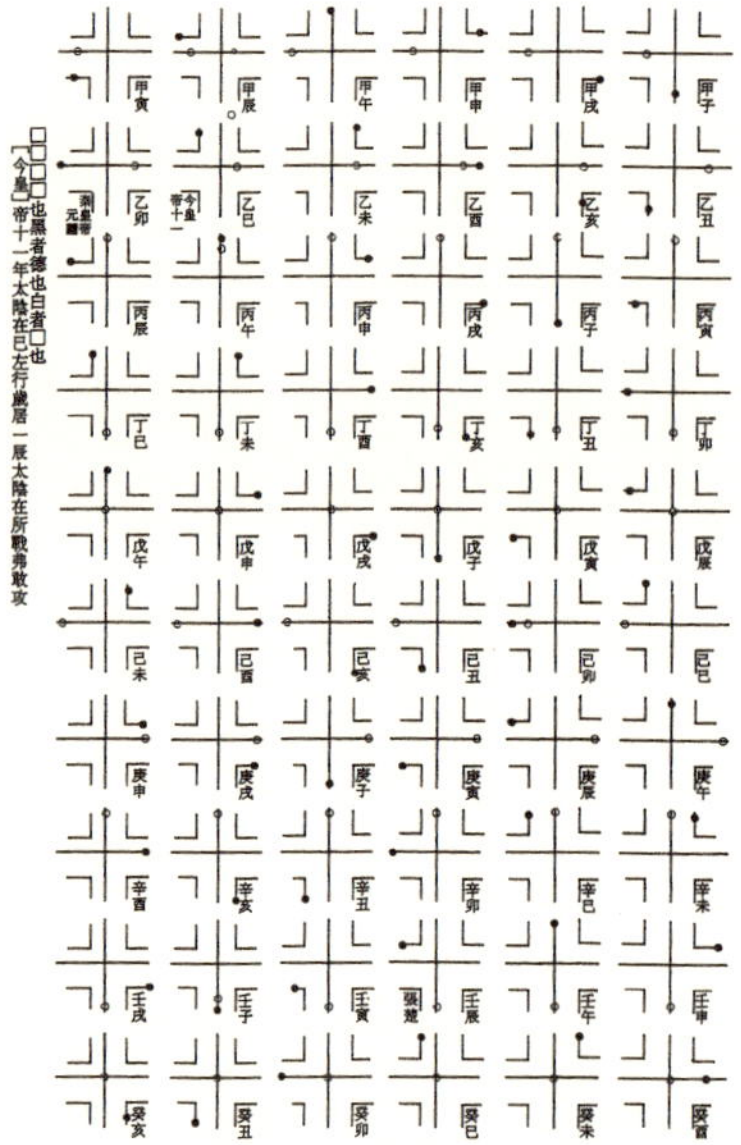

図5a　刑徳大遊甲子表(甲種)

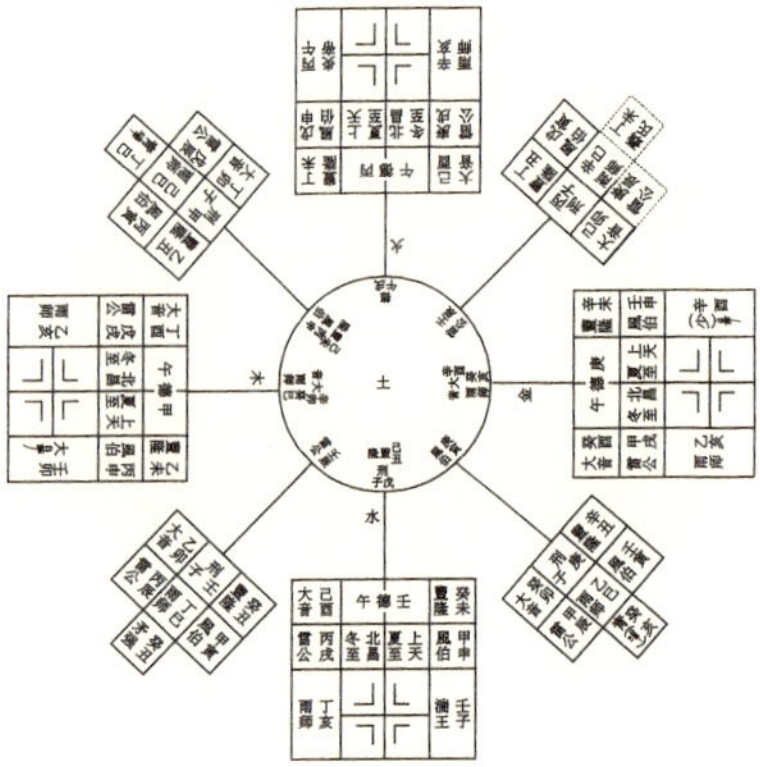

図5b　刑徳小遊九宮図(甲種)

については末永高康「帛書『刑徳』小考」(『中国思想における身体・自然・信仰——坂出祥伸先生退休記念論集』所収、東方書店、二〇〇四年)、小倉聖「馬王堆帛書「刑徳」篇「刑徳大遊」についての一考察」(『早稲田大学大学院文学研究科紀要』第五八輯、二〇一二年)を参照。刑徳の運行規律と方位の吉凶との関係については武田時昌「刑徳遊行の占術理論」(『日本中国学会報』第六三集、二〇一一年)を参照。

この刑徳は年神の神煞であり、後世の術数書、そして日本において毎年発行される『家庭暦』『運勢暦』等に見える「歳刑神」「歳徳神」の前身にほかならない。

小遊説は、簡単に言えば風占いである。こちらの刑徳は六日ごとに遊行する日神で、小遊説では、刑徳の他、豊隆・風伯・大音・雷公・雨師が登場する(合わせて「六宅」と呼ばれる)。彼らは一定の運行規律で、循環的に方位と日にちとに配当される。「刑徳大小遊的文字説明」と「刑徳小遊九宮図」(図5b)を使ってこれを割り出すことができる。文字説明部分に占辞として、六宅の遊行神が「發氣」した場合の未来の出来事や吉凶が記載されている。「發氣」とは風が吹くことであり、要するに風がある方角から吹いた際、その日にちと方位を担当する遊行神の占辞を見ればよいわけである。占辞には例えば「大音發氣、不雨、兵起、在軍、軍益。雨、吉」とある。占われる内容としては兵事・落雷・降雨・暴風雨・強風による災害・穀物の収穫などが記されている。小遊説について詳しくは武田時昌前掲論文を参照。

刑徳を用いた風占いは『乙巳占』巻第十や『開元占経』巻九十一・風占にも見ることができる。『漢書』芸文志・数術略・五行には『刑徳』『五音奇胲刑徳』が著録されており、馬王堆帛書『刑徳』はそれらの書籍の内容の一部だった可能性がある。

先行研究には上掲の論文の他、マルク・カリノフスキー（中村敞子訳）「馬王堆帛書《刑徳》試探」（『中村璋八博士古稀記念東洋学論集』所収、汲古書院、一九九六年）、胡文輝「馬王堆帛書《刑徳》乙篇研究」（同氏著『中国早期方術与文献叢考』所収、中山大学出版社、二〇〇〇年）、陳松長『馬王堆帛書《刑徳》研究論稿』（台湾古籍出版有限公司、二〇〇一年）および同氏著『簡帛研究文稿』（綫装書局、二〇〇八年）に掲載の論文がある。写真・釈文は『馬王堆帛書《刑徳》研究論稿』に掲載される他、傅挙有・陳松長編著『馬王堆漢墓文物』（湖南出版社、一九九二年）には乙篇の全体写真および一部分のカラー写真が掲載されている。

馬王堆漢墓帛書『陰陽五行』甲篇・乙篇

一九七三年、湖南省長沙市馬王堆三号漢墓より出土。帛書『陰陽五行』は、二種類の写本があり、ひとつは篆書（篆隷）で書かれたもので、篆書本と呼ばれ、もうひとつは隷書（古隷）で書かれたもので、隷書本と呼ばれる。どちらも現物の破損がひどく綴合作業は困難を極め、現在に到るまで全容は公開されていない。

篆書本は『篆書陰陽五行』とも呼ばれるが、後『陰陽五行』甲篇と改名、現在また改名されて『式法』と呼ばれる。本解題では『陰陽五行』甲篇としておく。隷書本は『隷書陰陽五行』とも呼ばれ『陰陽五行』乙篇とも呼ばれるが、本解題では『陰陽五行』乙篇の呼称を採用しておく。

『陰陽五行』甲篇は、幅一・二四メートル。字体は篆隷を基本とし楚文字を含む。秦始皇「廿五年」「廿六年」の紀年があり、抄写年代は前二二一年以降となる。内容は、馬王堆漢墓帛書整理小組「馬王堆帛書《式法》釈文摘要」（『文物』二〇〇〇年第七期）において公開された部分に「天一」「徙」「天地」「上朔」「祭」「式図」「刑日」があり、陳松長「馬王堆帛書《式法》初論」（同氏著『簡帛研究文稿』所収、綫装書局、二〇〇八年）において公開された部分に「祭祀」「択室」「五禁」がある。

該帛書には楚国の官名の記載がある。「乙當莫囂、丙當連囂、丁當司馬、戊當左右司馬、己當官首」とあり、この中の「莫囂」「連囂」は楚国特有の官名である。これより陳氏は『陰陽五行』甲篇の作者を楚人だと推測する。

『陰陽五行』乙篇は、幅一・二三メートル。内容は、①馬王堆帛書『刑徳』と重複する部分がある。末永高康「帛書『刑徳』小考」（『中国思想における身体・自然・信仰——坂出祥伸先生退休記念論集』所収、東方書店、二〇〇四年）および武田時昌「刑徳遊行の占術理論」（『日本中国学会報』第六三集、二〇一一年）を参照。両者の字体も類似しており、そのため抄写年代も『刑徳』甲篇に近いと見做されている（『刑徳』甲篇の抄写年代は前一九六年以降）。②『陰陽五行』甲篇の「天一」「天地」「刑日」「五禁」「式図」と対応する部分がある。ただし、文字および図が全く同一の箇所もあれば異同がある箇所もある（陳松長前掲論文）。乙篇について詳しくは名和敏光「馬王堆漢墓帛書《陰陽五行》乙篇の構造と思想」（渡邉義浩編『中国新出資料学の展開』所収、汲古書院、二〇一三年）を参照。

かつて『陰陽五行』乙篇には、出行に関する占いの部分もあるとされたが、現在は別の布帛に抄写された『出行占』という別の書籍と見做されている。本書解題を参照。

両篇の写真は「馬王堆帛書《式法》釈文摘要」の他、傅挙有・陳松長編著『馬王堆漢墓文物』（湖南出版社、一九九二年）、陳松長編著『馬王堆帛書芸術』（上海書店出版社、一九九六年）、西林昭一責任編集『馬王堆帛書精選　全三

冊』(毎日新聞社・毎日書道会、二〇〇三年)において一部分だけ見ることができる。

馬王堆漢墓帛書『出行占』

一九七三年、湖南省長沙市東郊の馬王堆三号漢墓より出土。かつては『陰陽五行』乙篇の一部と見做されていたが、現在は別の布帛に抄写された『出行占』という別の書籍だと考えられている。詳しくは、劉楽賢「《出行占》摘釈」(同氏著『簡帛数術文献探論』所収、中国人民大学出版社、二〇一二年)を参照。

『出行占』は幅四八センチ、全三五行。一部分の写真が(『陰陽五行』乙篇として)陳松長編著『馬王堆帛書芸術』(上海書店出版社、一九九六年)一三〇~一三七頁に掲載されている。

該書は出行日の吉凶について述べる。『日書』に近い性質の書籍である。その内容には、睡虎地秦簡『日書』乙種「諸行日」篇に類似の内容、十干日の方位の禁忌、「六旬窮日(六甲窮日)」による出行忌日、「月星(月朔)」「月望」「月晦」の出行吉凶、馬王堆帛書『刑徳』の「刑徳」や『陰陽五行』甲篇の「天地」に類似する内容、睡虎地秦簡『日書』甲種「禹須臾」篇に類似する内容、睡虎地秦簡『日書』甲種「帰行」篇の「四門日」と同一内容、「大徹日」「小徹日」「大窮日」「小窮日」の禁忌(周家台秦簡『日書』「戎磨日」と同一内容)、睡虎地秦簡『日書』甲種「十二支占行」篇・乙種「十二支占卜」篇と類似する内容などがある。

阜陽双古堆漢簡『刑徳』甲篇・乙篇

一九七七年、安徽省阜陽県双古堆一号漢墓より出土。該書は出土時には既に残簡であった。釈文・写真は公開されておらず、胡平生氏の紹介があるのみである(「阜陽双古堆漢簡数術書簡論」『出土文献研究』第四輯、中華書局、一九九八年)。これに拠って紹介を行えば以下の通り。

『刑徳』は、「刑徳」「皇徳」「青龍」「白虎」「勾陳」「玄武」などの星辰の運行について述べており、これによって書名を『刑徳』と名付けた（残簡に書名は見えない）。

残簡から窺える内容は、『淮南子』天文訓にいわゆる「二十歳刑徳」に相当し、主に立春以降の各星辰の所在地を示す。例えば簡1に「壬午立春、玄武在辰、白虎在巳、句【陳】」とあり、簡7に「句陳在寅、青龍在辰、皇徳在□」とあり、簡10に「皇徳在丑、刑徳合東宮」とあり、簡41に「太陰在辰」とある。これらは、『漢書』王莽伝に「倉龍在癸酉、徳在中宮」とあり、顔師古注に引く張晏の注に「太歳起於甲寅爲龍、東方倉、癸徳在中宮也」とあることや『後漢書』朱穆伝に「丁亥之歳、刑徳合於乾位」とあり、李賢注に「太歳在丁壬、歳徳在北宮、太歳在亥卯未、歳刑亦在北宮、故合於乾位」とあるような漢代における刑徳を使用している例と合致する。

なお、同墓からは竹簡とともに三つの式盤すなわち二十八宿図円盤・六壬栻盤・太乙九宮占盤が出土しており、『刑徳』と関連性があるものと考えられる。

阜陽双古堆漢簡『向』

一九七七年、安徽省阜陽県双古堆一号漢墓より出土。該簡は出土時にすべてが残簡になっていた。もともと書名はない。写真・釈文は未公開。胡平生氏に拠りその内容を紹介すれば次の通り（「阜陽双古堆漢簡数術書簡論」『出土文献研究』第四輯、中華書局、一九九八年）。『向』残簡五片には、一日のある時間の方向についての記述がある。例えば「□南向。夜半至平旦西北向。平旦至日中東北向。日中至日入東【向】」とある。睡虎地秦簡『日書』甲種「帝」篇には建築の方向の禁忌が述べられ、甲種「帰行」篇などでは行路の方向の禁忌が記載されており、該書と関係あるかもしれない。

尹湾漢簡『刑徳行時』

一九九三年二月、江蘇省連雲港市東海県温泉鎮尹湾村の西南約二キロから前漢時代の墓葬六基が発見され（『中国文物地図集』江蘇分冊二八八頁3B）、同年二～四月にかけて連雲港市博物館・東海県博物館が発掘調査を行い、六号墓から木牘二三枚、竹簡一三三枚を発見した。

六号墓の墓主は男性で、出土した名謁（名刺）木牘によって、姓は師、名は饒、字は君兄で東海郡の功曹史（人事担当官）であったことが判明している。該墓から出土の紀年簡牘のうち、「元延三年」の紀年が最も新しいため下葬年代の上限は元延三年（前一〇年）となる。

簡牘の内容は、木牘に『集簿』『東海郡吏員簿』『東海郡下轄長吏名籍』『東海郡下轄長吏不在署・未到官者名籍』『東海郡属吏設置簿』『武庫永始四年兵車器集簿』『贈銭名籍』（以上、行政関連文書）、『元延元年暦譜』『元延三年五月暦譜』『神亀占』『六甲占雨』『博局占』（以上、術数書）、『君兄衣物疏』『君兄繒方緹中物疏』『君兄節司小物疏』（以上、遺策）、『名謁』（名刺）があり、竹簡に『元延二年日記』（師饒の日記）、『刑徳行時』『行道吉凶』（以上、術数書）、『神烏賦』がある。以上、連雲港市博物館・東海県博物館・中国社会科学院簡帛研究中心・中国文物研究所編『尹湾漢墓簡牘』（中華書局、一九九七年）に掲載の「前言」「尹湾漢墓発掘報告」に拠る。(11)

『刑徳行時』は全一一簡（簡77～89）。簡の長さは約二三センチ、幅は約〇・四センチ。字体は隷書。簡77に「●刑徳行時」と書写されており、本簡冊の表題であると考えられる。

全体は表部分（簡77～82）と占文部分（簡83～89）から成る。表部分は六段に分かれており、簡77の二段目から五段目にかけて「雞鳴至蚤食」「蚤食至日中」「日中至餔時」「餔時至日入」「日中〈入〉至雞鳴」と時刻が記されている。簡78から簡82には各簡の一段目にそれぞれ「甲乙」「丙丁」「戊己」「庚辛」「壬癸」とあり、各簡二段目から六段目にはそれぞれ「端」「令」「罰」「刑」「徳」のどれか一つの漢字が書かれている。これによって、占う際の日にち（十干）と時刻から、現在が「端」「令」「罰」「刑」「徳」のどれに当たっているかがわかる。占文部分に「端」「令」「罰」「刑」「徳」に当たった場合の各行為の吉凶が記される。具体的には、請謁・見人・出行・囚繋・得病・生子・亡人の吉凶が記されている。写真と釈文は『尹湾漢墓簡牘』に掲載されている。

劉楽賢「『刑徳行時』考述」（同氏著『簡帛数術文献探論』所収、中国人民大学出版社、二〇一二年）は、本篇と類似するものに銀雀山漢簡『五令』（銀雀山漢墓竹簡整理小組編『銀雀山漢墓竹簡〔貳〕』文物出版社、二〇一〇年）の「義」「威」「恵」「罰」「徳」の「五令」、日本の陰陽道書『三宝吉日』五時立命次第および『簠簋内伝』十三・同五定時事の「立」「命」「罰」「刑」「徳」があることを指摘している(12)。

尹湾漢簡『行道吉凶』

一九九三年、江蘇省連雲港市東海県温泉鎮尹湾村六号漢墓より出土。全一六簡（簡90～113）。簡の長さは約二三センチ、幅は約〇・四センチ。字体は隷書。簡90に「●行道吉凶」と書写されており、本簡冊の表題であると考えられる。内容は出行日の吉凶を占うもの。表部分（簡91～108）と占文部分（簡109～113）から成る。

表部分は簡を六段に分けて書写されており、六十干支日それぞれの「陽」「陰」の数字と「門」の方角が記される。「陽」「陰」の数字はそれぞれ「一」「二」「三」「記載無し（零）」のどれかで、「陽」と「陰」の数字の合計が三になるようになっている。「門」の方角には「東」「西」「南」「北」および「毋（無）」がある。例えば「乙丑二陰一陽東門」「己巳三陰毋門」のように表記される。

占文部分に吉凶の占断が掲載される。「陽」「陰」の数字と門の有無（「得其門」「毋門」と表記される）の組み合わせによって、それぞれ異なった占断が降されるという占いになっている。三陽かつ門有りが出行に最も良い日で（「百事皆成」とある）、三陰で門無しが出行に最も悪い日となっている（「必死亡」とある）。

写真と釈文は、連雲港市博物館・東海県博物館・中国社会科学院簡帛研究中心・中国文物研究所編『尹湾漢墓簡牘』（中華書局、一九九七年）に掲載。論文に劉楽賢「『行道吉凶』復原」（同氏著『簡帛数術文献探論』所収、中国人民大学出版社、二〇一二年）がある。

江陵王家台秦簡『災異占』

一九九三年、湖北省江陵県荊州鎮郢北村王家台一五号秦墓より出土。『災異占』は全部で八四枚。王明欽「王家台秦墓竹簡概述」(艾蘭・刑文編『新出簡帛研究』所収、文物出版社、二〇〇四年)において『災異占』と名付けられ(竹簡上に書名はない)、一部分が紹介される。以下の記述は、王明欽氏の紹介に拠る。

『災異占』は、小篆を用いて書写されている。その内容は自然界の災変や人や動植物の異常現象(災異)から国家の存亡や国君と民衆の禍福を予言するもの。竹簡簡尾には、「一」から「百一」の番号が振られている。ただし保存状態が良くないので、綴合するのは難しく、また一〇一簡すべて揃っていない。「王家台秦墓竹簡概述」に掲載の釈文を紹介すれば次の通り。

邦有月降自天、如錆而无口无鼻〼761

邦有雨降自天天雪、是胃(謂)帝舍、少吝㠯(以)祝〼764

凡邦有大畜生小畜、是胃(謂)大昌。邦則樂王、□大〼776

邦有槀木生、邦有大喪。小人則古、良人其蠹、將有〼782

邦有木冬生、外入(内)倶亂、王國不平。有□出趣邦有〼784

邦有野獸與邑畜戰於邦朝、是胃(謂)□□、必有它國來〼785

〼降自天、集於地、若蒦邦門如□干、是胃(謂)赤□、虚邦則仁邦則虚、國戊〼797

〼心聚入王邦而鳴、不及三年或伐〼742

〼馬、是胃(謂)天慶黍稷之恙、君子則安、少人則〼774

〼人是胃(謂)弗方、有它人將伐其王〼812

また、王明欽氏は『災異占』と『京氏易』との類似を指摘している。王明欽氏が挙げる例を引用しておく。以下の引用は清・王保訓輯『京氏易』に拠る。例えば、京房『易伝』には、

王德衰、下人將起、則有木生爲人狀。（『漢書』五行氏中之下など）

方伯分威、厥妖、牡馬生子、亡。天子諸侯相伐、厥妖、馬生人。（『漢書』五行志下之上など）

人若六畜首目在下、茲謂亡上、正（政）將變更。（『漢書』五行志下之上など）

とあり、例えば、京房『易飛候』には、

野獸入邑、及至朝廷若道上官府門、有大害、君亡。（『隋書』五行志上）

木再榮、國有大喪。（『隋書』五行志上）

野鳥入君室、其邑虚、君亡之他方。（『隋書』五行志下）

とある。かかる類似は、漢代に京房・劉向・董仲舒ら儒者によって説かれた災異説の源流に『災異占』のような術数書がある可能性を示唆する。『漢書』芸文志・数術略・五行には災異と関連する書籍として『務成子災異応』『十二典災異応』『鍾律災異』が見え、該書はこれらの書籍に類するものだったかもしれない。『災異占』の研究を通して漢代災異説のルーツを探ることができるのではなかろうか。該書の全容公開が待たれる。

三、著　亀

上海博物館蔵戦国楚簡『卜書』

一九九四年三月から四月にかけて、上海博物館は、香港の骨董市場にて戦国時代のものと見做される竹簡群を購入した。約一二〇〇簡、約三万五〇〇〇字。この上海博物館蔵戦国楚簡は、盗掘されて香港の骨董市場に流出したもののため、その具体的な出土時期・出土地は不明である。馬承源主編『上海博物館蔵戦国楚竹書（一）』（上海古籍出版社、二〇〇一年）「前言：戦国楚竹書的発現保護和整理」に拠れば、出土地については、湖北省からの出土の可能性がある。竹簡の書写年代については、竹簡の内容に楚国に関連するものがあること、字体が楚文字であること、および上海博物館と中国科学院上海原子核研究所による科学的分析（「上海博物館竹簡様品的測量証明」「中国科学院上海原子核所超霊敏小型回旋加速器質譜計実験室測年報告」）から「戦国晩期」と推定されている。[13] 竹簡の内容は、歴史・哲学・宗教・文学・音楽・言語文字・軍事・政論など多方面に渉る。その後、二〇〇〇年三月に上海博物館は新たに戦国楚簡約四〇〇枚を購入している。以上、より詳しくは濮茅左（田中良明訳）「上海博物館楚竹書概述」（渡邉義浩編『両漢における詩と三伝』所収、汲古書院、二〇〇七年）を参照。

『卜書』は竹簡全一〇枚から成る。簡の長さは四三・四～四三・五センチ。三道編縄。『卜書』という表題は竹簡には見えず、整理者が内容によって付けたもの。竹簡正面の下端に排列の順序を示す漢数字による番号が記されている（簡1・2・7・8）。竹簡の綴合に関しては、内容および竹簡背面に見える「劃痕」（斜線の傷痕）[14]によって、その順序に問題がないとされる（ただし、背面の写真は公表されていない）。写真・釈文は馬承源主編『上海博物館蔵戦国楚竹書（九）』（上海古籍出版社、二〇一二年）に掲載。

『尚書』金縢には周公旦が武王の病気平癒を祈った後、亀卜によってその是非を問う場面があり、その際、亀卜の書によって吉凶を判断している。既に周初に亀卜の書が存在していた可能性があり、また『漢書』芸文志・数術略・蓍亀には『亀書』『夏亀』『南亀書』『巨亀』『雑亀』『蓍書』が著録されている。しかしながら、これらの書籍はすべて散佚し、現在見ることはできない。これまで我々が唯一見ることができる古代の亀卜の記事は、『史記』亀策列伝に掲載する前漢末期に褚少孫が当時の太卜官から聞き書きした「亀策卜事」の記事のみであった。しかし、現在、『卜書』の発見によって、我々は亀策列伝以前の、先秦時代の亀卜の書を実見することが可能になったのである。

『卜書』の内容は、四名の古亀卜家（肥叔・季曽・鄒公・宲公）による台詞として、数種の卜法とその占断が掲載されるもの。該書の構成について、筆者はその占われる内容および卜法の違いによって前半（簡1から簡4後半まで）と後半（簡4後半から簡10まで）の二段に分けるべきであると考える。

前半部分は、卜兆（亀版を灼いて出現する割れ目）の横画に拠って吉凶を判断する卜法であり、その占われる内容は主に居処についてである。例えば次の通り。

季曾曰、𠧞（兆）頬首内（納）止（趾）、是胃（謂）臽（陷）。凥（處）宮無咎、又（有）疾乃啻（適）■。（簡1～2）

ここでは卜兆の形状が「頬首納趾」とされるが、『史記』亀策列伝に見える卜兆の形状には「首俯足肣」が見え、「頬」字は「俛」「俯」「伏」に同じで、「肣」は『史記正義』に「肣、謂兆足斂也」とあり、「納」と似たような意味であるから、両者はおそらくほぼ同じ形状を意味している。このように前半部分には亀策列伝と同一・類似の卜兆が見える。

一方、後半部分は「食墨」「兆色」「三族と三末」の状態に拠って吉凶を判断する卜法である（かかる卜法は亀策列伝には記載がない）。「食墨」とは、清・胡煦『卜法詳考』巻一・定墨に拠れば、亀版を灼く際に発生する煤《すす》による亀版の黒色化を意味する。「兆色」は亀版の熱による色の変化を意味する。「三族」は卜兆の割れ目が始まるところ、つまり三本の卜兆の割れ目が集合するところを指し、「三末」は三本の卜兆の割れ目の末端を指す(15)。よって「三族と三末」は卜兆の全体を指すことになる。要するに、後半部分は卜兆全体の状態や色の変化によって吉凶を判断する。占われる内容は国家の吉凶についてである。例えば次の通り。

貞卜邦■、𠧞（兆）唯（雖）迡（起）句（鉤）、毋白毋赤、毋卒（卒）㠯（以）易。貞邦無咎、殹（緊）牆（將）又（有）没（役）。（簡6）

三末飤（食）墨虘（且）祙（昧）。我周之子孫亓（其）盞（殘）于百邦■、大貞邦亦兇■。（簡7～8）

清華大学蔵戦国簡『筮法』

二〇〇八年七月、中国の清華大学は、盗掘され香港の骨董市場に流出した戦国時代の竹簡群を入手した。竹簡

（有字簡）の枚数は、断簡を含めて約二五〇〇枚。竹簡の形状は多種多様で、長さは最大で四六センチ、最小のものは一〇センチ以下である。多くは三道編縄。竹簡の中には、「朱絲欄」（赤色の罫線）が引かれているものもあるという。文字は楚文字に近いが整理者は断定を避けている。竹簡の年代は、その形状と文字の特徴から、戦国中晩期と推測されており、また、北京大学加速器質譜実験室・第四紀年代測定実験室によって行われたＡＭＳ炭素14年代測定に拠れば、紀元前三〇五年±三〇年であるという。竹簡の内容は多岐に渉るが、基本的に典籍の類であって、遣策などの記録文書の類や暦譜は確認できない。四部分類で言えば「経」「史」に相当する書籍が大部分を占める。以上、詳しくは清華大学出土文献研究与保護中心編・李学勤主編『清華大学蔵戦国竹簡（壹）』（中西書局、二〇一〇年）「前言」、劉国忠『走近清華簡』（高等教育出版社、二〇一一年）を参照。

『筮法』については、『文物』二〇一三年第八期に李学勤「清華簡《筮法》与数字卦問題」および廖名春「清華簡《筮法》篇与《説卦伝》」が掲載され、その内容がはじめて明らかにされた。全編の写真・釈文は『清華大学蔵戦国竹簡（肆）』に掲載される予定である。以下、両氏の論文に拠って『筮法』を紹介したい。

『筮法』は、全六三枚。簡の長さは三五センチ。保存状態が良く、欠損はない。清華大学が入手した時点で、前半部分は既に散乱していたが、後半部分は出土時の状態であろう簡冊（巻物）の状態をなお保持していた。竹簡正面の下端には排列の順序を示す漢数字による番号が振られているため、竹簡の綴合に問題はないとされる。

『筮法』中には八卦の卦名が多く登場する。その名称は、倝（乾）・兑・羅（離）・震・巽・褮（劳＝坎）・艮・與（坤）となっており、今本『周易』に同じか近いものである。『筮法』においては、八卦の卦名は三爻から成る卦画に付けられた名称として登場する。『筮法』中には、六爻から成る卦画の卦名つまり六十四卦の卦名は登場しない。また卦爻辞（『周易』経文）も見えない。記載される内容は、占筮の理論と方法、および占例である。占例中には非常に多くの数字卦（数字を爻とし、その組み合わせによる卦画）が掲示されている。

『筮法』は全三〇節から成る。すなわち、基礎知識および理論の部分に、「四位」「卦位図」「天干」「地支」「数字卦画」「爻象」があり、具体的な占例を記す部分に、「死生」「得」「享」「支」「至」「娶妻」「讎」「見」「咎」「瘳」「雨旱」「男女」「行」「貞丈夫女子」「小得」「戦」「成」「志事」「志事軍旅」「四季吉凶」「乾坤運転」「果」「祟」「十七命」がある。以下、李・廖両氏の論文に説明がある節について紹介を行う。

「卦位図」は八卦を八方位に配当する図。八方位に三爻から成る卦画が描かれる。また中央には人形図像が描かれる。

方位の配当は、北に羅(離)、東北に艮、東に震、東南に巽、南に袋(労＝坎)、西南に㒷(坤)、西に兌、西北に軌(乾)となっている。これは『周易』説卦伝に拠る八卦の方位(後世にいわゆる後天図)と、離と坎の南北が逆であることを除いて一致している。かかる配当は、『筮法』の内容および「袋」字と「羅」字が象徴する意味から考えて、誤写の類ではないそうである。かかる「卦位図」は占いに用いられるもののようである。例えば、占例部分の「四季吉凶」節は、四季と八卦の対応から吉凶を割り出す内容であり、各季節ごとに八卦を「大吉」「小吉」「大凶」「小凶」に分類している。ここの八卦はおそらく「卦位図」に示される方位を意味し、「卦位図」と該節を組み合わせることで、各季節の方位の吉凶がわかるのである。

人形図像は、八卦(三爻から成る卦画)を人体の各部位に配当する図。その配当は、首に軌(乾)、腹に軌(乾)、足に震、股に巽、耳に袋(労＝坎)、手に艮、口に兌、下腹部(つまり乾の下)に羅(離)となっている。これは離を除いて説卦伝の配当と同じである(説卦伝では目に離を配当する)。

「爻象」は、十二支と数字爻の対応表および各数字爻の象徴つまり爻象を記述する。十二支と数字爻の対応については、子午に「⊥」(九)、丑未に「八」(八)、寅申に「一」(一)、卯酉に「へ」(六)、辰戌に「X」(五)、巳亥に「D」(四)が対応する[16]。爻象については次の文面が紹介されている。

八爲風、爲水、爲言、爲飛鳥、爲腫脹、爲魚……。

五象爲天、爲日、爲貴人、爲兵、爲血、爲車、爲方、爲憂、懼、爲飢。

九象爲大獸、爲木、爲備戒、爲首、爲足、爲蛇、爲曲、爲玦、爲弓、琥、璜。
四之象爲地、爲圓、爲鼓、爲珥、爲環、爲踵、爲雪、爲露、爲霰。

占例の部分については、『筮法』では占問の事項を一七に分類し、これを「十七命」と名付ける。以下の文がある。

凡十七命、曰果、曰至、曰享、曰死生、曰得、曰見、曰瘳、曰咎、曰男女、曰雨、曰取妻、曰戰、曰成、曰行、曰讎、曰旱、曰祟。

李学勤氏は『周礼』春官・大卜に見える「龜之八命」と関係があると考えている。

占例部分の中でも、「死生」「得」「享」「支」「至」「娶妻」「讎」「見」「咎」「瘳」「雨旱」「男女」「行」「貞丈夫女子」「小得」「戦」「成」「志事」「志事軍旅」の節に、六爻から成る卦画が計一一四掲載される。卦画は必ず二つ一組で掲載される。しかしながら、この二つ一組の卦画はいわゆる卦変(本卦と之卦)の関係にあるわけではない。李学勤氏は占例部分の「得」節を例に説明をしている。「得」節には二つ一組の卦画、

☵☳
☳☴

が掲載され、この卦画に対する解説文として、

參男同女、乃得。

の記述が付されている。この理由を李学勤氏は、卦画を右上の☵(坎)、右下の☳(震)、左上の☳(震)、左下の☴(巽)に分解し、説卦伝では坎は中男、震は長男、巽は長女だとされているため、かかる坎・震・震・巽から成る二つ一組の卦画が「參男同女」となるのだ、と説明する。

かかる方法を廖名春氏は「八卦分析法」と呼ぶ。かかる方法は説卦伝と共通するが、廖氏は『筮法』の占法の淵源は説卦伝にあると見做し、よって説卦伝(の一部分)の成立は『筮法』に遡ると考える。また、廖氏は馬王堆

帛書『周易』衷篇（別名、易之義篇）に今本説卦伝に対応する文面が見え、かかる文面が『筮法』の占例と一致することを指摘している。一方、李学勤氏は、説卦伝に『帰蔵』の占法が保存されているという学説（金景芳「《説卦伝》略説」同氏著『《周易・繋辞伝》新編詳解』所収、遼海出版社、一九九八年）を紹介し、よって『帰蔵』と『筮法』にも密接な関係があるはずだ、と推測している。

清華大学蔵戦国簡『別卦』

『光明日報』二〇一四年一月八日の記事「清華簡最新研究成果――我国迄今最古老〝計算表〟露真容」（http://news.gmw.cn/2014-01/08/content_10049048.htm）において『清華大学蔵戦国竹簡（肆）』（中西書局）に『筮法』『算表』とともに『別卦』も収録されることが発表された。記事内では「『別卦』には六十四卦の卦名が記載されており、『周易』の卦象・卦名・卦序や八卦の派生についての研究に参考すべき重要な価値を有する」と紹介されている。

江陵王家台秦簡『帰蔵』

一九九三年、湖北省江陵県荊州鎮郢北村王家台一五号秦墓より出土。全三九四枚。総字数約四〇〇〇字。ただしすべてが残簡。整理を経て二種の抄本『帰蔵』が存在することがわかっている。そのため竹簡には重複が見られる。竹簡中には七〇の卦画が確認できるが、その中の一六は重複。卦画は、陽爻は「一」で、陰爻は「∧」で示される。卦名は七六確認でき、その中で二三が重複。現在のところ、荊州地区博物館「江陵王家台一五号秦墓」（『文物』一九九五年第一期）に載る僅かな写真（竹簡二枚）以外は未公開であり、釈文も王明欽「試論《帰蔵》的幾個問題」（古方・徐良高・唐際根編『一剣集』所収、中国婦女出版社、一九九六年）および同氏著「王家台秦墓竹簡概述」（艾蘭・刑文編『新出簡帛研究』所収、文物出版社、二〇〇四年）に一部分が紹介されるのみである。

本簡の文面の多くが、厳可均『全上古三代秦漢三国六朝文』や馬国翰『玉函山房輯佚書』などといった輯佚書に見える『帰蔵』佚文と一致する。よって本簡を『帰蔵』と称する（竹簡上に書名は見えない）。輯佚本（伝本）『帰蔵』と出土『帰蔵』の関係については、近藤浩之「王家台秦墓竹簡『帰蔵』初探」（『中国哲学』第二九号、二〇〇〇年）、同氏著「王家台秦墓竹簡『帰蔵』の研究」（郭店楚簡研究会編『楚地出土資料と中国古代文化』所収、汲古書店、二〇〇二年）、川村潮「『帰蔵』の伝承に関する一考察」（『早稲田大学大学院文学研究科紀要』第四分冊、二〇〇七年）に詳しい。

今、竹簡を幾つか例に挙げて説明を行いたい（簡文の左に対応する『帰蔵』佚文を載せる）。

䷻節曰、昔者武王卜伐殷。而攴占老考、老考占曰、吉。（簡194）

武王伐殷。而牧占耆老、耆老曰、吉。（『博物志』巻六）

【（卦名不明）曰、昔者】桀卜伐唐。而攴占熒惑、熒惑占之曰、不吉。（簡339）

昔者桀筮伐唐。而枚占熒惑曰、不吉。彼爲貍、我爲鼠、勿用作事、恐傷其父也。（『太平御覧』巻九百十二）

䷣明夷曰、昔者夏后啓卜乘飛龍以登于天。而攴占（簡番号なし）

昔夏后啓筮乘龍以登于天。而枚占于皐陶、皐陶曰、吉。（『太平御覧』巻八十二）

『帰蔵』は、今本『周易』の卦爻辞と同じものはなく、多くは古史中の伝説上の人物による占筮の記録（虚構の筮例）の記述である。その中には黄帝・炎帝・蚩尤・鯀・禹・夏后啓・穆天子・共王・武王・夸王・羿などが見え、有名な羿の射日・武王伐殷などの故事も見える。

秦簡『帰蔵』と伝本『帰蔵』とを比較してすぐに気付くことは、秦簡『帰蔵』の「卜」字が、伝本『帰蔵』では削除されるか「筮」に改められ、また秦簡『帰蔵』で「攴占」とある箇所が伝本では「枚占」となっている点であり、先行研究において、この二点についての見解の相異が『帰蔵』理解の根本的な相異になっている。以下、近藤氏の論文に拠って説明を行いたい。

まず秦簡『帰蔵』の「卜」字が、伝本『帰蔵』で「筮」となっているが、どちらがその本来の文字なのかが大きな争点となる。「卜」字と見做せば、亀卜を行っていることになり、「筮」字と見做せば占筮を行っていることになる。

次に、「支占」について。「支」は「枚」の省字と見做す研究者が多い。『左伝』昭公十二年に「枚筮」、『左伝』哀公十七年・『尚書』大禹謨篇(偽古文)に「枚卜」が見えるためである。「枚占」と見做す場合、その説は以下の二説に分かれる。①「枚」に算籌または算籌で数える意があり、「枚占」とは、算籌で占うこと＝占筮を意味する。②特定の「枚」という道具を使った占いであり、卜でも筮でもない「枚占」という占法によって占うこと。また、「枚」ではなく、③「支」を「牧」の省字とし、「牧」は「謀」の仮借字と考える。そうすると、簡194は「節に曰く、昔者、武王、殷を伐つを卜して、占を老考に謀《はか》る。老考、占ひて曰く、吉」、簡339は「昔者、桀、唐を伐つを卜して、占を熒惑に謀《はか》る。熒惑、之を占ひて曰く、不吉」、簡番号なし(明夷)は「明夷に曰く、昔者、夏后啓、飛龍に乗りて以て天に登るを卜して、占を【皐陶に】謀《はか》る。【皐陶曰く、吉】」と読むことができる。つまり「支占△△」(△△は人名)とは、卜して得られた兆の占断をしかるべき人物に謀ること、という意味となる。

以上の見解の相異によって、『帰蔵』は、亀卜の書、占筮の書、枚占の書、卜と筮の併用の書、筮と枚占の併用の書……といった種々の可能性が想定できる。このように該書の性質は未だ不明と言わざるを得ない。これと関連して新出の北京大学蔵秦簡『禹九策』が「枚占」に関連するという説が提出されており、ならば『禹九策』と『帰蔵』とがどのような関係性になるのか気になるところである。

北京大学蔵秦簡『禹九策』

北京大学蔵秦簡全十巻のうちの巻四の一部が『禹九策』の内容に相当する。写真・釈文は陳侃理「北大秦簡中的方術書」(『文物』二〇一二年第六期)に一部が紹介されるのみである。全五〇簡。簡の長さは二二・六～二三・一センチ、幅は〇・五～〇・七センチ。竹簡冒頭部分に次のようにある。

禹九策、黄啻(帝)之支(枚)、以卜天下之幾。禹之三、黄啻(帝)之五、周於天下、莫吉如若。爲某人某事尚吉、吉得三・壹・五・九・七・陳頡。不吉得二・四・六・八・空殆・弔栗。

陳氏に拠れば、筴は策（算木）のこと、攴は枚のことで、どちらも占卜の道具である。上述の内容から、陳氏は、一から九まで数字が記された算木をおみくじのように引いて、奇数が出れば吉、偶数が出れば不吉、のように占うと考える（ただしこれでは算木しか使わないので「枚」をどのように用いるか不明）。この文に続いて、各数字および「善」「悪終」「陳頡」「空殆」「弔栗」について、それぞれ一条から五条に渉る占辞が付される。四言の韻文で難解な内容であるらしい。

陳氏は、『禹九策』について伝世文献に見える「枚占」（『左伝』昭公十二年に「枚筮」が、哀公十七年に「枚卜」が見える）と関係があると考えている。また氏は、該書は後世の霊籤占例えば敦煌遺書の『孔子馬頭占法』などと同類の占卜書だとも考えている（『孔子馬頭占法』については黄正建『敦煌占卜文書与唐五代占卜研究』学苑出版社、二〇〇一年、二五頁を参照）。

阜陽双古堆漢簡『周易』

一九七七年、安徽省阜陽県双古堆一号漢墓より出土。韓自強『阜陽漢簡《周易》研究』（上海古籍出版社、二〇〇四年）に全簡の写真・摹本・釈文を載せる。

阜陽漢簡『周易』は、出土時の残欠がひどく、すべてが残簡で、完全なものはない。現存する残片は全七五二枚、三一一九字が認められる。竹簡のうち、最も長いものは約一五・五センチ、幅〇・五センチ、全一三字。『周易』経文（卦爻辞）に相当するものが一一一〇字（卦画・卦名・卦辞・爻辞を含む）、今本『周易』に見えない文面である「卜辞」に属するものが二〇〇九字存する。『周易』経文中、五三卦の内容が存し、卦画は全部で五ヵ所（大有・林・賁・大過・離）見え、「一」によって陽爻を表示し、「八」によって陰爻を表示する。卦名は三〇見え、大多数は今本の卦名と同じだが、卦名が異なるものもある。各爻辞の頭には圏点（黒丸）が打たれており、各爻辞を区切る役割を任っている。その書写方式の体例を示せば、「卦画」「卦名」「卦辞」「卜辞」「圏点」「爻辞」「卜辞」「圏点」「爻辞」「卜辞」……となる。なお、阜陽漢簡『周易』には『易』伝（十翼）に相当する部分は見付かっていない。

要するに、阜陽漢簡『周易』は、今本『周易』の卦爻辞に相当する部分（筮辞部分）と今本『周易』に見えない部分（卜辞部分）の二部分の組み合わせで構成される。卜辞部分は多くが「卜」字で始まり、両者を区別する標識となっているようである（ただし、「卜」字がない場合もある）。例えば、同人卦九三爻辞は次の通り（傍線部が卜辞部分）。

【九】三。伏戎于【莽】56、【升其高陵、三歳不】興。卜有罪者兇57〼戰斲（鬪）適（敵）強、不得志。卜病者不死、乃瘁（癃）。58

ここで筮辞部分（爻辞）と卜辞部分の関係性に着目してみると、筮辞部分の意味するところは「兵士を草むらに隠し、高い丘陵に登って敵の様子を覗うが、三年経っても挙兵できない」という内容であるが、卜辞部分の内容に「戰鬪、敵強くして志を得ず」とあって、卜辞部分が筮辞部分の内容に対応していることがわかる。このように筮辞部分と卜辞部分が呼応した内容になっている箇所には他に、肫（屯）卦六三爻辞・否卦六二爻辞・同人卦九四爻辞・豫卦初六爻辞・観卦六三爻辞・筮閘（噬嗑）卦卦辞・筮閘（噬嗑）卦初九爻辞・復卦六二爻辞・頤卦六三爻辞が確認でき、決して偶然ではない。

従来、阜陽漢簡『周易』には「卜」字が見えるため、該書は亀卜の書もしくは占筮と亀卜の併用の書と考えられてきた。が、「卜」には単に「推測する」「予測する」の意味もあるので（『史記』呉起列伝、『漢書』梅福伝・翼奉伝）、筆者は、卜辞部分は卜筮とは関係ない内容であり、『周易』の卦爻辞として定着した筮辞が難解かつ抽象的であったがために占いとして実用するのに困難が生じた結果、後にそれに解説（筮辞の内容に即した具体的な吉凶占断）を付したものが阜陽漢簡『周易』であったと推測する。

ト辞部分で占われる事項は、気象・狩猟・漁猟・求得・求官・升遷・戦争・軍旅・旅行・居家・遷徙・嫁女・娶婦・出妻・病気・死・生子・逃亡者の捕獲・獄訟など多方面に渉っており、おそらくは一個の卦辞・爻辞に大量のト辞部分（つまり占断項目）が連なっていたと予想される。ト辞部分を参照することで、これらの出来事に対して、明確で具体的な占断を降すことができるのである。以上の内容は大野裕司「阜陽漢簡『周易』の筮辞とト辞」（『中国哲学』第三七号、二〇〇九年）に詳しく述べているので参照されたい。

敦煌馬圏湾漢代木牘『周易』

一九七九年六月、甘粛省文物工作隊は、敦煌から河西漢塞にかけての全面的発掘調査を行い、敦煌市から西北九五キロの馬圏湾湖灘東側の長城の内側にある砂丘（漢代の烽燧遺址）から数枚の木牘を発見した（『中国文物地図集』甘粛分冊一九四頁3C）。その後、九月一六日から一〇月五日の間に発掘を行い、計一二一七枚の簡牘を発見した。紀年のある簡牘からその年代は前漢宣帝期から王莽期の間とされる。内容は、詔書・奏記・檄・律令・品約・牒書・爰書・符伝・簿冊・書牘・暦譜・術数・医薬がある。以上、詳しくは、甘粛省文物考古研究所編『敦煌漢簡』（中華書局、一九九一年）所収の「敦煌馬圏湾漢代烽燧遺址発掘報告」および大庭脩編『大英図書館蔵　敦煌漢簡』（同朋舎、一九九〇年）解説篇付録B「敦煌馬圏湾漢簡概説」を参照。写真・釈文は『敦煌漢簡』に掲載。

この敦煌馬圏湾より出土した木牘に、『周易』と見做される木牘が二枚含まれていた。釈文を示せば次の通り。

䷋象川下乾上希在六三六三□□□□□（簡387）

䷌離下乾上易得同人希在九目吉□徳□□白□□□正（簡388）

今本『周易』経伝とは全く異なる内容であり、おそらくは漢代に通行した易占書の一部だと思われる。

北京大学蔵漢簡『荊決』

　北京大学出土文献研究所「北京大学蔵西漢竹書概説」(『文物』二〇一一年第六期)に写真・釈文が一部分のみ公開されている。総数三九枚。簡の長さは三二・二〜三二・五センチ、幅は〇・九センチ。三道編縄。陳侃理「北大漢簡数術類《六博》、《荊決》等篇略述」(同上)の紹介に拠って記せば以下の通り。

『荊決』は失伝の占卜である。表題は第二簡の背面に「荊決」と墨書される。冒頭の三簡は序文となっており、『荊決』の占法を説明している。

　鑴龜吉筮、不如荊決、若陰若陽、若短若長、所卜毋方、所占毋良。必察以明、卅筭以卜其事、若吉若凶、唯筭所從。左手持書、右手操筭、必東面。用卅筭分以爲三分、其上分衡(横)、中分從(縦)、下分衡(横)レ。四四而除之、不盈者勿除。

この序文に拠れば、『荊決』は亀卜などと比べて、その方法が簡単であり、導かれる結論が明確であるとされる。『荊決』の占い方は、三〇本の算木を無作為に三束に分け、横→縦→横の順序に上下に排列する。そして各束から四の倍数本の算木を取り除く。こうして得た各束の余数を組み合わせ、卦象となす。

　序文の後には一〇条以上の占辞があり、各条の占辞の冒頭には十干もしくは十二支が記載されるが、おそらくは通し番号として用いられたものであろう。

　干支の下には卦象(算木によって構成される図像)が記載される。その卦象の下にも占辞がある。各条約三〇から五〇字ほど、形式は四字句を主とした韻文。占辞は隠喩に満ちた内容であり、龍・鳥・美人・南山などの意象が多用される。各条の末尾には多くの場合「吉」「凶」の占断が記載される。また某かの鬼神による「爲祟」が記載される箇所もある。

　なお、北京大学蔵漢簡『日書』中にも『荊決』に類する内容が含まれる。ただし占辞などに異同がある。また北京大学が入手した竹簡群中には算木も混ざっており、『荊決』の占いに用いられたのかもしれない。

陳侃理氏は、『荊決』の「荊」はおそらく「荊楚」の「荊」であること、該書に部分的に楚文字の特徴を有した文字が使われていることなどから、該書は楚文化的特徴を有すると考える。また、氏はこのような成卦方式や卦象は『周易』とは全く異なるが、一方で後世の敦煌遺書『周公卜法』『管公明卜要訣』等に類似する（両書については黄正建『敦煌占卜文書与唐五代占卜研究』学苑出版社、二〇〇一年、二七頁を参照）ことを指摘し、『荊決』はかかる後世の民間通行の筮法の淵源であるとする。

四、雑　占

北京大学蔵秦簡『祠祝書』（『祠祝之道』『祓除』『白囊』）

北京大学蔵秦簡全十巻中には祭祀・祈禱・祓除に関する内容が三件含まれる。陳侃理「北大秦簡中的方術書」（『文物』二〇一二年第六期）はこれを「祠祝書」として分類している。『漢書』芸文志は『請禱致福』『禳祀天文』『請官除訞祥』といった祭祀・祈禱・祓除の書籍を「雑占」に分類するため、該書についても雑占に分類しておく。

写真・釈文は該論文に部分的に紹介されるのみである。該論文に拠って三件の内容を紹介すれば以下の通り（三件とも表題は陳氏が内容によって付けたもの）。

一つ目は『祠祝之道』。巻六竹簡六枚と竹牘一枚の組み合わせから成る。巻六は、簡の長さは二七・〇～二七・三センチ、幅は〇・六センチ。竹牘は、長さは三四・四センチ、幅は一・七センチ。竹牘の背面には「皆祠祝之道勿亡」と見える。内容は「道旁」と「桉」（艘）に対する祭祀の方法および祝詞である。陳氏は睡虎地秦簡『日書』甲種「馬禖祝」篇、周家台秦簡『病方及其它』に見える先農祭祀に類似した内容だと考えている。

二つ目は『祓除』。巻四背面に記載されている。竹簡約二六枚から成る。簡の長さは二二・六～二三・一センチ、幅は〇・五～〇・七センチ。四言の韻文で構成される。内容は、文中に何度も「爲某發（祓）徐（除）百鬼」の文言が見えることなどから、祓除の際の祝文だと考えられる。

三つ目は『白囊』。木簡巻甲の全一二枚（綴合して一一枚となる）。簡の長さは二一・九～二三・一センチ、幅は〇・九～一・一センチ。内容は、五章に分けられて、「白囊」（「囊」「小囊」）を用いた儀式について記述されている。第一章は「白囊」と「禹歩」を組み合わせて行う儀式である。また第二章には「媚道之術」が見え、馬王堆木簡『雑禁方』や『医心方』巻二十六の「相愛方」と類似する。また、敦煌遺書中にも媚道の著作がある（劉楽賢「敦煌写本中的媚道文献及相関問題」『敦煌吐魯番研究』第六巻、二〇〇二年を参照）。

居延漢代木牘（居延旧簡）『占嚔耳鳴書』

饒宗頤氏は「居延簡術数耳鳴目瞤解」（『饒宗頤二十世紀学術文集』巻三所収、中国人民大学出版社、二〇〇九年）において居延出土の簡牘（居延漢簡）に耳鳴・目瞤に関する占術が見えることを指摘した。

「居延漢簡」について説明すれば、一九三〇年四月、西北科学考察団のスウェーデン考古学者フォルケ・ベリイマン（Folke Bergman）は博羅松治（ボロツォンチ）において一枚の木牘を発見、その後、額済納《エチナ》河流域、東経一〇〇～一〇一度、北緯四一～四二度の間に当たる地域（『中国文物地図集』内蒙古分冊二七七頁）において、全三二ヵ所の遺址を発掘し、五八六の穴を掘った。その中の二〇ヵ所の遺址、四六三穴から合計で約一万一〇〇〇枚の漢代の簡牘を発見した。出土簡牘が比較的多い場所は、大湾（タラリンジン・ドルベンジン）・地湾（ウラン・ドルベンジン）・破城子（ム・ドルベンジン）の三ヵ所で、大湾から約一五〇〇枚、地湾から約二〇〇〇枚、破城子から約五〇〇〇枚が出土。これは二〇世紀初頭において、最初に大量の簡牘を獲得した事件であり、当時、中外を驚愕させた。これらの簡牘の出土地点は漢代の張掖郡居延県と見做され、故にこれらの簡牘は「居延漢簡」と呼ばれ有名になった。出土簡牘の書写年代は前漢中晩期から後漢初期に到るもので、簡牘の主たる内容は、当地の軍人や人民による軍事・法律・教育・経済など様々な分野の記録文書である。居延漢簡の比較的完全な資料としては、一九八〇年の中国社会科学院考古研究所編、中華書局出版の『居延漢簡甲乙編』がある。該書は上下二冊で、上冊には写真全四七五枚を掲載するが、これは一九三〇年出土の居延漢簡全部の写真を含む。下冊は釈文・附録・附表。また釈文としては謝桂華・李均明・朱国炤『居延漢簡釈文合校』(文物出版社、一九八七年)も出版されている。

耳鳴・目瞤に関する占術は簡269·9および簡435·6Aの木牘二枚である。次の通り(簡番号および釈文は『居延漢簡釈文合校』に拠る)。

示通人□之。耳鳴、得事。耳鳴、望行事。目濡、有來事。269·9

目〈自(鼻)〉疐(嚏)。左目潤(瞤)。右目潤(瞤)。435·6A

「耳鳴」「目濡」「鼻嚏」「目瞤」に関する占術が記されていることがわかる。「目瞤」とは、饒宗頤氏が、

「瞤」字、敦煌巻多く寫して「潤」に作る。『居延簡』に同じ。……瞤、『説文』に云ふ「目動くなり」と。『一切經音義』に引きて「瞤、目の搖動するなり。今、眼瞼の掣動するを謂ひて瞤と爲すなり」と作《な》す。瞤と眴と、瞬は同じ。桂馥『義證』に云ふ「北俗に之を眼跳と謂ひ、小吉凶を占ふ」と。

と云うようにまぶたが痙攣すること。耳鳴・目瞤に関する占術については、『漢書』芸文志・数術略・雑占に『嚏耳鳴雑占』が見える。また『西京雑記』巻第三に次のようにある。

樊將軍噲、陸賈に問ひて曰く「古自《よ》り人君皆な命を天より受くると云ひ、瑞應有りと云ふ。豈に是れ有らんや」と。賈、之に應へて曰く「之有り。夫れ目瞤すれば酒食を得、燈火華やかたれば錢財を得。乾鵲噪げば行人至り、蜘蛛集れば百事嘉たり。小にして既に徴有り、大も亦た宜しく然るべし。故に目瞤すれば則ち之を咒し、火華やかたれば則ち之を拜す。乾鵲噪げば則ち之に餧し、蜘蛛集れば則ち之を放つ。況んや天下の

大寶、人君の重位、天命に非ずして何をか以て之を得んや」と。瑞なる者は寶なり信なり、天は寶を以て信と爲し、人の徳に應ず。故に瑞應と曰ふ。天命無く、寶信無くんば、以て力取すべからざるなり。

かかる状況から饒宗頤氏は漢代においてこのような雑占が相当流行していたと考える。耳鳴・目瞤に関する占術は後世まで伝わっている。『隋書』経籍志・子・五行には「『雜占夢書』一卷。梁に『師曠占』五卷、『東方朔占』七卷、『黃帝太一雜占』十卷、『和菟鳥鳴書』『王喬解鳥語經』『嚏書』『耳鳴書』『目瞤書』各一卷、『董仲舒請禱圖』三巻有り。亡ぶ」とあり、唐代の敦煌遺書には耳鳴・目瞤に関する占術が見える。例えばP二六六一背『占耳鳴耳熱心動驚面熱目潤等法』には次のようにある（角括弧内は双行小字）。

子時耳鳴［左有口舌、右有財來］。手掌養（痒）［得酒］。耳熱［左有憂、右有父母患念之］。心動［有喜事］。面熱［有人説道之事］。足養（痒）［有客□、惡事□至］。目瞤［上有人思事、下有□□］。……

子時から続けて亥時までの吉凶が記載されている。詳しくは黄正建『敦煌占卜文書与唐五代占卜研究』（学苑出版社、二〇〇一年）一六一頁を参照。

かかる占術は後世「眼跳法」「耳鳴法」「耳熱法」「面熱法」「肉顫法」「心驚法」「嚏噴法」「衣留法」「釜鳴法」「火逸法」「犬吠法」「鵲噪法」「鴉鳴法」として、セットになって通書に載せられる（平常占・身測趨避法などと呼ばれる）（図6）。リチャード・J・スミス氏は次のように紹介する。

清朝の通書の大半には、個人に関する前兆を示す欄があった。というのは、中国人の生活のあらゆる局面、あらゆる社会層で、前兆が実に重要な役割を果たしていたからである。前兆の種類はおおむね以下のようなものである。目のけいれん、耳鳴り、顔や耳のほてりやむずむず、体のひきつり、胸騒ぎ、くしゃみ、掛けた服のゆがみ、釜鳴り、燃え上がって手に負えなくなった火、犬が吠えること、かささぎが鳴くこと。タイミングは正しい解釈にとって決定的な要素である。かくして通書は例外なく、前兆の種類を「地支」で表される二時間単位の十二の時に区分した。たとえば、丑の時（午前一時～三時）に左の耳が鳴ると口論を意味し、右の耳が鳴ると訴訟を意味した。霊籤《おみくじ》と同様、通書に書かれている前兆はほとんど、読む者にとって有利になっており、現実的なテーマを取り扱っていた。友人、親戚その他(僧侶や道教の道士も含む)の訪問、祝宴、蓄財などがそうである。不利な事柄に、負傷、口論、訴訟、金銭の紛失などがあった。(加藤千恵訳『通書の世界――中国人の日選び』凱風社、一九九八年)

『続道蔵』(一六〇七年)所収の『玉匣記』(一四三三年の序文がある)に既にこれらの占術がセットになって掲載されている。居延漢簡『占嚏耳鳴書』の出土はかかる占術が確実に漢代に遡ることを示したのである。なお、書名「占嚏耳鳴書」は駢宇騫・段書安『二十世紀出土簡帛綜述』の擬定に基づく。

馬王堆漢墓帛画『太一将行図』

一九七三年、湖南省長沙市馬王堆三号漢墓より出土。出土時の破損があるが、図像と題記の文字は基本的にはっきりしている。現存の原物は縦四三・五センチ、横四五センチ。該帛画は世に現れて以来、研究者達によって

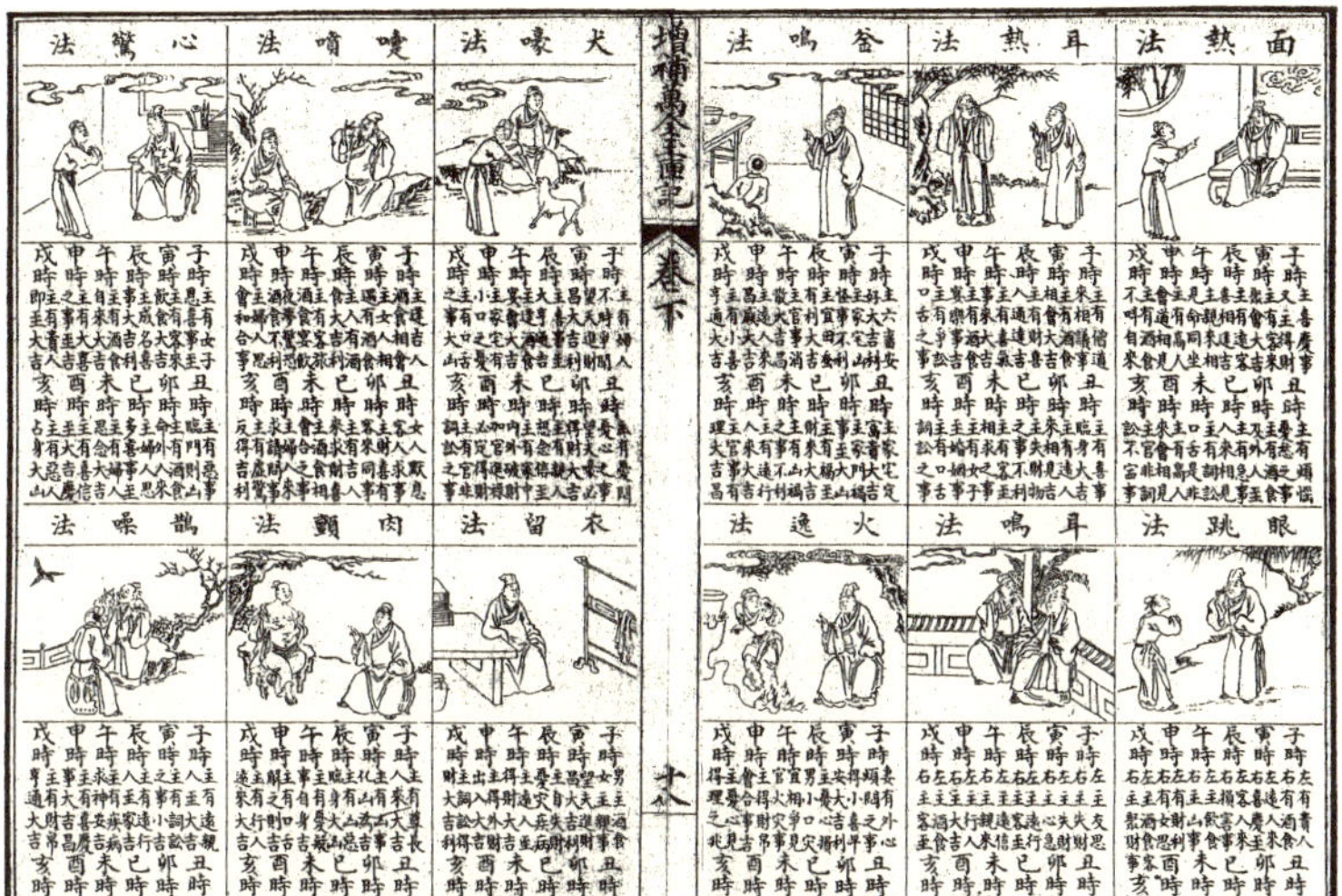

図6　上海校経山房石印『増補玉匣記通書』

様々な名称が付けられている。「社神図」「神祇図」「辟兵図」「太一避兵図」「太一出行図」など。本解題では陳松長氏の見解に従い「太一将行図」と呼ぶ。

本解題掲載の図7は何介鈞『馬王堆漢墓』（文物出版社、二〇〇四年）に拠る。カラー写真は傅挙有・陳松長編著『馬王堆漢墓文物』（湖南出版社、一九九二年）に掲載されている。今、陳松長『帛書史話』（中国大百科全書出版社、二〇〇〇年）に拠って説明を施せば以下の通り。

該帛画は三層に分けることができる。上層、中央上部に彩色画の主神が描かれている。この神の右腋下部に「社」字が墨書されており、その頭部左側に「大一將行……」と二行に渉る題記がある。陳松長氏に拠れば、この「大一」とは楚漢の人々の中で極めて権威のある神「太一」である。上層、主神の右上には墨線で描かれた雲と右を向いている神が描かれており、その像の左に「雨帀（師）……」と四行に渉る題記がある。該図像は雨師であると言える。上層、主神の左側には朱色を主とした雲と正面を向く頭像の絵が描かれており、その右側に題記があるが「靁」字しか見えない。該図像は雷公であろう。

中層は、主神の腕から少し下の左右に四体の神像が並ぶ。一番右から順に説明すれば、一体目は、その右に題記が「武夷子……」とある。右から二体目（剣のようなものを掲げている）はその右に題記が「我□、百兵毋重（動）、□禁」とある。その隣には主神が描かれているが、その左側の神（左から二番目）、右を向いて立っている神像が三体目。その左腕の下に題記「我虒裘、弓矢毋敢來」がある。その左側の神（一番左）は、両手で殳を持つ。その題記は残欠している。陳松長氏はこれら四人の神は、四方を掌り、主神である太一の出行を護衛する神霊であると考える。主神の股下に、頭上に輪があり、頭の色が黄色の青龍が描かれる。この輪は太陽を意味し、この青龍は、「荷日」していく太一および太一の出行を護衛する神々の御駕・坐騎であると見做される。

下層は、前述の黄色い頭の青龍の下に、左右に一体ずつ龍が描かれる。右側は頭は赤く体は黄色の龍。頭は上に向き、体は曲がりくねっている。手前に赤色の瓶状のものを持つ。頭の下の辺りに「黄龍持鑪」の題記がある。

総題記(図右)

⧄承弓、禹先行、赤包白包、莫敢我郷(嚮)、百兵莫敢我【當】。⧄狂謂不誠、北斗爲正。即左右唾、徑行毋顧。大一祝曰「某今日且【行】、神【從之】⧄

神像題記(中央)

大一將行、何(荷)日、神從之。以⧄

雨師像題記(上右)

雨币(師)　光・風・雨・靁。從者死、當【者有咎】。左弇其、右□□。

雷公像題記(上左)

靁【公】⧄

武夷子像題記(中右一)

武夷子、百刃毋敢起、獨行莫【理】。

武夷子像題記(中右二)

我□、百兵毋重(動)、□禁。

武夷子像題記(中左)

我虒裘、弓矢毋敢來。

黄龍題記(右)

黄龍持鑪。

青龍題記(左)

青龍奉(捧)容(鎔)。

図7 『太一将行図』

図は何介鈞『馬王堆漢墓』(文物出版社、2004年)に拠る。釈文は傅挙有・陳松長編著『馬王堆漢墓文物』(湖南出版社、1992年)の写真図版を基に先行研究を参考にして作成した。

左側の龍は、頭は黄色で体は青。右側の頭が赤く体が黄色の龍と対峙する形になる。手前に青色の瓶状のものを持ち、頭の下の辺りに「青龍奉（捧）容（鎔）」の題記がある。陳氏は「鑪」「鎔」は火器と水器の代表であり、「黄龍持鑪」「青龍奉（捧）容（鎔）」は龍が天下の水旱を主ることを示すのだと考える。

帛画の右側には、総題記がある。その内容は太一出行時の祝語。「先行」「徑行毋顧」「某今日且【行】」などの語から、この帛画が明らかに「太一」の出行を主旨とした作品であることがわかる。

陳松長氏は、該帛画の性質は風雨・水旱・兵革・飢餓・疾疫を避けるのに用いる厭劾類の文書と考える。

しかしながら、該帛画に対する理解は研究者によって大きく異なる。まず、上層中央上部の主神について、見解が一致していない。『馬王堆漢墓文物』の説明および李建毛「馬王堆漢墓〝神祇図〟与原始護身符籙」（湖南省博物館編『馬王堆漢墓研究文集』所収、湖南出版社、一九九四年）は、右腋下部の「社」字に基づき主神を「社神」（土伯）と見做す。胡文輝「馬王堆《太一出行図》与秦簡《日書・出邦門》」（同氏著『中国早期方術与文献叢考』所収、中山大学出版社、二〇〇〇年）は、この社神が「禹」である可能性を指摘する。李松「主題を細部に探る」（『名古屋大学中国哲学論集』第九号、二〇一〇年）は、該帛画の綴合に問題があることを指摘し、帛画が折りたたまれた際の、顔料の色移りおよび折跡を根拠に、主神の頭部と見做されている絵およびその題記の箇所の紙片は、本来「社」字を有する体の上にあるべきではないと考えている。

また該帛画の用途について、多くの研究者は陳氏と同じく、辟兵等に用いたものとするが、李建毛氏はこれを一歩進めて、該帛画は「身につけて持ち歩くもので、佩符の類に属するもの」つまり呪符（李建毛氏の言葉では「護身符籙」）であると云う。本書第二部第三章において『太一将行図』および李建毛氏の説について論じているので参照されたい。李建毛氏の推測が正しければ、『太一将行図』は中国最古の呪符と見做すことができよう。

嶽麓書院蔵秦簡は、湖南大学嶽麓書院が入手した竹簡群である。二〇〇七年一二月に香港の骨董市場にて盗掘秦簡二一〇〇枚を購入。二〇〇八年八月には香港の収蔵家により秦簡七六枚が嶽麓書院に寄贈された。なお、この中には約三〇枚の木牘も含まれていたそうである。初歩的整理を経て以下の内容が含まれることがわかっている。すなわち『質日』（『二十七年質日』『卅四年質日』『卅五年私質日』）、『為吏治官及黔首』『占夢書』『数』『奏讞書』『秦律雑抄』『秦令雑抄』である。竹簡の抄写年代は『質日』の紀年すなわち秦始皇二七年（前二二〇年）・三四年（前二一三年）・三五年（前二一二年）の前後であろう。

『占夢書』は全四八枚、簡の長さは約三〇センチ。三道編縄。字体は秦隷。夢占いに関する内容である。表題はなく整理者が内容によって『占夢書』と名付けた。写真および釈文は朱漢民・陳松長主編『嶽麓書院蔵秦簡（壹）』（上海辞書出版社、二〇一〇年）に掲載。『占夢書』は抄写形式および記事の内容によって大きく二つに分けることができる。分段がなく抄写される簡1から簡5までは、夢占いの基礎的理念についての論述部分である。例えば、

春曰發時、夏曰陽、秋曰閉、冬曰臧（藏）、占夢之道、必順四時而豫。亓（其）類、毋失四時之所宜。（簡2～3）

とあり、夢占いは四時の運行に順うべきことを述べる。また、

甲乙夢抜木、吉。丙丁夢失火高陽、吉。戊己【夢】宮事、吉。庚辛夢□山鑄鐘、吉。壬癸夢行川爲橋、吉。（簡4～5）

とあるが、これはそれぞれ十干（夢を見た日の十干であろう）の五行と夢の内容の五行とが一致した場合が吉であり、夢占いに五行説が用いられていたことを示す。なお睡虎地秦簡『日書』乙種「夢」篇においても夢占いに五行説が用いられている。

次に、上下二段に分段して抄写される簡6から簡48までは夢の内容から未来の吉凶等を占う夢判断となっている。例を挙げれば次の通り。

夢身披枯、妻若女必有死者、丈夫吉。（簡10貳）

夢見虎豹者、見貴人。（簡38貳）

該書に特徴的な内容として夢の内容によっては種々の神霊が犠牲を要求してくる点が挙げられる。例えば、「夢見羊者、傷（殤）欲食」（簡41壹）とある。このような神霊は他に「明」「行」「竈」「癘」「租」「天関」「兵死」「大父」「父」「遂」が見られる。当時の人々は夢の内容に応じてこれらの神霊を祭祀していたのであろう。

『晏子春秋』内篇雑下第六には占夢者が占夢書を用いて夢判断をしていたことがわかる記事があり、『漢書』芸文志には占夢書として『黄帝長柳占夢』『甘徳長柳占夢』が著録されているが、現存しない。該書ははじめて出土した古代の占夢書であり（睡虎地秦簡『日書』「夢」篇は夢占いに関する内容であるが、部分的なものに過ぎなかった）、該書の出現により古代の占夢の実態および占夢書の実在が明らかになった。研究に、湯浅邦弘「岳麓秦簡『占夢書』の思想史的位置」（『中国研究集刊』第五七号、二〇一三年）がある。

尹湾漢墓木牘『神亀占』

一九九三年、江蘇省連雲港市東海県温泉鎮尹湾村六号漢墓より出土。木牘は縦二二・一センチ、横九センチ。『神亀占』は九号木牘の表面の上段と中段に抄写されている。もともと題名はなく、整理者が内容によって擬定した。上段に占法および占断が記され、中段に亀の図が描かれている（下段は『六甲占雨』）。内容は窃盗の被害に遭った際に、その犯人を占うもの。亀の図を用いて占う。

占い方は、亀を八つの部位（「後左足」「尾」「後右足」「右脅」「前右足」「頭」「前左足」「左脅」）に分け、「後左足」からスタートして逆時計回りに「今日」（窃盗に遭った日のことであろう）の日にち分数えていき、どの部位に当たるかで占う。各部位ごとに窃盗犯が捕まえられるかどうか、窃盗犯の姓名、窃盗犯の隠れている方角が示される。例えば、四日ならば、「後左足」→「尾」→「後右足」→「右脅」となり、「右脅」に当たる。対応する占文は「直右脅者、可得。姓朱氏、名長。正西」となっている。

写真と釈文は連雲港市博物館・東海県博物館・中国社会科学院簡帛研究中心・中国文物研究所編『尹湾漢墓簡牘』(中華書局、一九九七年)に掲載。論文に劉楽賢「《神亀占》初探」(同氏著『簡帛数術文献探論』所収、中国人民大学出版社、二〇〇二年)がある。

尹湾漢墓木牘『六甲占雨』

一九九三年、江蘇省連雲港市東海県温泉鎮尹湾村六号漢墓より出土。『六甲占雨』は、九号木牘表面、『神亀占』の下に書写される。本篇は、六十甲子を配置した図およびその下部に「●占雨」とあるのみで、木牘上に何らの説明の文句もないため、具体的な占法は不明である。写真と釈文は連雲港市博物館・東海県博物館・中国社会科学院簡帛研究中心・中国文物研究所編『尹湾漢墓簡牘』(中華書局、一九九七年)に掲載。

尹湾漢墓木牘『博局占』

一九九三年、江蘇省連雲港市東海県温泉鎮尹湾村六号漢墓より出土。『博局占』は九号木牘の裏面に抄写される。木牘の上段に「博局図」が描かれている(図8)。この図は一般に「規矩紋」(別名、TLV紋)と呼ばれる図形で、かかる図形は戦国から漢代にかけて流行した盤上遊戯である「六博」の盤の図柄と同じ。そこに日付を表す六十干支が書き込まれ、図中央には「方」、図の上側には「南方」と書写されている。「博局図」の下に五段に分けて、全一〇行から成る占文が記される。一行目の各段に占う事柄が記載される。すなわち、上から「占取婦嫁女」「問同行」「問毄(繫)者」「問病者」「問亡者」とある。そして二行目から一〇行目までに各行為の吉凶などの占断が記されている。かかる占断の第一段目の上部には一行ずつ「方」「廉」「楬」「道」「張」「曲」「詘」「長」「高」と書写されている。

その使用方法は、その日の干支が博局図において「方」「廉」「楬」「道」「張」「曲」「詘」「長」「高」の九字のどれに当て嵌まるかを確認し、下段の占文の各字ごとの吉凶を見るというもの。

しかしながら、博局図自体にはかかる九字は、「方」以外は記載されていない。先行研究において、『西京雑記』巻第四に見える許昌の語る六博の口訣などとの関連から、図中のどこにどの九字が当て嵌まるかが解明されている。『西京雑記』巻第四は以下の通り。

許博昌は安陵の人なり。陸博を善くし、竇嬰は之を好みて常に居處を與にす。其の術に曰く「方畔掲道張、張畔掲道方、張究屈玄高、高玄屈究張」と。又た曰く「張道掲畔方、方畔掲道張、張究屈玄高、高玄屈究張」と。三輔の兒童は皆な之を誦す。法は六箸を用ひ、或いは之を究〈焭〉と謂ひ、竹を以て之を爲《つく》る。長さは六分。或いは二箸を用ふ。博昌は又た『大〈六〉博經』一篇を作り、今、世〻之を傳ふ。

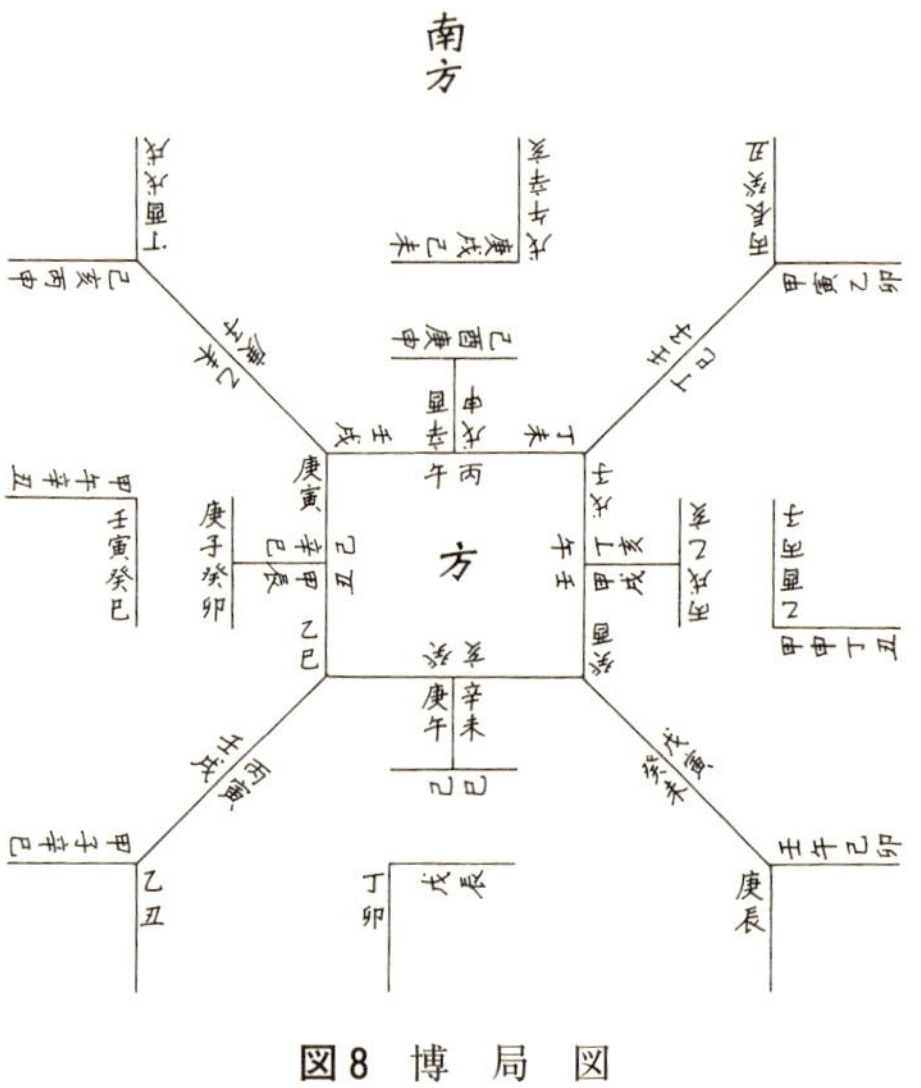

図8　博　局　図

基本的には、中央四角形の「方」をスタート地点に、七つのルートで、六博（双六《すごろく》）でコマを進めるように、図の四隅を「高」に当ててそこを終点とし、そこへ向かうようにそれぞれの干支に順番に、方→廉→楬→道→張→曲→詘→長→高、と当て嵌めていくようである。

詳しい方法については、曾藍瑩「尹湾漢墓《博局占》木牘試解」（『文物』一九九九年第八期）、李解民「《尹湾漢墓〈博局占〉木牘試解》訂補」（『文物』二〇〇〇年第八期）、劉楽賢「《博局占》考釈」（同氏著『簡帛数術文献探論』所収、中

国人民大学出版社、二〇一二年）などの先行研究を参照されたい。

なお、鈴木直美氏は『博局占』と当時の六博との関係、後世の方陣図（河図洛書）との関係などを考察した一連の研究を発表している。上田岳彦・鈴木直美「尹湾簡牘「博局占」の方陣構造――博局紋の系譜解明の一助として――」（『駿台史学』第一一二号、二〇〇一年）、鈴木直美「博局紋と宴飲六博図――その性格と前漢末の流行要因――」（『中国出土資料研究』第七号、二〇〇三年）、同氏著「後漢図像にみる六博――神との交流から不老長寿の遊戯へ――」（『日本秦漢史学会会報』第五号、二〇〇四年）、同氏著「旧楚地における六博の変遷――漆器の生産地に着目して――」（『遊戯史研究』第一八号、二〇〇六年）。

写真と釈文は連雲港市博物館・東海県博物館・中国社会科学院簡帛研究中心・中国文物研究所編『尹湾漢墓簡牘』（中華書局、一九九七年）に掲載されている。

北京大学蔵漢簡『六博』

陳侃理「北大漢簡数術類《六博》、《荊決》等篇略述」（『文物』二〇一一年第六期）に拠って情報を纏めれば以下の通り。総数四九枚。簡の長さは二九・九～三〇・〇cm《センチ》、幅は〇・八～〇・九cm《センチ》。三道編縄。竹簡背面に「六博」の表題が朱書されている。博局図を用いて人事の吉凶を占う雑占書であり、その内容と形式は尹湾漢墓木牘『博局占』と基本的に同一である。しかしながら、六十干支の排列・博局の方位・占辞の叙述形式・日期の計算法などは異なる。該書の構成は冒頭に博局図が描かれ、その後に占辞が記される（「亡人」「行」「繫及會論」「病」「取婦」等）。また、占法の説明や「入官」「財（裁）衣」の宜忌についての記述もある。

なお、北京大学蔵漢簡『日書』にも六博に関する内容が含まれ、博局図も描かれている。ただし、その占法は『六博』とは異なる。また、かかる図中には尹湾漢墓木牘『博局占』の図と異なり、「方」以外の「高」「長」「曲」等の字も記載されているそうである。

北京大学蔵漢簡『雨書』

　総数六五枚。簡の長さは三二・一〜三二・二センチ、幅は〇・八〜〇・九センチ。三道編縄。竹簡背面に「雨書」の表題が墨書されている。内容は天候に関する雑占を集めたもの。『漢書』芸文志では『泰壹雑子候歳』『子贛雑子候歳』といった天候に関係すると考えられる書籍が雑占に分類されているため、該書についても雑占に分類しておく。陳蘇鎮氏は該書を「雨」「星（晴）」「無篇題」「候風雨」「候」「霽」「雷」の七篇から成ると考える。以下、陳蘇鎮「北大漢簡中的《雨書》」（『文物』二〇一一年第六期）の紹介に拠って各篇の内容を示す。

「雨」篇。篇題あり。各月各日の雨の有無及び雨の状態（「雨」「小雨」「大雨」「小雨雪」等）による占候。例えば「正月朔、營室、雨。不雨、菩肅。三日、奎、雨。不雨、雹、乃穜作、春乃多寒、夏有復。七日、畢、小雨」とある。

「星（晴）」篇。篇題なし。陳氏が内容によって「星（晴）」篇と名付けた。「星（晴）」篇以降は上下二段に分けて抄写されており、「星（晴）」篇は上段に記載される。内容は十二支の各日が雨であった場合、何日後に晴れるかについて。例えば「子以雨、二日不星（晴）、乃四日而星（晴）」「寅以雨、一日星（晴）」など。

下段冒頭の内容については篇題はなく、陳氏による擬名もない。内容は雨に関する法則的現象について。例えば「癸亥、甲子雨、必六日」「日入時、有雲如群羊、雨環至」など。

「候風雨」篇。下段に引き続いて書写される。最初に「候風雨」という篇題と見做される文字がある。内容は、某日に風が吹いた場合、某日に雨が降るといった天気予測。例えば「子風辰雨」「丑風寅雨」など。

「候」篇。篇題あり。最初に「候」という篇題と見做される文字がある。該篇は下段に引き続いて書写されるが、後半部分は上段（「星（晴）」篇の後）に続けて記載される。内容は、某日が雨の場合、某日が晴れるといった天気予測。例えば「甲子雨、丙丁霽、不乃庚辛」「丙丁雨、戊己霽、不乃壬癸」など。

「霽」篇。篇題なし。「霽」は内容による擬名。「候」篇に続いて上段に記載される。内容は十二支各日の雨の量およびいつ晴れるかについて。例えば「辰雨、毋蚤莫、皆少、巳霽」「巳雨、毋蚤莫、多而夕霽」など。「雷」篇。篇題あり。「霽」篇の下段に抄写される。内容は春雷の方角によって吉凶を占うもの。例えば「春始雷東北、東北方歳爲上、將惡之」などとある。

占雨に関する内容は放馬灘秦簡『日書』乙種「占候」篇にも見えるが、『雨書』の方が詳細で内容も豊富である。

五、形法

馬王堆漢墓帛書『木人占』(『雜占図』)

一九七三年、湖南省長沙市馬王堆三号漢墓より出土。帛書は幅四八チセン《チセン》。文字は古隷。陳松長氏は、『木人占』の文字が馬王堆漢墓帛書『老子』甲本・『刑徳』甲篇と似ているため抄写年代もまた両書と近く、漢高祖一一年(前一九六年)前後だと推測する。該帛書中に「擧木人作占驗」とあることから陳氏は該帛書を『木人占』と呼ぶ。該帛書が収められていた箱に「雜占圖」と書かれており、『雜占図』とも呼ばれる。

『木人占』は上下二段から成る。上段には、横に九個、縦に一一個、計九九個の不規則な図形が描かれる。図形は四角形・台形・三角形・井字形・十字形など。各図形の中に一文字から八文字の文が書かれている。「吉」「大吉」「大凶」「小凶」「不吉」などの占断の辞や「食女子力」「食長子力」「以善爲惡」「有罪後至」「空徒」などの文面がある。その意味するところは不明である。

図の左側と下側に、図の内容とは別の五九行に渉る占いが抄写される。例えば「凡占南、西南鄉(向)立、西南大陽、東南小陽、西北大陰、東北小陰」「東南首伏、名曰大優、□□、不吉」「西南首偃、名曰造祿、利會宗族、大吉」「西北首偃、名曰聞言之墨、墨行且息、不吉」などとあり、方位の吉凶に関する内容のようである。

特に注目すべきは、該帛書には数行に渉って相人の記事が確認されることである。例えば「人頤傷人、而拊執於南禺」「人項敗、將軍□、乃以兵鬬」「貴人恐、賤人緦」とある。また「人鼻」「人口」「人北（背）」など人体の部位の語が見える。かかる内容が本当に相人術であるならば、該書は中国最古の相人術書籍となる。

以上は、陳松長『帛書史話』（中国大百科全書出版社、二〇〇〇年）の記述に拠る。カラー写真二枚が湖南省博物館編『湖湘帛書書法選集』（湖南美術出版社、二〇一〇年）に掲載されている。

馬王堆漢墓帛書『宅位吉凶図』

二〇一一年一二月三日に開催された京都大学人文科学研究所共同研究班「術数学——中国の科学と占術」研究会の陳松長氏特別講演「長沙馬王堆数術類帛書簡説」にてはじめてその内容が明らかになった(17)。『宅位吉凶図』は保存状態がとても悪く、現在もまだ綴合作業の最中であり、写真・釈文は公開されていない。

該書は二つの内容を有する。一つ目の内容は、敦煌遺書P二六一五Ａ『諸雑推五姓陰陽等宅図経』等に掲載の五姓人宅図に類似した内容。該帛書には「二つの**回**の形をした図形」があるという。五姓人宅図は、各姓ごとに**回**の形をした「人宅図」と「家宅図」がセットで描かれるため、もし該帛書が本当に五姓人宅図であるならば、五姓のうちの一姓の図だけ復元できたのであろうか。五姓人宅図については陳于柱『敦煌写本宅経校録研究』（民族出版社、二〇〇七年）第四章第三節「五姓宅図初探」を参照。帛書では図中の各部位に小さい丸が書き込まれ、その近くに「吉」「不吉」「富」「不富」「肉食」「水酒」等と注記される。

二つ目の内容は、三行あるいはそれ以上に渉って、不規則な形をした図形が並べられ、各図形の下に「凶」もしくは「絶後」と注記される。その図の形をした家が凶宅であることを示す内容である。これと同類の内容は『諸雑推五姓陰陽等宅図経』では「十九宅吉凶図」として登場し、歴代の風水書に習見。『地理新書』巻第二・宅居地形など。また日本の陰陽道書にも見られる。例えば『吉日考秘伝』地形吉凶第四十六など(18)。
馬王堆漢墓帛書『宅位吉凶図』は新出土資料中唯一の相宅書であり、風水史研究において今後重要視されることは間違いないであろう。公開が待たれる。

馬王堆漢墓帛書『相馬経』

一九七三年、湖南省長沙市馬王堆三号漢墓より出土。該帛書は整った漢隷を用いて抄写されており、幅四八センチ、全七七行、約五二〇〇字である。もともと書名はなく整理者が内容により『相馬経』と名付けた。大部分の文字は鮮明ではあるが、中間に五〇〇字程度の残欠がある。全編に渉って劉邦の諱が避けられる一方で恵帝劉盈の避諱は見えないこと、字体が馬王堆漢墓帛書『老子』乙本や『周易』に近いことから、抄写年代は呂后期から文帝初年頃と推定されている。

作者について馬王堆漢墓帛書整理小組「馬王堆漢墓帛書《相馬経》釈文」(『文物』一九七七年第八期)は「帛書『相馬経』は……文体が賦に類似し、かつ南山・漢水・江水などに言及した形跡から見るに、おそらくは戦国時代の楚人の著作」と考えている。『相馬経』の文体については趙逵夫「藻辞譎喩，意蘊宏深——従帛書《相馬経・大光破章》看屈賦比喩象徴手法的形成」(『遼寧師範大学学報(社会科学版)』一九八八年第三期)を参照。該帛書には「大光破章」の表題がある。「大光」は眼の別称、「破」は解析の意味、よって「大光破」は眼を解析し観察するという意味となる。趙逵夫「馬王堆漢墓帛書《相馬経》発微」(『文献』一九八九年第四期)を参照。

『相馬経』は三部分に分けることができる。第一部分(第1行~22行)は該書の「経」文であり、主に馬の眼部の相術について述べる。第二部分(第23行~44行)は「伝」であり、「経」の大意・要点について総合的に帰納もしくは演繹を行う文。第三部分(第44行~77行)は「故訓」であり、経文についての訓解。かかる事実から趙逵夫氏は『相馬経大光破章故訓伝』と称すべきだと考える。また陳松長氏は次のように云う。

帛書『相馬経』は「経文」「伝文」「故訓」の経・伝・注の三者合一の古佚書である。この『相馬経』の出土は、前漢初期に文献の解説の形式として既に「故訓」「伝」が存在していたことを物語る。……この帛書の「経」と「伝」と「故訓」は一個人の作品ではない。なぜなら、伝注の発生は、言語において、時間・地域といった要因による隔たりが形成されてはじめて可能になるものだからである。故に、趙逵夫氏は、『相馬経』は戦国中期以前に成立し、そして「伝」と「故訓」がこれより少し遅れるものであると考える。かかる考え方は道理に適っている。が当然、帛書『相馬経』が戦国中期以前の成立か否かは今後の研究の進歩を待つ必要がある。（『帛書史話』中国大百科全書出版社、二〇〇〇年）

『荘子』徐无鬼篇・『韓非子』説林下篇・『呂氏春秋』観表篇・『淮南子』道応訓・『列子』説符篇・『後漢書』馬援伝等には「相馬」についての記事が見える。このように戦国秦漢時代の文献において相馬の記事が多いことは、相馬の術が当時非常に流行していたことを窺わせるが、その実態の一端を示すのがこの『相馬経』であると言えよう。

『相馬経』の釈文は前掲の「馬王堆漢墓帛書《相馬経》釈文」の他に、李零主編『中国方術概観　相術巻』（人民中国出版社、一九九三年）に再録のものがある。写真は陳松長編著『馬王堆帛書芸術』（上海書店出版社、一九九六年）に一部分だけ見ることができる。研究には謝成侠「関于馬王堆漢墓帛書《相馬経》的深討」（『文物』一九七七年第八期）、同氏著「我国古代家畜外形鑑定及其理論的発展和評価」（張仲葛・朱先煌主編『中国畜牧史料集』所収、科学出版社、一九八六年）等がある。王樹金「馬王堆漢墓帛書《相馬経》研究綜述」（簡帛網 http://www.bsm.org.cn/ 二〇〇八年一月一〇日）に研究史が纏められており便利である。

敦煌懸泉置漢代木牘『相馬経』

甘粛省文物考古研究所「敦煌懸泉漢簡内容概述」（『文物』二〇〇〇年第五期）に、漢代の懸泉置遺址から出土した典籍のひとつに『相馬経』が挙げられている。しかし、内容等に関しては現在まで全く情報が公開されていない。

敦煌漢代木牘『相馬法』

イギリスの考古学者オーレル・スタイン（Aurel Stein）は、第二次中央アジア探検（一九〇六～〇八年）において、一九〇七年三月二五日、敦煌西北・疏勒河流域の漢塞烽燧遺址群の発掘調査を開始し、約七〇〇枚の簡牘を発見した。これがいわゆる「敦煌漢簡」である。簡牘の殆どは漢代の遺物であり、紀年簡は天漢三年（前九八年）が最も古く、永和二年（一三七年）が最も新しい。竹簡の内容には、小学書・術数書・方技書・屯戍叢残（簿書・烽燧・戍役・廪給・器物・雑事）・簡牘遺文（書信）がある。詳しくは、大庭脩編『大英図書館蔵　敦煌漢簡』（同朋舎、一九九〇年）解説篇第五章「敦煌漢簡の研究」を参照。写真・釈文は、羅振玉・王国維編『流沙墜簡』（中華書局、一九九三年）、大庭脩前掲編著、甘粛省文物考古研究所編『敦煌漢簡』（中華書局、一九九一年）に掲載。また釈文としては林梅村・李均明編『疏勒河流域出土漢簡』（文物出版社、一九八四年）も出版されている。

『相馬法』は玉門関（『中国文物地図集』甘粛分冊一九四頁3C）近くのT17烽燧から出土した(19)。該書はただ木牘一枚、全三七字が残っているに過ぎない。長さは二三・八センチ、幅〇・九センチ。『流沙墜簡』数術類に写真・釈文・注釈が掲載されている。『疏勒河流域出土漢簡』簡563・『大英図書館蔵　敦煌漢簡』簡563・『敦煌漢簡』簡2094が該木牘に相当する。羅振玉による釈文を掲載すれば次の通り（羅振玉釈文に圏点（黒丸）はない。筆者が補ったもの）。

糸下説●腸小所胃腸小者腹下平脾小所胃脾小者耳瓦廣髟瓦欲卑目欲高間本四寸六百里

羅振玉による注釈は次の通り。

右簡の語は多く解すべからず。然れども之を細繹すれば、則ち『相馬法』なり。『齊民要術』(20)に『相馬五藏法』を引きて「腸欲得厚且長、腸厚則腹下廣方而平」「脾欲得小、……脾小則易養」「腸欲充、腔欲小」と云ひ、又た「馬眼欲得高」と云ふ。『太平御覽』(21)に『伯樂相馬經』を引きて「腹下欲得平、有八字」と云ひ、又た『馬援銅馬相法』を引きて「腹下欲平滿」と云ふ。諸説は均しく此の簡と略〻合す。「瓦」は即ち「耳」字なり。「間本五〈四〉寸六百里」の「間本」は、馬體の何くの所に當たるかを知らず。『御覽』に『相馬經』を引きて「素下去飛宦、四寸行千里」と言ふ。所謂「間本」は、殆ど即ち「素下去飛宦」の處なるか、或いは即ち上二句を承けて耳目の間を謂ふか。

後世の相馬書との類似点を指摘しており興味深い。また敦煌懸泉置遺址からも『相馬経』が出土している。

銀雀山漢簡『相狗方』

一九七二年、山東省臨沂県銀雀山一号漢墓より出土。簡の長さは二七・五センチ、幅は〇・五〜〇・七センチ、厚さは〇・一〜〇・二センチ。三道編縄。全一四枚。簡2144に「●相狗方」の表題がある。出土時における破損がひどく、全体の僅か一部が残っていたに過ぎなかったのだと思われる。

内容は、犬の各部位の状態から良い猟犬の基準を判定するもの。「肩」「臀」「權(顴)」「卻(脚)」「喙」「目」「耳」「毛」などの部位が判断の対象になっている。例えば「臀四寸、及大禽。三寸、及中禽」(簡2144〜2155)とある。外見だけでなく犬の起臥の姿勢などにも言及がある。

『荘子』徐无鬼篇・『呂氏春秋』士容篇・『荀子』儒效篇などの先秦の書籍に相狗の記事が見えることから当時、相狗は相当盛んに行われていたようである。本簡冊の出土はその実態を如実に示すものである。また『漢書』芸文志に『相六畜』が著録されており、相狗の内容も含まれていたとされる。

写真・釈文は銀雀山漢墓竹簡整理小組編『銀雀山漢墓竹簡〔貳〕』(文物出版社、二〇一〇年)に収録。主な研究に謝成侠「我国古代家畜外形鑑定及其理論的発展和評価」(張仲葛・朱先煌主編『中国畜牧史料集』所収、科学出版社、一九八六年)、桂小蘭『古代中国の犬文化　食用と祭祀を中心に』(大阪大学出版会、二〇〇五年)第三篇第一章第五節四「『相狗経』にみられる変化」がある。

阜陽双古堆漢簡『相狗』

一九七七年、安徽省阜陽県双古堆一号漢墓より出土。該書は出土時に既に残簡であった。『相狗』の竹簡はかなりの分量が存在するが、どれも短い断片であり、かつ文字も鮮明ではない。該書の内容は公開されていない。胡平生「阜陽双古堆漢簡数術書簡論」(『出土文献研究』第四輯、中華書局、一九九八年)には、一号簡「狗始生毋毛」、三号簡「狗能擧其頭而堅發尾」、四号簡「狗不號者虐」の三簡しか紹介されていない。胡氏によれば、銀雀山漢簡『相狗方』と阜陽漢簡『相狗』とには内容に相異が見られるそうである。

居延漢代木牘(居延新簡)『相宝剣刀』

一九七二年から一九七四年にかけて甘粛省文化庁文物処・甘粛省博物館文物隊・酒泉地区および当地の駐在軍によって組織された居延考古隊は、肩水金関遺址・甲渠候官(破城子)遺址・甲渠塞第四燧遺址の調査発掘を行い、約一万九四〇〇枚の簡牘を発見した。一九七六年には、布肯托尼(ブケン・トレイ)以北地区にて一七三枚、一九八二年には甲渠候官遺址にて二〇枚、甲渠塞第四燧遺址にて六七枚を発見した。簡牘の年代は、紀年簡によって漢代から西晋とされる。内容は、詔書・律令・科別・品約・牒書・推辟書・爰書・劾状・各類簿籍・九九術・干支表・暦譜・医薬方・『蒼頡篇』・『急就篇』・駅置の里程などがある。

肩水金関遺址出土を除く[22]以上の簡牘はすべて甘粛省文物考古研究所・甘粛省博物館・中国文物研究所・中国社会科学院歴史研究所編『居延新簡』(中華書局、一九九四年)に写真・釈文が掲載されている。

『相宝剣刀』は甲渠候官(破城子)遺址の第四〇探方(『中国文物地図集』内蒙古分冊二七七頁5B)より出土した木牘である。全六枚、長さ二二・六センチ、幅一・二センチ。三道編縄。字体は隷書。文意がつながらない部分があり脱簡があると思われる。木牘上に書名はなく、研究者によって『相剣書』『相剣刀』『相利善剣』『相宝剣刀』などと名付けられた。該木牘中に刀と剣の両方が出てくる点、『漢書』芸文志・数術略・形法に『相宝剣刀』が著録されており、該木牘がその一部だった可能性もある点から本解題では『相宝剣刀』と呼ぶ。

『相宝剣刀』の内容は、「身」「推處」「黒堅」「白堅」「逢（鋒）」「文（紋）」などの刀剣の部位の良し悪しによって良い剣か悪い剣かを判断するもので、質の良い剣を「善劍」「利善劍」「利劍」と称し、質の悪い剣を「弊劍」「悪劍」と称する。しかしながら、該木牘で用いられる刀剣に関する専門用語について、刀剣のどこを指すのか、どのような状態を示すのかについて研究者によって見解が分かれているようである。

相剣の説は、『荘子』説剣篇、『韓非子』説林上篇、『呂氏春秋』疑似篇・別類篇、『淮南子』氾論訓、『呉越春秋』闔閭内伝第四闔閭元年、『越絶書』越絶外伝記宝剣第十三など多くの古代文献に見え、該木牘の出土は当時における相剣の説およびその流行の実態を示すものと言えよう。

釈文は、上述の『居延新簡』（簡EPT40:202～207）の他、甘粛省博物館漢簡整理組「居延漢簡《相剣刀》冊釈文」（『敦煌学輯刊』第三号、一九八三年）があり、本論文には鮮明な写真も掲載されている。また甘粛省文物考古研究所編・薛英群・何双全・李永良注『居延新簡釈粋』（蘭州大学出版社、一九八八年）や李零主編『中国方術概観　相術巻』（人民中国出版社、一九九三年）などにも釈文が掲載されている。

主な研究に馬明達「居延漢簡《相剣刀》冊初探」（『敦煌学輯刊』第三号、一九八三年）、鐘少異「古相剣術芻論」（『考古』一九九四年第四期）、陳力「《居延新簡》相利善刀剣諸簡選釈」（『考古与文物』二〇〇二年第六期）、劉金華「漢〝相剣刀冊〟略説」（『中国歴史文物』二〇〇八年第三期）、李零「占卜体系与有関発現」（『中国方術正考』所収）第一〇節「相馬、相狗、相刀剣」などがある。

（1）『漢書』芸文志の分類を用いる理由については、劉楽賢「従出土文献看兵陰陽」（同氏著『戦国秦漢簡帛叢考』所収、文物出版社、二〇一〇年）および池田知久「出土資料による中国古代研究の勧め」（大東文化大学郭店楚簡研究班編『郭店楚簡の研究（三）』大東文化大学大学院事務室、二〇〇一年）を参照。

（2）本解題では基本的に、書写に用いられる材質が竹のものを「竹簡」「簡」、木のものを「木牘」「牘」と呼び、両者を含む場合「簡牘」と呼ぶ。しかしながら、発掘報告中には、幅が広いものを「牘」、幅が狭いものを「簡」の用法を採用しているものもある。例えば、北京大学秦簡では「竹簡」「木簡」「木牘」「竹牘」の四種が存在するため、後者の用法を採らざるを得ない。本解題が、場合によって適宜後者の用法を採用している箇所があることを断っておく。なお、この分類は本書第一部解題篇にのみ適用することとし、第二部では慣用の呼称に従う。

（3）李洪甫「江蘇連雲港市花果山出土的漢代簡牘」（『考古』一九八二年第五期）はこれを『日書』と見做すが、明らかに『暦譜』である。

（4）解題執筆に当たっては曽布川寛「馬王堆漢墓　漢初の多様な文化を伝えるタイムカプセル」（『月刊しにか』二〇〇〇年一二月号）および池田知久「解説（その一）——馬王堆漢墓帛書について」（同氏著『馬王堆出土文献訳注叢書　老子』所収、東方書店、二〇〇六年）も参照した。

（5）劉釗「談談馬王堆簡帛的重新整理」（『出土文献研究方法国際学術研討会会議論文集』二〇一一年一一月二六日～二七日、国立台湾大学中文系）によれば、馬王堆出土のすべての簡帛の写真・釈文・注釈を収録した『長沙馬王堆漢墓簡帛集成』が中華書局より刊行予定である。

（6）「二十八宿」は「二十八舎」とも言う。月の天球上での位置を示すため、天球を二八の星座に分割したもの。すなわち「角」「亢」「氐」「房」「心」「尾」「箕」「斗」「牛（牽牛）」「女（須女・婺女）」「虚」「危」「室（営室）」「壁（東壁）」「奎」「婁」「胃」「昴」「畢」「觜（觜嶲）」「参」「井（東井）」「鬼（輿鬼）」「柳」「星（七星）」「張」「翼」「軫」である。占いとしては①分野説、②二十八宿紀日として用いられる。①分野説とは、天文占において、天を幾つかの部分に分割し、これを地上のある地域に配当し、天の現象（星の変化など）を見て、この星を含む部分に配当された地上の地域に起こる吉凶を判断すること。これに主として二十八宿による分割（分野）が用いられ、歴代の正史天文志や『開元占経』などの天文占書にその配当が掲載されている。詳しくは小島祐馬「分野説と古代支那人の信仰」（同氏著『古代中国研究』所収、平凡社東洋文庫、一九八八年）を参照。②二十八宿紀日とは、二十八宿を循環的に日にちに配当するもの。その配当方法は睡虎地秦簡『日書』甲種・乙種「直心」篇および乙種「天閻」篇に記載がある。それぞれの二十八宿が直《あ》たる日にそれぞれ吉凶が定められている。以降も二十八宿紀日は暦書・通書に掲載され、多少の変遷を経たものの、現在まで伝承されている。詳しくは工藤元男『睡虎地秦簡よりみた秦代の国家と社会』（創文社、一九九八年）二三三～二四〇頁、劉楽賢「睡虎地秦簡《日書》二十八宿紀日法補証」（同氏著『簡帛数術文献探論』所収、中国人民大学出版社、二〇一二年）、孔慶典『10世紀前中国紀暦文化源流』（上海人民出版社、二〇一一年）第四章「二十八宿紀日研究」を参照。

（7）孫斌来「汝陰侯漆器的紀年和M1主人」（『文博』一九八七年第二期）は、古代における器物の紀年の形式、夏侯竈の葬送に纏わる伝記、副葬品に見える諡などの考察から、夏侯竈ではなくその父夏侯嬰こそが墓主であると考える。川村潮「阜陽漢簡「周易」の史料的性格について」（『史滴』第三二号、二〇一〇年）もこれに賛同する。

（8）「建除」は「十二直」「建除十二直」「建除十二神」「建除十二辰」「建除十二客」などとも呼ばれる。多くの出土『日書』に見える。各月ごとに順番に十二直つまり「建」「除」「満」「平」「定」「執」「破」「危」「成」「収」「開」「閉」が日にちに循環的に配当され（配当の仕方は各『日書』に表として掲載されている）、それぞれの十二直にそれぞれ吉凶が定められている。伝世文献では『淮南子』天文訓に見えるものが最も古いが、以降の暦書・通書の殆どに掲載され、現代日本の『運勢暦』『家庭暦』の類にも「暦の中段」として掲載されている。詳しくは工藤元男『睡虎地秦簡よりみた秦代の国家と社会』（創文社、一九九八年）一三一～一三三頁、坂出祥伸『日本と道教文化』（角川選書、二〇一〇年）一二一～一二七頁を参照。

（9）「稷辰」とは睡虎地秦簡『日書』甲種「稷辰」篇・乙種「秦」篇に見える「結」「正陽」「敫」「禼」「陰」「徹」「危陽」「秀」のことで、この八名が規則的に日にちに配当される。「稷辰」の「稷」は「叢」の仮借字だとされる。劉楽賢『睡虎地秦簡日書研究』（文津出版社、一九九四年）五三～六〇頁・三三三～三三七頁、工藤元男『睡虎地秦簡よりみた秦代の国家と社会』（創文社、一九九八年）三二五～三二八頁を参照。この稷辰八名に類似するものが睡虎地秦簡『日書』甲種「除」篇・乙種「除乙」篇、九店楚簡『日書』第三組に見える。以下の通り。

「結」「陽」「交」「害」「陰」「達」「外陽」「外害」「外陰」「□□」「央」「秀」（睡虎地『日書』甲）

「結」「陽」「交」「羅」「陰」「達」「外陽」「外遣」「外陰」「絶紀」「央光」「秀」（睡虎地『日書』乙）

「結」「昜」「交」「□」「侌」「達」「外昜」「外害」「盇」「㓙」「[illegible]（光？）」「禾」（九店『日書』）

この十二名を叢辰と見做すか否か、また叢辰八名と関係あるか否かについては議論がある。工藤元男「建除よりみた「日書」の成立過程試論」（『中国——社会と文化』第一六号、二〇〇一年）を参照。ここでは湖北省文物考古研究所・北京大学中文系編『九店楚簡』（中華書局、二〇〇〇年）の見解に従い「叢辰十二名」と表記した。

（10）『節』は北京大学出土文献研究所「北京大学蔵西漢竹書概説」（『文物』二〇一一年第六期）において術数書として紹介されているが、該論文中に云うように、その内容は銀雀山漢簡『地典』に類似しており、兵家・兵陰陽の書籍と見做すべきであろう。李零「北大漢簡中的数術書」（同上）も参照。

（11）解題執筆に当たっては早稲田大学簡帛研究会「尹湾漢墓出土簡牘訳注（一）」（『中国出土資料研究』第一三号、二〇〇九年）

「解題」も参照した。

(12)『三宝吉日』は『続群書類従』第三一輯下・雑部(続群書類従完成会、一九二六年)所収。『簠簋内伝』は中村璋八『日本陰陽道書の研究(増補版)』(汲古書院、二〇〇〇年)所収。

(13) なお、上海大学古代文明研究中心・清華大学思想文化研究所編『上博館蔵戦国楚竹書研究』(上海書店出版社、二〇〇二年)「馬承源先生談上博簡」には、二二五七±六五年前という中国科学院上海原子核研究所の測定値が紹介されている。これについて、湯浅邦弘編『上博楚簡研究』(汲古書院、二〇〇七年)七頁に「一九五〇年を定点とする国際基準によって換算すれば、前三〇七±六五年、すなわち前三七二年から前二四二年となり、下限は秦の将軍白起が楚都郢を占領した前二七八年に設定される可能性が高いことから、書写年代は前三七二年から前二七八年の間と推定される」とある。

(14)「劃痕」について詳しくは竹田健二「清華簡『楚居』の劃線・墨線と竹簡の配列」(『中国研究集刊』第五六号、二〇一三年)、同氏著「劃線小考——北京簡『老子』と清華簡『繫年』とを中心に——」(『中国研究集刊』第五七号、二〇一三年)を参照。

(15) 程少軒「小議上博九《卜書》的〝三族〟和〝三末〟」(復旦大学出土文献与古文字研究中心 http://www.gwz.fudan.edu.cn/ 二〇一三年一月一六日)。

(16) 同様の十二支と数字との対応関係が、放馬灘秦簡『日書』乙種簡180貳~191貳および『太玄』数篇に見える。

(17) 湖南省博物館・湖南省文物考古研究所編著・何介鈞主編『長沙馬王堆二、三号漢墓 第一巻 田野考古発掘報告』(文物出版社、二〇〇四年)九〇頁の出土帛書一覧表では《宅形、宅位吉凶図》とされている。

(18)『吉日考秘伝』は中村璋八『日本陰陽道書の研究 増補版』(汲古書院、二〇〇〇年)所収。

(19)『流沙墜簡』は該木牘の出土地を「敦十九」つまりT19烽燧だと記すが、林梅村・李均明編『疏勒河流域出土漢簡』(文物出版社、一九八四年)「漢簡出土地点編号与漢簡著録編号一覧表」(一三一頁)に拠れば、これは「敦十七」(T17烽燧)の誤りであることがわかる。

(20)『斉民要術』巻第六・養牛馬驢騾第五十六。なお『斉民要術』引用部分は繆啓愉『斉民要術校釈』(中国農業出版社、一九九八年)に拠って改めた箇所がある。

(21)『太平御覧』巻八百九十六・獣部八・馬四。なお羅振玉は「伯樂相馬經」を「伯樂相馬法」と誤り、「馬援銅馬相法」を「馬援相馬法」と誤るため訂正した。

(22) 肩水金関漢簡については、その全写真・釈文を掲載した『肩水金関漢簡』全五巻が中西書局から出版予定である。このう

ち、甘粛簡牘保護研究中心等編『肩水金関漢簡（壹）』（中西書局、二〇一一年）、同編『肩水金関漢簡（貳）』（中西書局、二〇一二年）が既に出版済み。

第二部　論　文　篇

第一章　睡虎地秦簡『日書』における神霊と時の禁忌

はじめに

占いは、人類社会に普遍的に見られるものである。しかしながら中国においては、卜筮・風水・算命・相術・占星・式占（太乙・六壬・遁甲）など数多くの占いが生まれ今日まで伝承されており、占いが殊に隆盛したと言っても過言ではなかろう。これら占いの中のひとつに「択日」がある。択日とは日の吉凶による日選びのことで、台湾では今日でも重大事をなすには専門家に吉日を選んでもらう。(1)また、台湾の家庭の八三・三％が択日の書である「通書」を一冊は備えているという。(2)

本章で取り扱う戦国秦漢時代の『日書』は、今日、我々が目睹できる最も古い択日の書である。『日書』は一九七五年に雲夢県睡虎地一一号秦墓より出土したのを筆頭に、中国各地で出土が続いている。(3)『日書』の大量出土は、戦国秦漢時代に『日書』が流布し、また、択日の術が流行していた証拠となろう。(4)

睡虎地秦簡『日書』（以下、本章では睡虎地秦簡『日書』については『日書』と記し、他所出土の『日書』については地名を冠する）が択日の書であることは、『日書』研究の初期の段階で指摘されてはいた。(5)しかし、劉楽賢氏の『睡虎地秦簡日書研究』によって、はじめて『日書』全体に渉る詳細な検証が行われ、『日書』が択日の書、つまり「通書」

であることが明確となったのである。(6) ここで『日書』が古代の通書であることを確認しておきたい。日本における通書研究の第一人者である三浦國雄氏に拠れば、通書は次のように定義されている。(7)

通書とは日選び（択日、択吉、選択、剋択、涓吉、諏吉などとも称す）を中心に、種々の占法、生活便利情報（知識）を登載した冊子のことで、中国のロングセラーであったし、現在でも台湾・香港、そして海外の華人社会では広汎な人々によって重宝され続けている。「通書」は総称であり、ほかに「暦書」「黄暦」「民暦」「日暦」等々、多様な呼称をもっている。

要するに、「わが国の運勢暦（開運暦、家庭暦等々）の中国版と思えば分かり易い」ものである。(8) 現在、我々の目睹できる伝世の通書は南宋以降のものであるが、(9) それら後世の通書と『日書』とは、時間的隔たりを超えて、類似点が多い。日選びの方法や各種占法に類似するものがあり、(10) また、後世の通書と『日書』とは、書物としての構造が、日選びを中心とし、それ以外の種々の占法などが付されるという形であるという点では同一である。表1は、『日書』をその内容ごとに分類したものである。劉楽賢氏に従い、以下、日選びについて書かれた箇所を「択日部分」と呼び、それ以外の箇所を「非択日部分」と呼ぶこととする。

『日書』において、択日部分が扱う分野は、土木・建築・旅行・祭祀・農業・結婚など多岐に渉るが、それらの記述は、すべて吉日を選び、凶日を避けることが目的である。非択日部分においても吉を選び（あるいは招き）、凶を避けるための手段の記載がその殆ど言える。この点もまた、後世の通書との類似点である。『日書』はこのように、凶を避け吉に趣《おもむ》くための実用書であり、功利的な性質を有する書物であるとされる。(11)

本章では、『日書』における日のタブー（日忌）について考察する。『日書』は、日選びの書であり、日選びの根幹をなすのは時日に対するタブーの観念である。タブーの定義として穂積陳重は「行為の禁諱にして、其違反者は禍災を蒙るべしとの信念に基くもの」と云う。(12)『日書』において、例えば、甲種「避忌」篇（簡124参）には、「未不可以澍（樹）木。木長、澍（樹）者死(13)（未、以て木を樹《う》うべからず。木、長ずるも、樹うる者は死す）」とある。このように『日書』において各日の禁止事項を犯した場合、その違反者に災いが降るとされており、これがいわゆる「タブー」であることは明らかである（なお、違反者の親類にまで災いが及ぶ場合もある）。

本章では、タブーの中でも神霊によるタブーを中心に論を進めたい。タブーは、その理由や侵犯に対する罰が、人知を超えた超自然的なものに由来することは想像に難くない。タブーの中にはその背後に「具体的な観念的実体」すなわち、いわゆる「神霊」を予想するものがある。これが「神霊によるタブー」である。[14]『日書』においても神霊がタブーに関与しており、神霊に対する人間の態度を通して、『日書』におけるタブーの観念を明らかにできると考えられる。その方法として、まず、『日書』択日部分において、ある行為を禁止する存在であると観念される神霊を分類する。次に、『日書』中の神霊で日のタブーと無関係なもの（非択日部分の神霊）について比較材料として考察する。次に、『日書』における神霊によるタブーに独自性があるのかどうかを検討する。以上の方法により、『日書』における神霊によるタブーの特徴が明確にできよう。[15]また、『日書』に表現されたタブーを手掛かりに、『日書』の文献としての特徴、およびその背後にある思想をも探りたい。

『日書』の記事を戦国秦漢時代の社会の実態を探るための資料として利用する研究は多い。その一環として択日や禁忌を扱う研究も多い。[16]しかしながら、劉楽賢氏によって、『日書』が古代の択日書（通書）であることが判明して二〇年以上が経ち、睡虎地秦簡以外の『日書』が次々と公開された（されている）現在にあっても、『日書』とは何か、を探るに当たって、その択日の構造や性質・特徴に着目して考察を行う研究は極めて少ない。[17]故に、本章では択日の根幹をなす日のタブー（日忌）から、択日書である『日書』を考察するのである。

本章では睡虎地秦簡『日書』を中心に論を進める。現在のところ、公開されている『日書』の中で量的に最大のものは今なお睡虎地秦簡『日書』だからである。

一、神霊によるタブーの分類

本節では『日書』択日部分に見える神霊によるタブーすなわち、タブー原理の背後にいわゆる神霊の存在が確認できるもの、について分類する。なお本章では、超越的・超自然的存在の中で具体的な観念的実体を持つと想像されているものを「神霊」と呼ぶこととする。

（1）神煞による日忌

後世の択日において、日の吉凶を判断する際の根拠となるものに吉凶神煞がある。吉凶神煞は、一般に神煞（もしくは神殺）と呼ばれ、吉を掌る吉神と凶を掌る凶煞とに分かれる。神煞は星もしくは星神であると考えられており、そのため、吉神はあるいは吉星とも呼ばれ、凶煞は凶星とも呼ばれる[18]。神煞は星（星神）であるため、その運行（それは想像上のものであるが）には一定の規律があり、日の吉凶はそれによって確定されると考えられている。要するに、各々の神煞は規則的・循環的にある特定の日に当て嵌められ、ある吉神が当たる日は、ある行動をなすのに宜《よろし》く（吉）、ある凶煞が当たる日は、ある行動を忌むべきである（凶）、と規定されているのである[19]。ただし、個々の神煞の中には吉・凶を兼ねるものもある。

『日書』中に「神煞」の語は見えないが、神煞と同様の存在が確認できる。このことは既に劉楽賢氏が詳細に述べている。それを纏めたものが、表2である。幾つか例を挙げて説明したい。甲種「天李」篇（簡145背～146背）に次のようにある。

天李。正月居子ㇾ、二月居子〈卯〉ㇾ、三月居午ㇾ、四月居酉ㇾ、五月居子ㇾ、六月居卯ㇾ、七月居午ㇾ、八月居

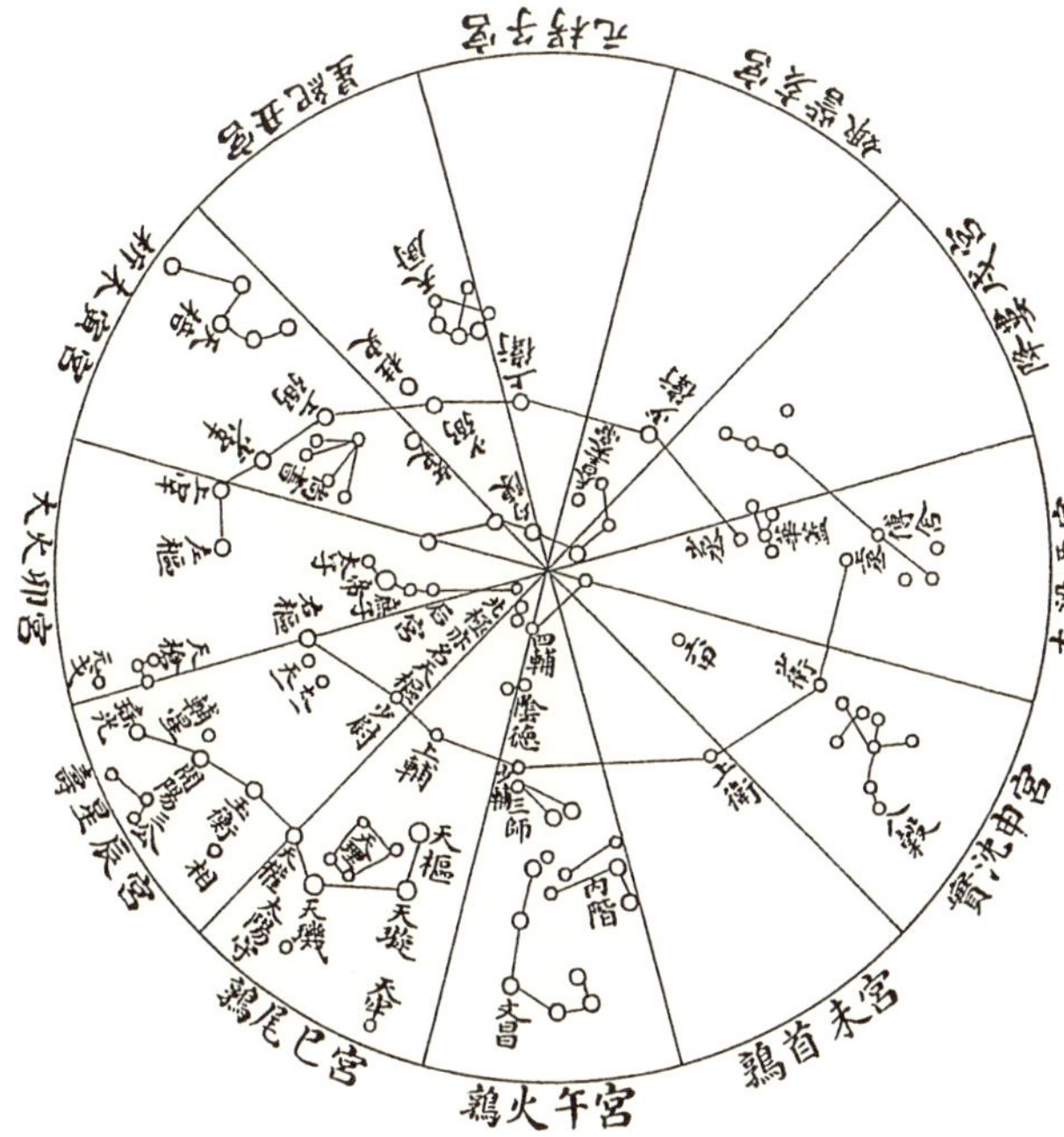

図9　天理（『欽定協紀辨方書』巻十三・紫微垣）

酉レ、九月居子レ、十月居卯レ、十一月居午レ、十二月居辰〈酉〉。●凡此日不可入官及入室。入室必威〈滅〉、入官必有辠。

天李、正月子に居り、二月卯に居り、三月午に居り、四月酉に居り、五月子に居り、六月卯に居り、七月午に居り、八月酉に居り、九月子に居り、十月卯に居り、十一月午に居り、十二月酉に居る。●凡そ此の日、入官及び入室すべからず。入室すれば必ず滅び、入官すれば必ず辠《つみ》有り。

「天李」とは、睡虎地秦墓竹簡整理小組（以下、整理小組と略記）が指摘するように「天理」のことである（「李」と「理」は通仮）[20]。天理は、『開元占経』巻六十九・甘氏中官占五・天理星占十二に引く『甘氏星経』に「天理四星、北斗の魁の口中に在り」とあり、北斗七星のマス（第一星から第四星、これを「魁」と言う）に囲まれた中に位置する四星の名とされる（図9）。この星については、『史記』天官書に「斗魁の中に在るは、貴人の牢なり」とあり、『漢書』天文志に「魁の中に在るは、貴人の牢なり」とあり、魏の孟康は『漢書』に注して「傳に曰く「天理四星は斗魁の中に在り」と。貴人の牢、名づけて天理と曰ふなり」と云う。『日書』の天李が、天空の星と同名であることがわかる。(21)

さらに、甲種「行」篇一(簡127~130)に「赤帝臨日」が見える。(22)

凡且有大行・遠行、若歓(飲)食歌樂・聚畜生及夫妻同衣、(23) 毋以正月上旬午・二月上旬亥・三月上旬申・四月上旬丑・五月上旬戌・六月上旬卯・七月上旬子・八月上旬巳・九月上旬寅・十月上旬未・十一月上旬辰・十二月上旬酉。●凡是日赤啻(帝)恆以開臨下民而降其英(殃)。不可【以】具(暈)爲【火】。百事皆毋(無)所利。(24) 節(即)有爲也、其央(殃)不出歳中、小大必至。……●凡是有爲也、必先計月中閒日、句(苟)毋直赤啻(帝)臨日。

凡そ且《まさ》に大行・遠行若《も》しくは飲食歌樂・畜生を聚《あつ》む及び夫妻の、衣を同じくする有らんとするに、正月上旬の午・二月上旬の亥・三月上旬の申・四月上旬の丑・五月上旬の戌・六月上旬の卯・七月上旬の子・八月上旬の巳・九月上旬の寅・十月上旬の未・十一月上旬の辰・十二月上旬の酉を以てする毋《な》かれ。●凡そ是の日、赤帝、恆に以て下民に開臨して其の殃を降す。暈を以て火を爲《つく》るべからず。百事皆な利する所無し。即《も》し爲す有るや、其の殃は歳中を出でずして、小大必ず至らん。……●凡そ是れ爲す有るや、必ず先づ月中の閒日《まび》を計り、苟《いやしく》も赤帝臨日に直《あ》たる毋《な》かれ。

「赤帝」は言うまでもなく、五帝の一人に数えられる赤帝である。五帝について、津田左右吉氏は、『淮南子』天文訓の文により、少なくとも漢初においては五帝は五星と考えられていたとする。(25) また、『史記』天官書に「五帝坐」が見え、これについて『晉書』天文志には「黄帝坐、太微の中に在り。含樞紐の神なり。……四帝星、黄帝坐を俠む。東方蒼帝、靈威仰の神なり。南方赤帝、赤標怒の神なり。西方白帝、白招矩の神なり。北方黒帝、叶光紀の神なり」と記載される。(26) 『淮南子』天文訓とは結合される星が異なるが、こちらでも五帝が星(星神)として考えられていたことがわかる。これより『日書』に見える赤帝も星(星神)と考えられていたと推測される。

天李と赤帝とを星と見做す理由は、その名称が天空の星と一致することのみではない。その忌日が規則的・循環的にある一定の日に当たるのは、星として、規律ある運行をすると見做されていたからである。そうであるならば、名称が天空の星と一致しないものでも、忌日が規則的・循環的にある一定の日に当たるものは、やはり星

（星神）であると見做されていた、と推測される。

以下、このように、星としての規律ある運行によって人の吉凶を主る（左右する）存在を（後世の用語を借りて）「神煞」と呼ぶこととする。

（2）天神による日忌

ここで扱うのは「帝」「神」「天」などによる日忌である。

「帝」については、甲種「帝」篇（簡96壹～101壹）に次のようにある。

春三月、啻（帝）爲室申。剽卯。殺辰。四灋（廢）庚辛。夏三月、啻（帝）爲室寅。剽午。殺未。四灋（廢）壬癸。秋三月、啻（帝）爲室巳。剽酉。殺戌。四灋（廢）甲乙。冬三月、啻（帝）爲室辰。剽子。殺丑。四灋（廢）丙丁。凡爲室日、不可以筑（築）室。筑（築）大内、大人死。筑（築）右圩（序）、長子婦死。筑（築）左圩（序）、中子婦死。筑（築）外垣、孫子死。筑（築）北垣、牛羊死。●殺日、勿以殺六畜。不可以取婦・家（嫁）女・禱祠・出貨。●四灋（廢）日、不可以爲室・覆屋。

春三月、帝、室を爲《つく》るは申。剽は卯。殺は辰。四廢は庚辛。夏三月、帝、室を爲《つく》るは寅。剽は午。殺は未。四廢は壬癸。秋三月、帝、室を爲《つく》るは巳。剽は酉。殺は戌。四廢は甲乙。冬三月、帝、室を爲《つく》るは辰。剽は子。殺は丑。四廢は丙丁。凡そ爲室日、以て室を築くべからず。大内を築けば、大人は死し、右序を築けば長子の婦は死し、左序を築けば中子の婦は死し、外垣を築けば、孫子は死し、北垣を築けば、牛羊は死す。●殺日、以て六畜を殺す勿《な》かれ。以て婦を取る・女《むすめ》を嫁す・禱祠・出貨すべからず。●四廢日、以て室を爲《つく》る・屋を覆ふべからず。

傍線部は帝（上帝）による室の建築の日忌である。具体的には、各季節における帝が室を建築する日（「爲室日」）には、人は室（および室内の建築物）を建築することを忌むべきであり、これを犯せば室内に住む者が死ぬと規定されている。[27] タブーの理由およびタブー侵犯に対する罰が帝に由来することが確認できる。建築の日忌としては、甲種「土忌」篇二（簡148背）に「神」によるものがある。

正月不可垣、神以治室。

正月、垣つくるべからず。神、以て室を治むればなり。

これが甲種「帝」篇と同類の日忌であることは明白である。では、どうして建築日忌が「帝」「神」に由来するのか。考えるに、殷墟卜辞には王が邑を建設するに当たって上帝にその可否を卜問するものが見える。

庚午卜内貞「王乍(作)邑、帝若(諾)。」八月。(『甲骨文合集』一四二〇一)[28]

庚午に卜して内、貞《と》ふ「王、邑を作るに、帝、諾せんか。」八月。

殷代において、邑を建築する際に上帝がその可否を決定する力を有していたことがわかる。殷代の亀卜は上帝にその可否を直接問う形式であって、『日書』とは形式が異なるが、『日書』においても上帝が建築に関与しているのである。また、土木に関する日忌に「神」が見える。甲種「土忌」篇二(簡138背)に次のようにある。

正月申・四月寅・六月巳・十月亥、是胃(謂)「地杓。」神以毀宮。毋起土攻(功)。凶。

正月の申・四月の寅・六月の巳・十月の亥、是れ「地杓」と謂ふ。神、以て宮を毀つ。土功を起す毋《な》かれ。凶。

『日書』においても「帝」「神」が建築・土木を管理支配すると観念されていたことがわかる。[29]

次に「天」について。甲種「取妻出女」篇(簡7背壹)に次のようにある。

壬申・癸酉、天以震高山。以取妻、不居。不吉。[30]

壬申・癸酉、天、以て高山を震はす。以て妻を取れば、居《とど》まらず。不吉。

これが「天」による嫁取りの日忌であることは明確だが、その理由とされる「天以震高山」という天の営為と人の嫁取りタブーとの因果関係はよくわからない。「天」については、甲種「忌殺」篇(簡102背〜106背)にも、

●春三月甲乙、不可以殺。天所以張生時。夏三月丙丁、不可以殺。天所以張生時。秋三月庚辛、不可以殺。天所以張生時。冬三月壬癸、不可以殺。天所以張生時。●此皆不可殺。小殺小央(殃)、大殺大央(殃)。

●春三月の甲乙、以て殺すべからず。天の、以て張生する所の時なればなり。夏三月の丙丁、以て殺すべからず。天の、以て

張生する所の時なればなり。秋三月の庚辛、以て殺すべからず。天の、以て張生する所の時なればなり。冬三月の壬癸、以て殺すべからず。天の、以て張生する所の時なればなり。●此れ皆な殺すべからず。小殺すれば小殃あり、大殺すれば大殃あり。

とある。劉楽賢氏に拠れば、「殺」は犠牲の屠殺のこと。ここの忌日は五行説により構成される。例えば春の忌日は、春は五行で木に属し、甲・乙の日もまた木に属する。つまり春の甲・乙の日は木気旺盛であるがために忌日となるのである。[31] このような四季の五行と日の五行が一致して五行の気が旺盛となった状態を「張生」と呼ぶのであろう。ここの日忌は天が「張生」の状態にあることに起因している。となると、ここに言う「天」は、先の「帝」「神」などの人格神的な存在よりも、理法の天・自然の天（自然の運行）に近いと見做せるかもしれない。しかしながら、「天」もまた、上述の「帝」や「神」と同じように、タブーの理由およびタブー侵犯に対する罰を出だす存在として観念されていることは間違いなかろう。

　この他、「上皇」がある。甲種「十二支避忌」篇（簡101貳～102貳）に、

母以子卜筮。害於上皇。母以丑徐（除）門戸。害於驕母。[32]

子を以て卜筮する母《な》かれ。上皇に害せらる。丑を以て門戸を除《はら》ふ母《な》かれ。驕母に害せらる。

と云う。「上皇」は、『楚辞』九歎・遠逝「上皇を信じて質正す」の王逸注に「上皇、上帝なり」とある。[33]「驕母」について整理小組は「驕、疑ふらくは讀んで高と爲す。高母、高祖母なり」つまり曽祖父母の母とするが、上皇と対になって現れるので、おそらく固有の神霊名だと思われる。[34] 上皇と並んで表記されているので、上皇の配偶ではなかろうか。

　本章では、以上の「帝」「神」「天」などの存在を一括りにして「天神」と呼ぶこととしたい（これらの神霊を一括りに分類するのは、『日書』においてはこれらの神霊によるタブーが共通する特徴を有するためである。このことについては後述する）。

(3) 祭祀の日忌

『日書』には、祭祀を行うべき時期の適不適についての記述がある。(35) この祭祀の日忌においても、これを破り、忌日に祭祀を行えばその違反者に災いが降る。例えば、甲種「十二支避忌」篇（簡107貳）には、「毋以巳壽(禱)。反受其英(殃)（巳を以て禱《いの》る毋《な》かれ。反って其の殃を受けん）」とある。福を求めて祭祀しても、忌日にそれを行うと却って災いを蒙ると考えられていたことがわかる。祭祀日忌の規定の多くは、この甲種（簡107貳）のように祭祀対象を挙げない（限定しない）ものであるが、決められた祭祀対象に対する祭祀日の規定も幾つか見える。以下それについて祭祀対象ごとに見ていく。(36)

まずは祖先については、甲種「祭祀」(37)篇（簡78貳）に、

祠父母良日、乙丑・乙亥・丁丑・亥・辛丑・癸亥。不出三月有大得。

父母を祠《まつ》るの良日、乙丑・乙亥・丁丑・亥・辛丑・癸亥。三月を出でずして大得有らん。

とあり、乙種「祭祀」篇「祠」部分（簡148）に、

祠親、乙丑吉。

親を祠るに、乙丑は、吉。

とある二例のみ見える。祖先と言っても『日書』に見えるものは父母だけである。(38) 祭祀の良日（吉日）についてのみ記述があり、忌日についての記載はない。しかし、これは祖先祭祀に忌日がないことを意味するものではない。と言うのは、祭祀対象を挙げていない祭祀の忌日についての記載は『日書』中に大量に存するからである。その祭祀の忌日に祖先を祭ることは当然タブーと考えられたはずである。

次は五祀である。(39) 乙種「祭祀」篇（簡32貳～40貳）に以下のようにある。

祠室中日、辛丑・癸亥・乙酉・己酉、吉。龍、壬辰・申。

祠戸日、壬申・丁酉・癸丑・亥、吉。龍、丙寅・庚寅。

祠門日、甲申・辰・乙亥・丑・酉、吉。龍、戊寅・辛巳。
祠行日、甲申・丙申・戊申・壬申・乙亥、吉。龍、戊・己。
祠【竈】日、己亥・辛丑・乙亥・丁丑、吉。龍、辛□。
祠五祀日、丙丁竈、戊己内中土、【甲】乙戸、壬癸行、庚辛【門】。
室中を祠るの日、辛丑・癸亥・乙酉・己酉は、吉。龍は、壬辰・申。
戸を祠るの日、壬申・丁酉・癸丑・亥は、吉。龍は、丙寅・庚寅。
門を祠るの日、甲申・辰・乙亥・丑・酉は、吉。龍は、戊寅・辛巳。
行を祠るの日、甲申・丙申・戊申・壬申・乙亥は、吉。龍は、戊・己。
竈を祠るの日、己亥・辛丑・乙亥・丁丑は、吉。龍は、辛□。
五祀を祠るの日、丙丁は竈、戊己は内中土、甲乙は戸、壬癸は行、庚辛は門。

これは五祀の祭祀において、祭るべき日と祭るべきでない日を吉・龍（龍は忌の意）[40]で示したものである。『日書』における五祀は「室中（＝内中土）・戸・門・行・竈」であることがわかる。[41]

次に挙げるのは、職能神に対する祭祀日時の規定である。職能神とは、ある職業者（集団）に祭られる神霊である。

甲種「祭祀」篇（簡125背）・乙種「祭祀」篇（簡52貳）には「史先」への祭祀日時の規定が見える。

祠史先龍、丙・望。
史先を祠るの龍は丙・望。

史先という名の神霊は伝世文献に見えないが、史の職能神ではなかろうか。劉楽賢氏は史先を史皇（蒼頡）だと推定する。『淮南子』脩務訓に「史皇、產れながらにして能く書す」とあり、高誘注に「史皇、蒼頡なり」と云う。そして『論衡』譏日篇に「又た書を學ぶ者、丙日を諱みて云ふ「倉頡、丙日を以て死すればなり」と」とあり、この『論衡』の記事は、史先を祭る忌日が丙の日であることと一致する。これにより史先は蒼頡のことであるとするのが劉楽賢氏の考えである。[42] この劉楽賢氏の推定を認めるならば、史先（蒼頡）の死日には史先（蒼頡）を祭ることおよび史先（蒼頡）の職掌事である書を学ぶことが禁止された、ということになる。

以上の推測を裏付けるものとして「巫咸」への祭祀の記述を見たい。睡虎地秦簡『日書』とほぼ同時代のものとされる江陵岳山秦墓木牘『日書』（以下、岳山『日書』と略記）の簡43背に次のようにある。[43]

巫咸乙巳死、勿坘祠巫。龍、丙申・丁酉・己丑・己亥・戊戌。

田□人丁亥死、夕以祠之。

岳山『日書』については、不鮮明な写真図版しか公表されておらず、確定的なことは言えないが、この二条を比較してみると、上条の「勿坘祠巫」の「坘」は、下条および『日書』の体例から「以」の誤記と推測され、また下条の「夕以祠之」の「夕」は「勿」の誤記と推測できる。今、この推測に従って二条を訓読すれば、

巫咸、乙巳に死す。坘〈以〉て巫を祠る勿《な》かれ。龍は丙申・丁酉・己丑・己亥・戊戌。

田□人、丁亥に死す。以て之を祠る夕〈勿〉《な》かれ。

となる。巫咸は睡虎地秦簡『日書』甲種「朔望弦晦」篇（簡27貳）に、

五丑不可以巫。啻（帝）以殺巫減（咸）。[44]

五丑、巫を以《もち》ふべからず。帝、以て巫咸を殺せばなり。

とあり、巫咸の死日には巫事を行ってはならないことが述べられる。両者を総合すれば、巫咸の死日には巫（巫咸であろう）を祭ることおよび巫咸の職掌事である巫事が禁止されたということになる。巫咸については、『史記』封禅書に「荊巫は、堂下・巫先・司命・施糜の属を祠る」とあり、『史記索隠』に「巫先は、古の巫の先にして靈有る者、蓋し巫咸の類を謂ふなり」と云う。巫咸が巫先として巫者に祭られる巫者の職能神であることがわかる。これは史先（蒼頡）が史の職能神であるという推測を裏付けることにもなろう。

以上、史先と巫咸の例より、職能神の死日には、その神霊を祭ることおよびその神霊の職掌事が禁止されたと

考えることができる。また、睡虎地秦簡『日書』甲種「農事」篇(簡149背)には、

田亳主以乙巳死、杜主以乙酉死、雨帀(師)以辛未死、田大人以癸亥死。

田亳主、乙巳を以て死し、杜主、乙酉を以て死し、雨師、辛未を以て死し、田大人、癸亥を以て死す。

とある。この文のみでは、これが何についての規定か不明なのだが、劉楽賢氏は、後世の通書との比較により「田亳主」「杜主」「雨師」「田大人」は農業神(つまり農業者の職能神)であり、彼らの死日には農事が忌まれることを証明している(45)。しかし、農業神の死日には、農事を忌むのみでなく、農業神への祭祀も禁止されたことは、岳山『日書』に「田□人、丁亥に死す。以て之を祠る勿《な》かれ(46)」とあることから確実である。

このように『日書』において死日が記載される神霊は職能神のみである。ここから筆者は睡虎地秦簡『日書』甲種「作女子」篇(簡156壹)の「女媧」も職能神であると考える。

月生一日・十一日・廿一日、女果(媧)以死、以作女子事、必死。

月生一日・十一日・廿一日、女媧以て死す。以て女子の事を作《な》せば、必ず死す。

「月生」は毎月の意(47)。女媧の死日は、「女子事」がタブーとされる。この「女子事」とは具体的にはどのような行動なのか。これに関して、『太玄』事首次四に「男、女事す。之が字するを代へず。測に曰く、男、女事す。厥の務に非ざるなり」とあり、「女事」として「字」が挙げられている。「字」は出産もしくは生育・養育の義。『日書』の「女子事」もおそらく出産・生育・養育を指すと考えられよう。

女媧の死日に「女子事」が禁止されるのは、女媧が「女子事」を職掌事とする職能神であるからだと推測される。女媧については、『説文』巻十二下に「媧、古の神聖女、萬物を化する者なり」とあり、万物創生の神とされ、また、『路史』後紀二に引く『風俗通義』佚文には「女媧、神祇に禱祠して女媒と爲る(48)。因りて昏姻を置《た》つ。媒を行ふこと、此に始まること、明らかなり」とある。媒(禖)とは求子の祭儀のことで、高禖とも言う。女媧は婚姻制度を創設し、後世には高禖の神つまり求子の神とされた。女媧は求子の神として女性に崇拝された、つま

り女性の職能神であったと考えられるのである。もし、女媧が職能神であるならば、女媧の死日には女媧への祭祀も禁止されたはずである。要するに筆者は、女性の職能神である女媧の死日には、女媧を祭ることおよび女媧の職掌事である「女子事」が禁止された、と推測するのである。

小林太市郎氏に拠れば、「女媧を女媒として祀り、之に子を祈ることは遅くも漢代に始まつて、遥かに後までも持続して絶えなかつた」とされる(49)。しかしながら、『日書』に見える女媧の記事から考えれば、女媧を求子の神として祭ることは戦国時代乃至秦代まで遡るのではないかと思う。

以上からわかることを纏めておく。祖先・五祀の祭祀には忌日があり、その忌日に祭祀をすると災いが降される。職能神とされる史先・巫咸・農業神（田亳主など）・女媧についてもそれは同じであるが、職能神の場合、その忌日はその神霊の死日であり、その日にはその神霊への祭祀およびその神霊の職掌事がタブーとされる(50)。

二、非択日部分の神霊について

非択日部分においても、人に災いを降す神霊を確認することができる。しかし、それらは択日部分に見える神霊とはその性質において根本的に異なる存在である、と筆者は考える。本節では、択日部分に見える神霊と非択日部分に見える神霊の違いを明らかにする。

非択日部分で、人に災いを降す神霊が見えるのは、甲種「病」篇（簡68貳～77貳）・甲種「詰咎」篇（簡24背壹～59背參）・乙種「十二支占卜」篇（簡157～180）・乙種「有疾」篇（簡181～187）などである。今この中から、甲種「詰咎」篇・甲種「病」篇を代表例として取り上げ考察を進めたい。

甲種「詰咎」篇は、様々な神霊の災いと、その神霊および災いに対する対抗儀礼（撃退・祓除）の方法を具体的

郵便はがき

料金受取人払郵便

札幌中央局
承認

719

差出有効期間
H27年7月31日
まで

060-8788

札幌市北区北九条西八丁目
北海道大学構内

北海道大学出版会 行

ご氏名（ふりがな）		年齢 歳	男・女
ご住所	〒		
ご職業	①会社員 ②公務員 ③教職員 ④農林漁業 ⑤自営業 ⑥自由業 ⑦学生 ⑧主婦 ⑨無職 ⑩学校・団体・図書館施設 ⑪その他（　　）		
お買上書店名	市・町　書店		
ご購読新聞・雑誌名			

書　名

本書についてのご感想・ご意見

今後の企画についてのご意見

ご購入の動機

1 書店でみて　2 新刊案内をみて　3 友人知人の紹介
4 書評を読んで　5 新聞広告をみて　6 DMをみて
7 ホームページをみて　8 その他（　　　）

値段・装幀について

A　値　段（安　い　普　通　高　い）
B　装　幀（良　い　普　通　良くない）

HPを開いております。ご利用下さい。http://www.hup.gr.jp

に述べる篇である。この「詰咎」篇は全七一章であるが、その書き方には多くの条項において共通のパターンが存し、それ故、同一のフレーズが多用されている。[51] その中で筆者が着目するのは「人毋(無)故」と「恆」である。この二語は「詰咎」篇および「詰咎」篇に見える神霊の特徴を如実に示す。まず「人毋(無)故」については、例えば次のようにある。[52]

人毋(無)故鬼攻之不已。是是刺鬼。以桃爲弓、牡棘爲矢、羽之雞羽、見而射之、則已矣。(簡27背壹～28背壹)

人、故無くして、鬼、之を攻めて已《や》まず。是れ是れ刺鬼なり。桃を以て弓を爲《つく》り、牡棘もて矢を爲《つく》り、之に雞羽を羽し、見て之を射れば、則ち已《や》む。

ここでは、刺鬼という神霊が「人、故無く」つまり人が何もしていないのに、災いをなす(ここでは「攻之不已」)とされている。しかし、択日部分においては、神霊から災いが降されるのは、人がタブーを犯した場合のみであった。択日部分においては、災いとは人間のタブー違反という行動に対しての神霊からの反応《リアクション》だと言えるが、「詰咎」篇では、人間の行為とは何の関係もなしに神霊が災いを降している。これは「詰咎」篇の特徴と言えよう。次に「恆」については、例えば次のようにある。[53]

故丘鬼恆畏人。畏人所(處)、爲芻矢以鳶(弋)之、則不畏人矣。(簡24背貳)

故丘の鬼、恆に人を畏《おど》す。人を畏す處に、芻矢を爲《つく》りて以て之を弋《い》れば、則ち人を畏さず。

ここでは、故丘の鬼という神霊が、「恆に」人を威すとされる。つまり神霊が恒常的に災いをなしていることがわかる。これも「詰咎」篇の特徴である。これと異なり、択日部分では、タブー違反した時に限って罰としての災いが降される。以上、「人毋(無)故」「恆」の例からわかるように、「詰咎」篇の神霊は人がタブーに違反するしないに関係なく災いを降しているのである。「詰咎」篇には、「人毋(無)故」「恆」を含まない章もあるのだが、この特徴は「詰咎」篇全体に当て嵌まるものと考えられる。

甲種「病」篇は、人が発病した日にちにより、その原因(何の神霊の祟りにより発病したか)とその後の病状の進行を知るための占いである。乙種「有疾」篇および乙種「十二支占卜」篇の一部もこれと同内容のものである。例として「病」篇の甲乙の日を挙げれば、次の通り。

甲乙有疾、父母爲祟、得之於肉、從東方來、裹以桼(漆)器。戊己病、庚有【閒】、辛酢(作)。若不【酢(作)】、煩居東方、歳在東方、青色死。(簡68貳～69貳)

甲乙に疾有れば、父母、祟《たたり》を爲し、之を肉より得。東方從《よ》り來たりて、裹《つつ》むに漆器を以てすればなり。戊己に病み、庚に閒有り、辛に作《た》つ。若《も》し作《た》たざれば、煩は東方に居り、歳は東方に在り。青色なれば死す。

甲・乙の日に発病した場合、本篇によって、その原因は「父母」による祟りであることがわかるのである。本篇は、五行相剋と五行相生を組み合わせた複雑な構造からなるのであるが[54]、それはともかく、本篇においても、神霊は人がタブーに違反するしないに関係なく災いを降していることが確認できる。以上が、非択日部分の神霊と、択日部分の神霊との大きな違いである。

さて[55]、非択日部分の、人に災いを降す神霊には、鬼神(いわゆる妖怪・物怪)、人鬼(死んだ人)、父母・祖先・巫、鳥獣・虫・龍などの動物(あるいは動物霊)、自然現象(火・雷など)などがおり、多種多様ではある[56]。が、択日部分の神霊と異なり、いわゆる天神に分類されるような存在は見えない[57]。この点も択日部分の神霊との違いの一つである[58]。

非択日部分には、解除・祓除について述べた篇として甲種「詰咎」篇の他に、甲種「夢」篇(簡13背～14背壹)・乙種「夢」篇後半部分(簡194～195壹)・甲種「馬禖祝」篇(簡156背～160背)などがある。このように『日書』は祓除について多く述べるのであるが、ここで疑問に思うことは、択日部分に規定された日忌を犯した際に発生する災いを祓うことがあったかどうかである。考えるに、もし日忌を犯した際の災いを祓うことが行われていたのであれば、日忌の規定の箇所(の近く)に、それを犯した際の祓除方法を併記しておく方が便利である。が、『日書』には日忌を犯した際の災いを祓う内容は見えない。おそらくは『日書』においては日忌を犯した際の災いを祓うことは想定されていない。と言うのは、これに関する説明として、竹中信常氏が、その本質として日忌は祓うことができないとしているからである。すなわち「他のタブーが諸々の原因・契機によって忌行為に入り、そしてまたこれから抜け出るのに対して、日忌はいわば一線上を時間的に進行し、一定の時期がくれば時間必然的に忌行為が要請され、一定の時間を経過すればまた必然的にそこから抜け出て平常に復するのであり、その間の出入を規定するものは定められた時間以外何もない。他のタブーのように回避することも払浄することも許されぬ、絶対的時間の制約に服するのみである」と云う。(59) 竹中氏の説明に依拠するならば、『日書』に日忌を犯した際の災いを祓うことが記載されないことは、理の当然だと言えよう。(60) となると、非択日部分の神霊と択日部分の神霊とは、一方は祓禳の対象となるが、一方は祓禳の対象とならないことになる。この点も両者の明確な相違点である。

以上、択日部分の神霊と非択日部分の神霊の違いを何点か挙げた。両所に見える神霊の性質が異なることは明らかであり、同列に論じるわけにはいかないのである。

三、神霊によるタブーの特徴

第一節での検討の結果、『日書』中の神霊によるタブーは、神煞による日忌・天神による日忌・祭祀の日忌に分類できることがわかった。本節ではこれらの日忌の特徴を探る。

(1) 神煞について

『日書』において、神煞は星(星神)と考えられている。今、この『日書』中の神煞を後世の区分によって示せば、後世の吉神に相当するものは見えず、一方、凶煞は一七、吉凶を兼ねる神煞が四、吉凶不明の神煞が四、見える。(61) つまり、『日書』の神煞は、その殆どが後世で言うところの凶煞であると言える。

（2）天神について

甲種「帝」篇の「帝」による日忌は、その忌日（「爲室日」）が規則的・循環的であり、かつ後世の通書にも見える神煞「四廢」と並んで表記されており、神煞の一種と見做される。また、甲種「土忌」篇二の「神」による日忌は、「地杓」という神煞の運行によるものである。つまり、天神の中には、神煞と範疇を同じくするものも存在する。

星神である神煞や天神に分類される神霊達は、至上神と考えられる「帝」を典型として、神霊の中でも神格の高い存在とされていたと考えられよう。神格が高いと考えられる神煞・天神はともに、人々にタブーを課し、また、それを破った者に罰としての災いを降す存在であると観念されている。なお、『日書』には、神煞・天神に分類される神霊への祭祀についての記述は見えない。

（3）祭祀の対象となる神霊について

『日書』において祭祀の対象となる神霊は、祖先・五祀・各種の職能神である。これらの神霊は、神煞・天神に比べれば、神格は低く、言うなれば、人間にとって身近な神霊と言えよう。『左伝』僖公十年に「神は非類を歆《う》けず、民は非族を祀らず」、同三十一年に「鬼神は其の族類に非ざれば、其の祀を歆《う》けず」と云うように、祭祀される神霊は祭祀者の族類でなければならないとされ、『日書』において祭祀対象となる神霊が自分の祖先や自分の住居に関する神霊（五祀）であることはこれと一致する。職能神も、その職業者にとっては族類の（身近な）神霊であろう。これらの神霊は人々の祭祀に応じて福を与えるが、その祭祀日には規定があり、それを犯した者には災いを降す存在だと観念されている。

(4) 後世の通書との比較

以上、『日書』中の神霊によるタブーは、大きくは、神煞・天神による日忌と祭祀対象の神霊による日忌との二つに分類されることがわかった。では、この『日書』における神霊によるタブーは『日書』に独自のものなのであろうか。この点について、後世の通書との比較を通じて考えてみたい。

神煞については、『日書』においてはその殆どが凶煞である。しかし後世の通書には多くの吉神が見える。例えば、明・王圻・王思義『三才図会』時令四巻・天運星煞値日之図では、神煞を列挙しその総数を明記しているが、それに拠れば、凶神(凶煞のこと)が「二百二十五」、吉神が「一百二十五」である。[62] 後世の通書では大体のところ、『日書』に比べて神煞の総数が増加している。この点も『日書』と後世の通書との違いである。が、殆どの後世の通書に記載されている吉神が、『日書』には全く見えない点こそが、両者の最も大きな違いであり、『日書』の特徴と言える。

祭祀の日忌については、その祭祀対象となる神霊が、後世の通書においては大きく変化している。例えば、後世の通書『玉匣記』においては元始天尊・弥勒仏聖・玉皇上帝などの諸神の誕生日もしくは降下する日にそれらの神を祭るべきとされ、その日に祭らなかったりあるいは違う日に祭れば、災いを蒙るとされている。[63] このように後世の通書では、おおよそ自分の族類とは言えない、身近ではないと思われる神々への祭祀が記載されている。それと異なり『日書』では、身近な神霊への祭祀しか記載されておらず、身近でない高位の神霊への祭祀の記述が見えない。この点も『日書』の特徴と見做せよう。

四、神霊によるタブーの背景

ここまでの考察により、『日書』に見える神霊によるタブーは独自の性質を有するものであることが確認できた。では、その独自性は何に由来するのであろうか。その背後にあるものを探るに当たって、本節では手掛かりとして、R・R・マレットの「タブー・マナ公式」を利用して、『日書』に見える神霊によるタブーを解釈してみたいと思う。

マレットのタブー・マナ公式とは、超自然的なものの性質を表現するものである。すなわち超自然的なものは消極的と積極的との二つの存在の様式を持っており、その消極的方面が「タブー」（猥りに近づいてはならないという禁止）であり、積極的方面が「マナ」（尋常以上の力を持つもの・神秘的勢力）である(64)。竹中信常氏は「マナとタブーとは或る力的実在の表裏であり、それが力として作用する面がマナであり、その力に対する人間の態度がタブーであるといい得る。ラヂウムはそれ自体は極めて強い力であり、これを利用すれば極めて有効なものであるが、それに対する取扱いは慎重を期さねば危険なものである。マナもまたそれを呪術等に用いれば非常に役に立つが、その用法を誤ったり濫りに接近したりすれば危険なのである」と説明する(65)。

かかる考え方を『日書』に見える神霊によるタブーに応用すれば、①神煞・天神による日忌（タブー）は、これらの神霊の力（マナ）に対する人間の態度であり、日忌（タブー）を破った際に降される災いは、その力（マナ）によるものと解釈できる。②祖先・五祀・職能神といった身近な神霊もまた力（マナ）を有するもので、その神霊を祭って福を得ようとする行為は、祭祀を通じて、その力（マナ）を獲得するために行うものである。祭祀によって力（マナ）を得ようとすることは、すなわち神霊の力（マナ）を利用することにほかならないが、そのような尋常以上の力の取り扱いには慎重を期さねばならない。故に、そのような行為にはタブー（ここでは祭祀の日忌）が附随するのだ、と考えることができる。(66)

祖先・五祀・職能神といった身近な神霊と、神煞・天神といった高位の神霊とは、一方は人によって祭祀され、一方は祭祀されないという違いはあるが、そのタブーの背後には、共通して力の観念が見て取れるのである。ではなぜ、身近な神霊は祭祀されるが、高位の神霊は祭祀されないのであろうか。筆者は、この両者の違いの理由は「畏敬感」によって説明できると考える。(67)

事物・現象・行為がタブーとされるのは、これらに内在するマナを怖れての結果であるとされる。(68) しかし、マレットに拠れば、それは単なる恐怖ではなく、マナという超自然な異常なものに対する畏敬であり、それ故、タブーには莫大な量の畏敬感が附随している。(69)

『日書』中には、日忌に対して人々がどのような感情を抱いていたかについては明記されていない。が、『史記』太史公自序・六家之要指に「嘗て竊かに陰陽の術を観るに、大詳(70)にして忌諱衆《おほ》く、人をして拘《とら》はれて畏るる所多からしむ」と云い、『論衡』譏日篇には「事を擧げて凶と曰へば、人、凶の、效有らんことを畏れ、……以て相ひ戒懼す」と云い、『論衡』辨祟篇には択日に関して、世俗は「病を發し禍を生じ、法に絓《かか》り罪に入り、死亡に至り、家を殫《つく》し門を滅するは、皆な重愼せず、忌諱に犯觸するの致す所なり」と考えていると云う。これら日忌に対する「畏れ」「戒懼」「重慎」といった感情・態度は、超自然への畏敬感が存在していた証拠と考えてよかろう。『日書』に見える日忌においても、同様にその背後に畏敬感が存在しているのではなかろうか。

『日書』においては、身近な神霊と高位の神霊とは両者とも、人間にタブーを課す存在とされる。このことは、両者がともに畏敬の対象となっていることを示すものであろう。であるならば、両者への態度が異なる（一方は祭祀され、一方は祭祀されない）のは、両者への畏敬の度合いが異なることによるのではなかろうか。

例えば、未開民族には、その民族の至上神に対して一切の礼拝を行わず、祈りも犠牲も感謝も捧げず、ただその神を怖れ、その神の定めた戒律に従うだけの態度を取るものがある。(71)これは、人は、最も畏敬すべき存在（例えば至上神）へは、ただただその存在を怖れるだけの態度を取る場合があることを示すものと考えられる。要するに、最も畏敬すべき存在へは、その畏敬の故に、交渉不可能であるという態度を取ることがあるのである。

中国においては、卜辞に至上神である上帝への祭祀が見えないことから、殷代には上帝は祭祀されることはなかったと考えられている。(72)筆者は、殷代に上帝祭祀が行われなかった理由は、最も畏敬すべき存在へは、その畏敬の故に、交渉不可能であるという態度を取ったからだと考える。(73)『日書』においても、このような心的態度（つまり畏敬感）が存在しており、神煞・天神といった神格が高いと考えられる神霊へは祭祀という直接的交渉が不可能とされたのであろう。

むすび

本章では択日の書である『日書』の根幹をなすと考えられる日のタブー（日忌）に着目し、その中でも神霊によるタブーに焦点を絞って、分類および考察を行った。そこから確認できたことは次の通りである。

従来の研究により、『日書』は択日の書つまり通書であり、後世の通書がそうであるように、凶を避け吉に趨《おもむ》くという実利追求を目的とした書物であり、功利的な性質を有する、とされている。しかし、神霊によるタブーに関する部分は、単純に「功利的」とは言えない特徴を有している。

すなわち、後世の通書には高位の神霊を祭祀する記述が見えるのに対して、『日書』においては高位の神霊である神煞・天神は祭祀の対象になっていない。その理由としては、最も畏敬すべき存在へは、その畏敬の故に、交渉不可能であるという態度を取ったからだと考えられる。

『日書』において祭祀の対象となるのは、祖先・五祀・職能神といった人々に身近な神霊である。が、これらに対する祭祀において、日忌(タブー)が規定されている以上、身近であってもそれらを怖れていないわけではない。そこにも(高位の神霊に対してのものとはその度合いが異なるが)畏敬感がある。

神煞については、後世の通書に多くの吉神が掲載されているのに対し、『日書』においてはその殆どが凶煞であり、吉神は見えない。思うに、凶煞に対するタブーは、その神秘的勢力に対する人間の態度であり、それは超自然に対する畏敬をその根源とするものである。しかし、『日書』に見えず、後世になって現れる「吉神に当たりさえすれば吉である」という考え方には、神霊に対するタブーがなく、そこには、神霊に対する畏敬は稀薄であり、むしろ人間の功利的な態度が見て取れる。『日書』における神煞の殆どが凶煞であり、吉神が見えないことは、『日書』において、神霊に対しては後世のようなただ功利のみを追求するような態度を取ることがないことを示すのである。

以上を要するに、『日書』の中でも、神霊によるタブーに関する部分においては、その背後には、功利的な態度というよりはむしろ、神霊に対する畏敬感が存在していると考えるべきなのである。

最後に、『日書』に見える神霊によるタブーが原始的なものであろうことを指摘して本章を終えたい。すなわち、宇野円空はタブーについて次のように考えている。

> 禁忌の原始的な習慣を総括するものとしての tabu を共感的な罰や祟、その他の神秘的制裁を予想しての功利的行動であり、すべて一種の消極的な呪術だと見ることは謬であつて[74]、それは原始的なものほど却つて実利的な目的をもたず、たゞその神秘的権威に対する無意的衝動的な表出運動やその他の態度としてあらはれてゐる。[75]

かかる考えを前提とすれば、『日書』に見える神霊によるタブーは、超自然に対する畏敬感をその根源とするという点で、原始的な態度に近いものと見做し得よう。

要するに『日書』は基本的には実利追求の書であるのだが、神霊に関する部分においては、畏敬感に基づく原始的な態度をなお保存しているのである。考えるに、かかる事実は原始的な信仰の通俗的占術への変化を示すものであり、『日書』は未だ完全には通俗化・民衆化・功利化しきらない、その過程、途中経過において成立した術数書なのではなかろうか（次章ではこの問題について神煞を中心にして論じる）。

本章での考察は、『日書』におけるタブーの一面を明らかにしたに過ぎない。しかしながら、本考察を通じて、『日書』という書物の中国古代文化における意味と、その書物としての成立過程の一端および以後の展開を探るための端緒を示すことができたかと思う。

（1）　松本浩一「民間占いアラカルト」（『月刊しにか』一九九六年七月号）を参照。また、瞿海源氏が一九八五年・一九九〇年・一九九五年の三度に渉って行った台湾におけるアンケート調査に拠れば、約八割の人が結婚・引越・開業・葬式において吉日を選ぶ必要があると答えている。次の通り。

結婚	必要ある　八四・五％	必要なし　六・三％	どちらでもよい　八・二％
引越	必要ある　七八・九％	必要なし　八・二％	どちらでもよい　一〇・六％
開業	必要ある　八一・三％	必要なし　六・四％	どちらでもよい　七・一％
外出・旅行	必要ある　一五・四％	必要なし　五二・一％	どちらでもよい　二九・一％
葬式	必要ある　八七・七％	必要なし　五・四％	どちらでもよい　四・四％

外出・旅行については非常に頻繁で日を選ぶのが不可能なため一五・四％に留まっている。瞿海源『宗教、術数与社会変遷（一）』（桂冠図書股份有限公司、二〇〇六年）第一〇章「術数流行与社会変遷」を参照。

（2）　中央研究院民族学研究所による一九八四年の調査に基づく。呂理政・荘英章「台湾現行農民暦使用之検討」（李亦園・荘英章編『「民間宗教儀式之検討研討会」論文集』所収、中国民族学会、一九八五年）を参照。また柿子編著『結婚、搬家、開市、生小孩，第一次挑日子就該懂的農民暦常識』（柿子文化事業有限公司、二〇一一年）に拠れば、台湾における一年間の農民暦（通書の別称）の総印刷量は約二〇〇〇万冊にも達すると云う。

（3）　睡虎地秦簡『日書』および各地出土の『日書』の出土状況等については本書第一部解題篇を参照。

（4）伝世文献では、例えば、『論衡』四諱篇・調時篇・譏日篇・辨祟篇・難歳篇に、後漢時代において択日が流行していたことを示す記事がある。

（5）于豪亮「秦簡《日書》記時記月諸問題」（中華書局編輯部編『雲夢秦簡研究』所収、中華書局、一九八一年）では「《日書》是關于選擇日子吉凶的迷信書籍」と云い、饒宗頤・曽憲通『雲夢秦簡日書研究』（中文大学出版社、一九八二年）一頁では「日書者、當是日者所用以占候時日宜忌之書」と云う。

（6）劉楽賢『睡虎地秦簡日書研究』（文津出版社、一九九四年）、特に第三章「睡虎地秦簡《日書》的内容与性質」を参照。

（7）三浦國雄「通書の世界」（同氏著『風水・暦・陰陽師』所収、榕樹書林、二〇〇五年）。

（8）三浦國雄「通書『玉匣記』の初歩的研究」（同氏前掲『風水・暦・陰陽師』所収）。

（9）南宋『三暦撮要』（別名『三術撮要』）などがある。阮元の提要（清・阮元撰、鄧経元点校『揅経室集』中華書局、一九九三年、一二二〇頁）を参照。

（10）例えば、後世の通書は風水に紙数を割くものが多いが、『日書』にも後世の風水に類する記述がある。甲種「人字」篇（簡150壹～154貳）は、多くの後世の通書に掲載される「黄帝四季詩」（日本の『運勢暦』にも「皇帝四季の占い」などとして掲載される）と同類の占いである。乙種「夢」篇の後半部分（簡189壹～193壹）は夢占いになっているが、後世の通書にも夢占いが掲載されることなど。

（11）『日書』を、功利的性質を有する書物と見做す研究に、林剣鳴「従秦人価値観看秦文化的特点」（『歴史研究』一九八七年第三期）、李暁東・黄暁芬「従《日書》看秦人鬼神観及秦文化特徴」（『歴史研究』一九八七年第四期）、蒲慕州「睡虎地秦簡《日書》的世界」（『中央研究院歴史語言研究所集刊』第六二本第四分、一九九三年）などがある。

（12）穂積陳重「「タブー」と法律」（鳩山秀夫編『土方教授在職廿五年記念私法論集』所収、有斐閣書房、一九一七年）。

（13）睡虎地秦簡『日書』からの引用は睡虎地秦墓竹簡整理小組編『睡虎地秦墓竹簡』（文物出版社、一九九〇年）の釈文を底本とし、簡番号もこれに従う。ただし、釈文を改めた箇所も多いが、これについては逐一注記しない。

（14）タブーについての総合的な研究に竹中信常『タブーの研究』（山喜房佛書林、一九七七年）がある。竹中氏はタブーを①宗教的タブー、②呪術的タブー、③教訓的タブー、④伝説的タブー、の四つに分類している。宗教的タブーとは、「その禁止の理由あるいは禁止侵犯に対する罰の原動がいずれも神霊等の宗教的存在から出ている」もの。これに対して、呪術的タブーは、「その背後になんら具体的な観念的実体を予想することなく、もっぱら類似・伝染・連合・接触等の呪術原理を基本とするもの」である。教訓的タブーとは、「食事をしてすぐ横になると牛になる」などの類。伝説的タブーとは、そのタブーが「それぞれの「いわれ」をもち、この「いわれ」が一つの物語りを構成している」もので、「別のいい方をすれば、タブー習俗の原因と結果をつなぐ脈絡が一つの物語りにまで組上げられている」ものを云う（竹中信常前掲『タブーの研究』三一〜三四頁）。『日書』における神霊によるタブーは、竹中氏の分類の宗教的タブーに相当するものと言えよう。また、『日書』には伝説的タブーに相当すると考えられるものも幾つか確認できる。甲種「朔望弦晦」篇（簡27貳）の帝と巫咸の伝説によるタブー、甲種「艮山」篇（簡47參）および『香港中文大学文物館蔵簡牘』（陳松長編著、香港中文大学文物館、二〇〇一年）所収『日書』（以下、香港『日書』と略記）簡34に見える禹の伝説によるタブー、甲種「取妻出女」篇（簡155）・甲種「取妻出女」篇（簡3背壹）の牽牛と織女の伝説によるタブー、甲種「取妻出女」篇（簡2背壹）・香港『日書』簡25に見える塗山の女と禹の伝説によるタブー、『九店楚簡』（湖北省文物考古研究所・北京大学中文系編、中華書局、二〇〇〇年）所収『日書』簡38下〜39下の帝と益と禹の伝説によるタブーなど。竹中氏に拠れば、伝説的タブーは、個々の特定の事物・現象・行為などに関するタブーが伝説的形態をとったもので、本質的にも発生的にも二次的なものであるとされる（竹中信常前掲『タブーの研究』三三〜三九頁）。『日書』における伝説的タブーについての考察は他日に期したい。

(15)　本章はその内容上、『日書』に見える神霊について考察した研究と関連する。そのような研究には、蒲慕州前掲「睡虎地秦簡《日書》的世界」、同氏著「《日書》与《山海経》所見戦国末年之民間信仰」（同氏著『追尋一己之福――中国古代的信仰世界』所収、允晨文化、一九九五年）、林剣鳴前掲「従秦人価値観看秦文化的特点」、李曉東・黄曉芬前掲「従《日書》看秦人鬼神観及秦文化特徴」、同両氏著「秦人鬼神観与殷周鬼神観比較」（『人文雑誌』一九八九年第五期）、呉小強「論秦人宗教思維特徴――雲夢秦簡《日書》的宗教学研究」（『江漢考古』一九九二年第一期）、同氏著「論秦人的多神崇拝特点――雲夢秦簡《日書》的宗教学研究」（『文博』一九九二年第四期）、徐富昌「睡虎地秦簡《日書》中的鬼神信仰」（張以仁先生七秩寿慶論文集編輯委員会編『張以仁先生七秩寿慶論文集』所収、台湾学生書局、一九九九年）、張瓊文『《睡虎地秦簡・日書》巫術文化研究』（国立政治大学中国文学系碩士論文、二〇一二年）第二章「《日書》中的鬼神観」などがある。しかしながらこれらの研究は、神霊をカタログ的に紹介・分類するのみで、択日および日忌と神霊との関係を考慮に入れていない。『日書』は択日書であるから、当然のこととして、『日書』択日部分に見える神霊は必ず択日と何らかの形で関係するものと考えられる。よって、択日の観点を抜いて、『日書』の神霊を理解することはできないのではなかろうか。本章は、択日・日忌より神霊を考察するものであり、具体的には、これまでの研究が神霊の種類により神霊を分類したのと異なり、神霊をそのタブーの性質に則して分類し、神霊によるタブーを通して『日書』に表された神霊観を探るものと言え、この点が従前の研究との違いと言えよう。

(16)　『日書』の択日および択日の禁忌に言及する研究としては、管仲超「従秦簡《日書》看戦国時期的択吉民俗」（『武漢教育学

院学報』第一五巻第五期、一九九六年）、馬新「漢代民間禁忌与択日之術」（『民俗研究』一九九六年第一期）、張寅成『中国古代禁忌』（稲郷出版社、二〇〇〇年）、章瑄文「趨吉避凶――先秦両漢択吉術研究之回顧与展望」（『百齢高中学報』第二期、二〇〇二年）、劉道超「秦簡《日書》択吉民俗研究」（『広西師範大学学報（哲学社会科学版）』第四〇巻第三期、二〇〇四年）、同氏著『択吉与中国文化』（人民出版社、二〇〇四年）、同氏著「論漢代択吉民俗的発展及其特徴」（『広西師範大学学報（哲学社会科学版）』第四二巻第一期、二〇〇六年）、劉増貴「禁忌――秦漢信仰的一個側面」（『新史学』第一八巻第四期、二〇〇七年）、王光華『簡帛禁忌研究』（四川大学博士論文、二〇〇七年）、同氏著「禁忌与戦国秦漢社会」（『求索』二〇〇七年第三期）、臧克和「時間与禁忌――秦簡《日書》」（同氏著『簡帛与学術』所収、大象出版社、二〇一〇年）、張瓊文前掲『《睡虎地秦簡・日書》巫術文化研究』第三章第三節「生活禁忌」などがある。

（17）筆者とは、その見解を異にするが、かかる試みを行った数少ない研究のひとつに工藤元男「建除よりみた「日書」の成立過程試論」（『中国――社会と文化』第一六号、二〇〇一年）がある。

（18）例えば、明・万暦二五年（一五九七年）刊行の日用類書『五車抜錦』剋択門（坂出祥伸・小川陽一編『中国日用類書集成』第二巻、汲古書院、一九九九年、五〇・五四頁）では吉神の運行と宜事が列挙してある箇所の表題に「諸吉星類」とあり、凶煞の運行と忌事が列挙してある箇所の表題に「諸凶星類」とある。また例えば神煞「帰忌」（現代日本の『運勢暦』などにも「帰忌《きこ》日」として掲載される）について日本の陰陽道書である『暦林問答集』釈帰忌第三十五に次のように説明される（引用文中の『暦例』は『日本国見在書目録』に著録されている漢籍である）。

或問、歸忌何也。答曰、『暦例』云、歸忌者、天棓星之精也。此星上衝紫宮、下防門闕。凡有四名、一曰歸忌、二曰歸化、三曰天之小女、四曰歸來主也。丑寅子日、自天降地而來、居人家門、防禦歸家所、故遠行、歸家、移徙、嫁娶、加冠、入國、皆不吉也。

このように「帰忌」が星の精であると説明される（他の神煞に対しても同様の説明がなされる）。因みに天棓星はヘラクレス座のιなどの星から成る星座である（陳遵嬀『中国天文学史』上海人民出版社、二〇〇六年、一九八頁）。神煞については、沈祖祥『中国方術大全 択日』（中華書局（香港）有限公司、一九九七年、八五頁）、陳永正主編『中国方術大辞典』（中山大学出版社、一九九一年、四一頁「神煞」）も参照。なお、本書第二部第二章においても神煞について検討を加える。

（19）神煞は、日以外にも、年・月・時・方角・人体に当て嵌められるものであるが、『日書』において確認できるのは、日および方角に関するもののみであるため説明を省略する。

（20）睡虎地秦墓竹簡整理小組前掲『睡虎地秦墓竹簡』二二六頁および劉楽賢前掲『睡虎地秦簡日書研究』二九七～三〇〇頁を

参照。

（21）天理はおおぐま座の66などの星から成る星座（陳遵嬀前掲『中国天文学史』一九八頁）とされるが、「実際に、魁の中に数個の星は存在するが、中国の星図にあるように明らかな四角形は、いかに澄んだ夜空でも認められない」（福島久雄『孔子の見た星空』大修館書店、一九九七年、四〇頁）とのことである。

（22）乙種「行」篇（簡132～137）にほぼ同文が見える。

（23）整理小組の注に「衣，寢衣，即被子。《論語・鄕黨》：「必有寢衣，長一身有半。」集解引孔安國：「今之被也。」」とある（睡虎地秦墓竹簡整理小組前掲『睡虎地秦墓竹簡』二〇一頁）。つまり「夫妻同衣」は夫婦同衾の意。なお、工藤元男氏は「夫妻同衣」を下衣の交換と見做す説を提出するが、「同」に交換の意味はないため、成り立たない。工藤元男『睡虎地秦簡よりみた秦代の国家と社会』（創文社、一九九八年）二二九頁。

（24）睡虎地秦簡『日書』では「不可具爲百事。皆毋所利」に作るが、香港『日書』簡58が「不可以暈爲火，百事皆毋所利」に作ることに拠り改めた。「暈」字については、『説文』巻十四上の段玉裁注では「大車」の意とするが、ここの文と合わない。おそらく火をおこす道具の名称であろう。陳松長前掲『香港中文大学文物館蔵簡牘』三二～三三頁を参照。

（25）津田左右吉「上代支那人の宗教思想」（『津田左右吉全集』第二八巻所収、岩波書店、一九六六年）。『淮南子』天文訓に「何謂五星。東方木也、其帝太皞、其佐句芒、執規而治春。其神爲歳星。……南方火也、其帝炎帝、其佐朱明、執衡而治夏。其神爲熒惑。……中央土也、其帝黄帝、其佐后土、執繩而制四方。其神爲鎭星。……西方金也、其帝少昊、其佐蓐收、執矩而治秋。其神爲太白。……北方水也、其帝顓頊、其佐玄冥、執權而治冬。其神爲辰星」とある。「赤帝」についてはここでは「炎帝」と呼ばれているが、熒惑すなわち火星と見做されている。

（26）五帝座はしし座のβなどの星から成る星座（陳遵嬀前掲『中国天文学史』二〇三頁）。『晋書』天文志の文は『史記正義』にもほぼ同文が見られる。部分的に同内容の記事が緯書の多くに見える。『詩含神霧』『春秋文耀鉤』『春秋運斗枢』など。顧頡剛・楊向奎「三皇考」（『古史辨』第七冊中編所収）を参照。

（27）大内を築けば、大人が死ぬ等、建築する箇所によって死ぬ者が規定されているが、なぜそのような対応関係になるのか、その理由についてはよくわからない。

（28）この他、中国社会科学院歴史研究所編『甲骨文合集』（中華書局、一九七八～八三年）一四二〇〇・一四二〇二・一四二〇三・一四二〇四・一四二〇六・一四二〇七にも見える。また赤塚忠『中国古代の宗教と文化』（研文社、一九九〇年復刻版）四九四～四九九頁も参照。

(29)「帝」については他に、甲種「求人」篇(簡153參)に「戊子以有求也、必得之。雖求頻啻(帝)、必得」とあるが、「頻」字の意味するところが不明のため(整理小組は「告」、劉楽賢氏は「求」に解するが、それでも文意は通らない)、その内容がよくわからない。

(30) 甲種「取妻出女」篇(簡147背)には「壬申會癸酉、天以壞高山。不可取婦」とある。

(31) 劉楽賢前掲『睡虎地秦簡日書研究』一三三〜一三四頁および二八〇〜二八一頁を参照。

(32) 乙種「避忌」篇(簡126)には「毋以子卜筮、視□□□□□、命曰毋(無)上剛」とある。

(33) 整理小組は『楚辞』九歌・東皇太一の王逸注より上皇は東皇太一であるとする。しかし石川三佐男氏の研究に拠れば東皇太一という神概念が成立するのは前漢以降であって、整理小組の説は成り立たない。石川三佐男「太一信仰の考古学的検討から見た『楚辞』の篇名問題――「東皇太一」――」(郭店楚簡研究会編『楚地出土資料と中国古代文化』所収、汲古書院、二〇〇二年)を参照。

(34) 饒宗頤氏は、驕母は禹の妻の后趫(＝塗山の女)のこととする。饒宗頤「雲夢秦簡日書賸義」(饒宗頤・曽憲通『楚地出土文献三種研究』所収、中華書局、一九九三年)。

(35) 広義の祭祀には、積極的な祭祀である祈福(狭義の祭祀)と消極的な祭祀である祓禳(いわゆる解除・祓除)の両義がある(池田末利「告祭考」を参照。同氏著『中国古代宗教史研究』所収、東海大学出版会、一九八一年)。『日書』択日部分においては祈福は「祭」「祭祀」「祠祀」「祠」「壽(禱)」「禱祠」などと表記され、祓禳は「兌(説)」「説」「除」「徐(除)」などと表記され、明確な区分がなされている。本章で言う「祭祀」とは、前者を指すものである。

(36) 筆者と見解を異にするが、『日書』に見える祭祀対象について纏めたものに、劉楽賢氏と池澤優氏のものがある。劉楽賢前掲『睡虎地秦簡日書研究』四四〇〜四四五頁、池澤優『「孝」思想の宗教学的研究』(東京大学出版会、二〇〇二年)一四一頁。

(37)「丁丑・亥」は「丁丑・丁亥」の省略表記。この表記法は『日書』に習見する。以下、この省略表記については逐一注記しない。

(38) 父母のみの祭祀を「祖先祭祀」と称するのは問題があるが、劉楽賢氏・池澤優氏に従って祖先祭祀と表記する(劉楽賢前掲『睡虎地秦簡日書研究』四四一頁、池澤優前掲『「孝」思想の宗教学的研究』一四一頁)。なお「祖先」という概念について詳しくは池澤優前掲『「孝」思想の宗教学的研究』(特に第一章)を参照。

(39)『日書』中の五祀と伝世文献に見える五祀との関係については、劉楽賢前掲『睡虎地秦簡日書研究』四四一〜四四二頁、工藤元男「禹の変容と五祀」(同氏前掲『睡虎地秦簡よりみた秦代の国家と社会』所収)を参照。伝世文献に見える五祀については池田末利「五祀考」（同氏前掲『中国古代宗教史研究』所収）を参照。

(40)　劉楽賢「睡虎地秦簡《日書》〝龍〟字試釈」（同氏著『簡帛数術文献探論』所収、中国人民大学出版社、二〇一二年）を参照。劉氏に拠れば、「龍」は「讋」の省字で、『淮南子』汎論君の高誘注に「讋、忌也」とある。

(41)　その他、甲種「除」篇（簡4貳～5貳）に「門」「行」、甲種「祭祀」篇（簡79貳）に「行」、乙種「祭祀」篇「祠」部分（簡148）に「室」「戸」への祭祀日の規定が見え、乙種「祭祀」篇「行祠」部分（簡144）には行神と考えられる「常行」への祭祀日の規定が見える。乙種「諸行日」篇「行忌」部分（簡143）には「常行」を祭る際の場所の規定が見える。乙種「祭祀」篇「行祠」部分（簡145～146）に行神祭祀の具体的方法の記述があり、そこには行神の名が「大常行」と記されている。「常行」「大常行」については、『管子』五行篇に黄帝の臣として「大常」が見え、六壬式占の十二神将の一人に「太常」がいる。『日書』の「常行」「大常行」と何らかの関係があるかもしれない。

なお、工藤元男氏は、同氏前掲『睡虎地秦簡よりみた秦代の国家と社会』第六章・第七章および同氏著『占いと中国古代の社会』（東方書店、二〇一一年）第五章において、禹が行神であるという見解を示すが、これには問題がある。まず、『日書』をはじめとした出土文献にも伝世文献にも禹を「行神」と見做す記述は確認できない。次に、工藤氏自身が行神を「行旅のさいに祭られる神である」（同氏前掲『睡虎地秦簡よりみた秦代の国家と社会』二〇五頁）と定義するが、『日書』中には禹は、禹歩と五画地を伴う出行儀式（本書第二部第三章を参照）において、禹歩という歩行術の名称および呪文の中で言及されるに過ぎない。決して祭祀の対象にはなっていないのである。出行の儀式に禹が言及される以上、禹は旅行の神としての機能を担ったと見做すことはできる（池澤優「本邦初の『日書』と卜筮祭禱簡に関する包括的概説書」『東方』第三七六号、二〇一二年を参照）。しかし文献上の記述が見付けられない限り、禹が旅行神としての性格を（も）有する、とは言えても、禹が「行神」である、と言うことはできまい。工藤氏の見解はややもすれば秦代に禹が「行神」と呼ばれていたかのような誤解を招きかねない。注意されたい。

(42)　劉楽賢前掲『睡虎地秦簡日書研究』一二二～一二三・四四二頁。

(43)　湖北省江陵県文物局・荊州地区博物館「江陵岳山秦漢墓」（『考古学報』二〇〇〇年第四期）。釈文も該論文に掲載のものを引用した。なお、最近、劉国勝氏によって新たな釈文が発表されており、それに拠れば、該当箇所は次のようになっている。

巫咸乙巳死、勿以祠巫。巫龍、丙申・丁酉・己丑・己亥・戊戌。

田大人丁亥死、勿以祠之。

劉国勝「江陵岳山秦牘《日書》研究」（渡邉義浩編『中国新出資料学の展開』所収、汲古書院、二〇一三年）に拠る。岳山『日書』については本書第一部解題篇を参照。

(44)「五丑」とは乙丑・丁丑・己丑・辛丑・癸丑の日のこと。

(45)劉楽賢前掲『睡虎地秦簡日書研究』四一～五三頁。なお「杜主」について、整理小組の注は『史記』封禅書の杜主(杜伯)のこととし、劉楽賢氏は『華陽国志』蜀志の杜宇もしくは土主とする。考えるに、敦煌遺書P二六六一背『諸雑略得要抄子一本』に「杜康」の死日の禁忌が見える。よって「杜主」は「杜康」のことではなかろうか。杜康は酒を発明した人物とされたため、後世まで酒造業の職能神として崇拝された。

(46)王子今氏は、睡虎地秦簡『日書』との比較から「田□人」は「田大人」であるとする。王子今『睡虎地秦簡《日書》甲種疏証』(湖北教育出版社、二〇〇三年)五〇八頁を参照。

(47)劉楽賢前掲『睡虎地秦簡日書研究』一九八・二一〇～二一一頁を参照。

(48)『路史』(四庫全書本等)では「禱祠神祈」に作るが、『佩文韻府』巻十之一「女媒」の項を引く『風俗通義』が「禱祠神祇」に作ることに拠り改める。

(49)小林太市郎「高禖考」(『支那学』第一〇巻特別号、一九四二年)。

(50)なお、後世の職能神については李喬『行業神崇拝——中国民衆造神運動研究』(中国文聯出版社、二〇〇〇年)を参照。また日本にも職能神に関連する日忌がある。竹中信常前掲『タブーの研究』二七八・三〇三・三一七～三二〇頁を参照。

(51)大川俊隆「雲夢秦簡『日書』「詰篇」初考」(『大阪産業大学論集 人文科学編』第八四号、一九九五年)を参照。

(52)甲種「詰咎」篇中、「人毋(無)故」は一三回見える。この他、これに類するものに、「一宅之中毋(無)故」「一宅中毋(無)故」「室毋(無)故」「竈毋(無)故」「人之六畜毋(無)故」が見える。

(53)甲種「詰咎」篇中、「恆」は二四回見える。

(54)工藤元男「睡虎地秦簡「日書」における病因論と鬼神の関係について」(『東方学』第八八輯、一九九四年)を参照。

(55)父母と巫とは、択日部分にも見える。この点について筆者は次のように考える。『左伝』昭公七年に「匹夫匹婦強死、其魂魄猶能馮依於人、以爲淫厲」とあり、死者が恣意的に祟りをなすのは、非業の死を遂げたが故とする。これより、非択日部分に見える父母や巫が祟りをなすのには、非業の死や祭祀を受けていないなど恨むべき理由がその背後にあるものと想像できる。であるから、常祀を受けている択日部分の父母や巫がなす(タブー違反による)祟りとは質的に異なるものと考えるべきである。

(56)甲種「病」篇・甲種「詰咎」篇・乙種「十二支占卜」篇・乙種「有疾」篇に見える神霊については工藤元男氏・池澤優氏

が纏めたものがある。工藤元男前掲「睡虎地秦簡「日書」における病因論と鬼神の関係について」、池澤優前掲『「孝」思想の宗教学的研究』一四二頁。

(57) 甲種「詰咎」篇の「大神」(簡27背貳)・「上神」(簡31背貳・39背參)・「上帝子」(簡38背參)は一見その名称から天神の類と考えられそうであるが、「大神」は整理小組が社神であることを指摘しており、「上神」は『風俗通義』佚文(呉樹平『風俗通義校釈』天津人民出版社、一九八〇年、四四八頁・王利器『風俗通義校注』中華書局、一九八一年、五八三頁)において江水の神を「上神」と呼んでおり、どちらもいわゆる地祇の類に相当しよう。「上帝子」については、下級の鬼怪が詐称しているに過ぎないことは王子今氏が既に指摘している。王子今前掲『睡虎地秦簡《日書》甲種疏証』四三三頁を参照。

(58) 岡田重精氏は、神仏などによるタブー違反に伴う罰としての祟りと、怨霊や動物霊の単なる憑霊現象や恣意的に災禍を及ぼす現象とは区別すべきだと云う。岡田重精「たたり」(小口偉一・堀一郎監修『宗教学辞典』東京大学出版会、一九七三年)を参照。筆者が、択日部分の神霊と非択日部分の神霊とがその性質において根本的に異なる存在であると主張するのは、これが故である。

(59) 竹中信常前掲『タブーの研究』二九〇頁。ここで日忌が他のタブーのように回避できないと言うのは、タブーそのものを回避できない意で、タブー違反による災いが回避できない謂いではない(タブーとされる行為を慎めば、当然その災いを回避できる)。柳田國男「忌と物忌の話」(『柳田國男全集13』所収、ちくま文庫、一九九〇年)も参照。

(60) ただし、日忌を犯した際に発生するであろう災いを、あらかじめ防禦する術は、『日書』に記載されている。外出・旅行の凶日に出発した際の災いを防禦するため、出発前に行う術が本書第二部第三章で検討する禹歩と五画地を伴う出行儀式である。

(61) 『日書』中の神煞を、ある行動をなすのに良い日だとされるものを「吉神」、ある行動をなすのに悪い日だとされているものを「凶煞」、ある行動をなすのには吉、ある行動をなすのには凶だとされている日を「吉凶を兼ねる神煞」、吉凶についての記載がなく吉凶が不明のものを「吉凶不明の神煞」として分類した(表2参照)。ただし、ここで「吉神」「凶煞」などの名称を分類に用いたのは、後世の名称を借用しただけであり、例えば、当時において『日書』の「凶煞」が凶々しい存在だと見做されていた、などと言いたいわけではないので注意されたい。詳しくは本書第二部第二章で論じる。

(62) 『三才図会』のこの部分は明・朱権『臞仙肘後経』天運星煞値日図目録(四庫全書存目叢書編纂委員会編『四庫全書存目叢書』所収、斉魯書社、一九九五～九七年)と同一であり、これより採録したもの。

(63) この『玉匣記』に載せる規定と同類のものは、現在も流布する通書にも見える。窪徳忠『道教の神々』(講談社学術文庫、一九九六年）一一五～一二〇頁を参照。『玉匣記』について詳しくは三浦國雄前掲「通書『玉匣記』の初歩的研究」を参照。
(64) タブー・マナ公式については、マレット（野村了本訳）『先霊観』（岡書院、一九三〇年）、同氏著（竹中信常訳）『宗教と呪術――比較宗教学入門――』（誠信書房、一九六四年）および竹中信常「マレットの宗教理論」（『大正大学研究紀要』文学部・仏教学部第三九輯、一九五四年）を参照。
(65) 竹中信常前掲「マレットの宗教理論」。
(66) なお、マレットは「マナは一方では全く非物質的であるが、同時に他方では、非人格的なものと人格的なものとの間を動揺してゐるものに相当してゐることを注意せねばならないのであつて、従つてマナはそれ自身吾々が「霊魂」とか「精霊」とか云ふところの多くのものに相当してゐる」（マレット前掲『先霊観』一五四頁）と指摘する。これは、『日書』において、例えば甲種「帝」篇の「帝」のような人格神的存在と、甲種「忌殺」篇の「天」のような非人格的存在がどちらもタブーを発する主体となっていることと符合する。
　この問題について、レヴィ・ブリュルは「融即律」を用いて説明を行った。すなわち、未開社会における「原始心性」においては、（因果律・矛盾律に基づく近代人の論理的な思考とは異なり）神秘的な共通性がある存在同士を「未分化」「無区分」「混合」「同一」に考える。これがいわゆる「融即律」であり、「本質的に神秘的であるため、それは一と多、個と全――極めて異ったものについてさえ――の同一を、融即の作用によって感ずると同時に表象するのに何の困難も感じない」。よって、未開社会において「神秘的な力」が、同時に人格的であり非人格的でもあり得るのだと説明する。レヴィ・ブリュル（山田吉彦訳）『未開社会の思惟（上）』（岩波文庫、一九五三年）一六二～一六九頁を参照。

　既に当時の中国は未開社会ではないが、レヴィ・ブリュルが中国の例を引いて示すように、かかる「前論理的」心性は非常に強靭であり、決して消え去ることなく、後世にまで残存している。同氏著『未開社会の思惟（下）』（岩波文庫、一九五三年）一九〇～一九二頁を参照。中国学の分野においては、この問題に関連する研究として石田秀実「伝統医学の自然観」（『中国――社会と文化』第八号、一九九三年）がある。石田氏は「気と互換的な神格」という考え方を提出している。参照されたい。
(67) 畏敬感については宇野円空『宗教学』（岩波書店、一九三一年）に詳しい。また竹中信常「タブーの心理」（同氏前掲『タブーの研究』所収）も参照。
(68) マレット前掲『宗教と呪術――比較宗教学入門――』一二二頁。
(69) マレット前掲『宗教と呪術――比較宗教学入門――』八三頁。
(70) 原文は「大祥」に作るが、『漢書』司馬遷伝が「大詳」に作ることに拠り改める。

(71) 宮田元「至上神」(小口偉一・堀一郎前掲『宗教学辞典』)を参照。

(72) 池田末利「商末上帝祭祀の問題」(『東洋学報』第七三巻第一・二号、一九九二年)を参照。

(73) 池田末利氏はその理由として至上神は知的要求から発する理論的存在であるがために、これに対する儀礼が欠如しているとする(池田末利前掲「商末上帝祭祀の問題」)。筆者の考えは、胡厚宣氏の「以帝之至上独尊，不受人間之享祭」とする見解に近いものであろう。胡厚宣「殷代之天神崇拝」(同氏著『甲骨学商史論叢初集』所収、斉魯大学国学研究所、一九四四年)を参照。

(74) タブーを消極的呪術とするのはフレイザーの説。フレイザー(永橋卓介訳)『金枝篇(一)』(岩波文庫、一九六六年改版)七二頁を参照。またマレット「タブーは消極的呪術であるか」(同氏前掲『宗教と呪術――比較宗教学入門――』所収)も参照。

(75) 宇野円空前掲『宗教学』二六九頁(傍点は引用者による)。

[補注] 池澤優氏は包山楚簡・望山楚簡の卜筮祭禱記録に見える神霊を①「天神」、②「身近な神(祖先・土地神・五祀)」、③「厲鬼」の三つに分類している(池澤優「祭られる神と祭られぬ神――戦国時代の楚の「卜筮祭禱記録」竹簡に見る霊的存在の構造に関する覚書」『中国出土資料研究』創刊号、一九九七年。また同氏著「新蔡葛陵楚墓の卜筮祭禱簡の体例と祭祀について」『中国出土資料研究』第一一号、二〇〇七年も参照)。「天神」「厲鬼」は祭られぬ神、「身近な神」は祭られる神であり、「天神」「厲鬼」は人間に祟りを降し、それに対しては「思攻解」により祓うことがなされ、一方、人間と祭祀を通じてコミュニケート可能な神は「身近な神」とされる。この三分類は、本章でのタブーによる『日書』に見える神霊の分類結果である①「高位の神霊(天神・神煞)」、②「身近な神霊(祖先・五祀・職能神)」および③「非択日部分の神霊」とそれぞれ同定し得るかもしれない。しかしながら卜筮祭禱記録で天神に分類されるものは「日月」と「歳」のみであり、かつそれが「思攻解」すなわち祓いの対象となっている点で、本章での分類中の「天神」とその性格が一致しない。卜筮祭禱記録とはその名の通り、卜筮(亀卜と占筮)と祭禱の記録文書(中国語で言う「檔案」、日本語で言う「文書《もんじょ》」)であり、典籍である『日書』とは資料的性質を異にしているため、そこに見える神霊の種類やその性格も必ずしも一致するとは限らない。よってここでは、その分類が部分的には一致し得るであろうことを指摘するに留めたい。

択日部分	以行事為綫索類（事項別の記述）	38 吏篇 39 入官篇	45 入官篇
		37 作女子篇 40 取妻出女篇	
		16 祭祀篇	7 祭祀篇
		5 衣篇	30 製衣篇 31 初冠篇
		3 農事篇	5 農事篇
		23 作事篇 24 毀棄篇	26 作事篇
		46 十二支占卜篇	42 四季天干占死者篇
		17 諸良日篇	6 諸良日篇
		36 求人篇	
		47 忌殺篇	
		59 傅戸篇	
			14 見人篇
			27 責人篇
			37 問病者篇
			39 為圂篇
非択日部分	択日原理	13 歳篇（後半の秦楚月名対照表・日夕表） 44 日夕表篇	2 日夕表篇
		49 五行篇	17 五行篇
		50 直心篇	18 直心篇・20 天閻篇
			34 十二時篇
			43 干支篇
	雑占	34 生子篇 35 人字篇	46 生篇・12 方向占生子篇
		15 病篇	36 有疾篇・35 十二支占卜篇（第 3 部分）
		45 盗者篇	35 十二支占卜篇（第 2 部分） 48 盗篇
		7 鼠襄戸篇	
			25 占風篇
			38 夢篇（前半部分）
			47 失火篇
	風水	26 置室門篇 42 相宅篇	
	解除祈禱	41 夢篇	38 夢篇（後半部分）
		52 出邦門篇	21 出邦門篇
		43 詰咎篇	
		60 馬禖祝篇	
			7 祭祀篇（後半の行行祠）

表1　睡虎地秦簡『日書』甲乙種分類対照表

劉楽賢『睡虎地秦簡日書研究』（文津出版社、1994年）の篇番号・篇名に従って分類した。同一もしくは同内容の文を含む篇同士を横隣に配置し、内容的に関連する篇を点線内に入れてある。なお、本表の分類には、劉楽賢氏自身が行った分類とは異なる点が幾つかある（劉氏の分類については、『睡虎地秦簡日書研究』418～421頁を参照されたい）。劉氏の分類との大きな違いは、劉氏の分類にはない「雑占」の項目を設定したことである。劉氏は「生子篇」「人字篇」「病篇」「盗者篇」「鼠襄戸篇」を択日部分に含めるが、これらは「択日」すなわち、あらかじめ定められた日の吉凶を勘案して、その日の行為を選択すること、について書かれた内容ではない。よって本表ではこれらを「雑占」に分類した。

		甲　種	乙　種
択日部分	以時間為綫索類（時間別の記述）	1 除篇 2 秦除篇	1 除乙篇 3 徐篇
		4 稷辰篇	4 秦篇
		6 朔望弦晦篇	24 朔望篇
		8 男日女日篇	22 男日女日篇
		9 玄戈篇	
		11 艮山篇	
		13 歳篇（前半部分）	
		14 星篇	15 官篇
		18 帝篇	
		25 十二支避忌篇・27 避忌篇	29 避忌篇 40 辰日篇
		31 禹須臾篇	
		33 臽日敫日篇	13 四敫日篇・19 臽日篇
		48 視羅篇	44 視羅篇
		53 剌毀篇	11 剌毀篇
		57 天李篇	
		58 反支篇	
			28 甲子篇
	以行事為綫索類（事項別の記述）	22 土忌篇一・55 土忌篇二	8 壊垣篇
		19 起室篇 21 室忌篇	 23 室忌篇
		20 四向門篇 56 門篇	
		28 行篇一 29 帰行篇・51 行篇二 30 到室篇 32 十二支占行篇	32 行篇 33 逃亡篇・10 諸行日篇 35 十二支占卜篇（第1部分）
		10 遷徙篇 54 忌徙篇	41 嫁子刑篇 16 忌徙篇
		12 室去入寄者篇	9 入寄者篇

表2 睡虎地秦簡『日書』神煞一覧表

—直日神煞—

神煞名	正月	二月	三月	四月	五月	六月	七月	八月	九月	十月	十一月	十二月	宜 忌	簡番号	同一・類似の神煞
四灋(廢) 四灋(廢)日[1]	庚 辛	庚 辛	庚 辛	壬 癸	壬 癸	壬 癸	甲 乙	甲 乙	甲 乙	丙 丁	丙 丁	丙 丁	宜なし 忌爲室・覆屋・築室・作事・覆内・暴屋・蓋屋	甲 96 壹～101 壹 甲 102 壹～103 壹 乙 110 乙 111～112	放馬灘『日書』乙 95 壹～103 壹「四灋(廢)」「四灋(廢)日」 居延新簡 EPF22-372「囚〈四〉廢」 『永楽大典』20121「正四廢」20197「四廢日」「四廢之日」「正四廢」 香港『日書』61・『星暦』4・『協紀』5「四廢」
大敗日 日衛(衝)[2]	季庚 季辛	季庚 季辛	季庚 季辛	季壬 季癸	季壬 季癸	季壬 季癸	季甲 季乙	季甲 季乙	季甲 季乙	季丙 季丁	季丙 季丁	季丙 季丁	宜なし 忌娶妻・蓋屋・行	甲 1 背	放馬灘『日書』乙 94 壹「日衁(衝)」 香港『日書』61「日衛(衝)之日」 張家山『蓋廬』28・55「日橦(衝)」
爲室日	申	申	申	寅	寅	寅	巳	巳	巳	辰	辰	辰	宜なし 忌築室・築大内・築右序・築左序・築外垣・築北垣	甲 96 壹～101 壹	放馬灘『日書』乙 95 壹～103 壹「啻(帝)爲室日」
剽	卯	卯	卯	午	午	午	酉	酉	酉	子	子	子	宜不明 忌不明	甲 96 壹～101 壹	香港『日書』62 背「剽」
殺 殺日	辰	辰	辰	未	未	未	戌	戌	戌	丑	丑	丑	宜なし 忌殺六畜・娶婦・嫁女・禱祠・出貨	甲 96 壹～101 壹	放馬灘『日書』乙 95 壹～103 壹「殺」「殺日」
四敫 敫 敫日[3]	戌	戌	戌	丑	丑	丑	辰	辰	辰	未	未	未	宜爲嗇夫・漁獵・請謁・責人・執盜賊・求 忌初穿門・爲戸牖・伐木・壞垣・起垣・徹屋・祠祀・大祠・殺牲・殺豕	甲 107 壹 甲 136 肆～139 捌 甲 143 背～144 背 乙 77	放馬灘『日書』乙 363 香港『日書』60「四徼」 孔家坡『日書』172 『医心方』2 引く『蝦蟆経』・『陰陽雑書』8・『吉日考秘伝』14・『永楽大典』20121「四激日」 『星暦』4・『協紀』5「四擊」

赤啻(帝)臨日	上旬の午	上旬の亥	上旬の申	上旬の丑	上旬の戌	上旬の卯	上旬の子	上旬の巳	上旬の寅	上旬の未	上旬の辰	上旬の酉	宜なし 忌大行・遠行・飲食歌樂・聚畜生・夫妻同衣・以晕爲火	甲 127～130 乙 132～137	香港『日書』58～59 孔家坡『日書』108～110「臨日」 『抱朴子』登涉篇「入山之大忌」 『陰陽雜書』19・『吉日考秘伝』41「帝臨日」 『星曆』4・『協紀』6「臨日」
天李	子	卯	午	酉	子	卯	午	酉	子	卯	午	酉	宜なし 忌入官・入室	甲 145 背～146 背	居延新簡 EPT48-144・65-196・65-425B・疏勒河流域出土漢簡 437「天李」 『陰陽雜書』8「天季日」 『医心方』2 引く『湛餘経』「天季日」 『医心方』2 引く『耆婆法』「天獄日」 『星曆』4「天獄」 『協紀』6「天獄」「天火」
反枳(支)	子・丑が朔日の月は 6 日・18 日・30 日、寅・卯が朔日の月は 5 日・17 日・29 日、辰・巳が朔日の月は 4 日・16 日・28 日、午・未が朔日の月は 3 日・15 日・27 日、申・酉が朔日の月は 2 日・14 日・26 日、戌・亥が朔日の月は 1 日・13 日・25 日が反枳(支)。												宜不明 忌不明	甲 153 背～154 背	放馬灘『日書』乙 127～128・孔家坡『日書』123 貳～137 貳・尹湾『元延三年五月曆譜』・居延漢簡 111.6・居延新簡 EPT65-425B・疏勒河流域出土漢簡 153・437・『星曆』4・『協紀』6「反支」 『後漢書』49・『医心方』2 引く『蝦蟇経』・『陰陽雜書』8「反支日」 銀雀山漢簡『元光元年曆譜』「反」「子」
出亡歸死之日	乙丑	丙寅	甲子	乙丑	丙寅	甲子	乙丑	丙寅	甲子	乙丑	丙寅	甲子	宜なし 忌行・從遠行歸	甲 109 背～110 背	孔家坡『日書』145 壹 居延新簡 EPT65-22「歸死」 『後漢書』46「歸忌日」 『陰陽略書』「歸忌日」「歸化」「歸來」 『簠簋内伝』2-32「歸亡日」 『曆林問答集』35「歸忌」「歸化」「天之小女」「歸來主」 『四時纂要』・『星曆』4・『協紀』6「歸忌」

亡日	七	十四	廿一	八	十六	廿四	九	十八	廿七	十	廿	卅	【宜】なし 【忌】歸・行・往亡	甲133 甲107背～108背 乙149～152	九店『日書』81～87 孔家坡『日書』152壹～153「亡日」 居延新簡EPT65-425B「往亡」 『四時纂要』「往亡」「往亡日」 『簠簋《ママ》内伝』2-33「往亡日」・『陰陽略書』「往亡日」 『暦林問答集』42「往亡」「天門」「天従」 『虎鈐経』11-115「天門日」「往亡」 『星暦』4・『協紀』6「氣往亡」
土忌	寅	巳	申	亥	卯	午	酉	子	辰	未	戌	丑	【宜】なし 【忌】起土功	甲131背	放馬灘『日書』乙133壹「土禁」・乙136「地剢(杓)」 孔家坡『日書』273～274 『四時纂要』「天羅」「往亡」「土公」 『簠簋内伝』4-8「地徼日」・『吉日考秘伝』14「地激日」 『永楽大典』20121「土忌」 『星暦』4・『協紀』6「往亡」
神煞名なし	丑	戌	未	辰	丑	戌	未	辰	丑	戌	未	辰	【宜】なし 【忌】築室・樹木・行・作事・大祠（ただし大祠は腊古《とりにく》を犠牲にすれば吉）	甲105壹 甲113壹 甲134壹 乙120～121	尹湾『元延三年五月暦譜』・居延新簡EPT43-257・疏勒河流域出土漢簡554「月殺」 居延新簡EPT8-12「月虚下臨」 『陰陽略書』・『吉日考秘伝』43「月殺日」 『星暦』4「月殺」 『協紀』6「月煞」「月殺」「月虚」
神煞名なし	寅	寅	寅	巳	巳	巳	申	申	申	亥	亥	亥	【宜】なし 【忌】興土功	甲106	『星暦』3・『協紀』5「王日」
土徼	壬	癸	甲	乙	戊	己	丙	丁	戊	庚	辛	乙	【宜】なし 【忌】爲土功	甲104壹	
臽日	壬	癸	戊	甲	乙	戊	丙	丁	己	庚	辛	己	【宜】娶婦・嫁女 【忌】行	甲136肆～139捌 乙88參～99參	放馬灘『日書』乙78貳～86貳「臽日」 放馬灘『日書』乙312～313 尹湾『元延三年五月暦譜』「臽日」

															尹湾『行道吉凶』109「臽之日」 香港『日書』17～20「陥」 張家山『蓋廬』28「日臽」
土神	亥	酉	未	寅	子	戌	巳	卯	丑	申	午	辰	宜なし 忌起土功	甲132背～133背	放馬灘『日書』132壹「土星」
地衝(衝)	戊辰 己巳	戊辰 己巳	戊辰 己巳	戊申 己未	戊申 己未	戊申 己未	戊戌 己亥	戊戌 己亥	戊戌 己亥	戊寅 己丑	戊寅 己丑	戊寅 己丑	宜なし 忌爲土功	甲134背～135背	張家山『蓋廬』28「地橦(衝)」
牝日	乙亥	乙亥	乙亥	丁亥	丁亥	丁亥	辛亥	辛亥	辛亥	癸亥	癸亥	癸亥	宜なし 忌起土功	甲136背	放馬灘『日書』乙131壹・孔家坡『日書』262「牝日」 『星暦』4・『協紀』5「四窮」
召(招)䍃(搖)合日	乙卯			丙午			辛酉			壬子			宜なし 忌垣	甲137背 甲139背貳	
地杓[4]	申			寅		巳				亥			宜なし 忌起土功	甲138背	

—方位神煞—

神煞名	正月	二月	三月	四月	五月	六月	七月	八月	九月	十月	十一月	十二月	宜　忌	簡番号	同一・類似の神煞
歳忌	己丑 東	己丑 東	己丑 東	戊辰 南	戊辰 南	戊辰 南	己未 西	己未 西	己未 西	戊戌 北	戊戌 北	戊戌 北	宜なし 忌各日に歳忌の当たる方向へ行くこと	甲131	香港『日書』11「黄神」 『星暦』4「罪刑」 『協紀』5「罪刑日」「刑獄日」
歳	東	南	西	北	東	南	西	北	東	南	西	北	宜各月に歳の当たる逆方向へ行くこと 忌各月に歳の当たる方向へ行くこと	甲64壹～67壹 甲59壹～63 乙197～200	九店『日書』77「大歳」 放馬灘『日書』乙130「咸池旱牛晨弇日」・乙139「咸池會月」・孔家坡『日書』111壹～121壹・111貳～115貳「咸池」「大時」・馬王堆『式法』徙篇「歳」「淦(咸)池」・馬王堆『式法』祭篇「淦(咸)池」「淦(咸)池」「大錯」 馬王堆『雑療法』40・居延新簡EPS4T2-105・疏勒河流域出土漢簡153・敦煌懸泉置漢簡Ⅱ0111③：35「大時」

														孔家坡『日書』97～100・香港『日書』33・居延新簡 EPT5-57A 『淮南子』天文訓「咸池」「大歳」「大時」 『星曆』4「大時」「咸池」 『協紀』6「大時」「大敗」「咸池」「大歳」

―不　明―

神煞名	正月	二月	三月	四月	五月	六月	七月	八月	九月	十月	十一月	十二月	宜　忌	簡番号	同一・類似の神煞
柖(招)榣(揺)	辰	卯	寅	丑	子	亥	戌	酉	申	未	午	巳	宜不明 忌不明	甲 47 壹～58 壹	『星曆』4「招搖」 『協紀』4「厭對」「六儀」「招揺」
玄戈[5]	翼	張	七星	此巂	畢	昴	營室	危	虚	尾	心	房	宜不明 忌不明	甲 47 壹～58 壹	香港『日書』57・62 背・馬王堆『式法』祭篇「玄戈」

左から、神煞の名前、神煞の当たる日もしくは方向、宜・忌とされる行為、その神煞の見える簡番号、他の出土術教文献や後世の術数文献などに見えるその神煞と同一あるいは類似のもの(書名の後の数字は巻数、篇番号、簡番号など)。劉楽賢『睡虎地秦簡日書研究』(文津出版社、1994 年)の見解に従って纏めた(一部、筆者の見解で改め補った)。劉楽賢氏に従い原文の誤記を直してある。神煞名以外の記述については、通仮字に改めた。各神煞について詳しくは『睡虎地秦簡日書研究』の該当箇所を参照。また劉楽賢「往亡考」「出土五行類簡帛与日本陰陽道文献」(ともに同氏著『簡帛数術文献探論』所収、中国人民大学出版社、2012 年)も参照。

本表引用書目

九店『日書』：湖北省文物考古研究所・北京大学中文系『九店楚簡』(中華書局、2000 年)
放馬灘『日書』：甘粛省文物考古研究所『天水放馬灘秦簡』(中華書局、2009 年)
香港『日書』：陳松長『香港中文大学文物館蔵簡牘』(香港中文大学文物館、2001 年)
孔家坡『日書』：湖北省文物考古研究所・随州市考古隊『随州孔家坡漢墓簡牘』(文物出版社、2006 年)
張家山『蓋廬』：張家山二四七号漢墓竹簡整理小組『張家山漢墓竹簡〔二四七号墓〕』(文物出版社、2001 年)
馬王堆『式法』：馬王堆漢墓帛書整理小組「馬王堆帛書《式法》釈文摘要」(『文物』2000 年第 7 期)
馬王堆『雑療法』：馬王堆漢墓帛書整理小組『馬王堆漢墓帛書〔肆〕』(文物出版社、1985 年)
銀雀山漢簡『元光元年暦譜』：呉九龍『銀雀山漢簡釈文』(文物出版社、1985 年)
尹湾『元延三年五月暦譜』『行道吉凶』：連雲港市博物館・東海県博物館・中国社会科学院簡帛研究中心・中国文物研究所『尹湾漢墓簡牘』(中華書局、1997 年)
居延漢簡：謝桂華・李均明・朱国炤『居延漢簡釈文合校』(文物出版社、1987 年)
居延新簡：甘粛省文物考古研究所・甘粛省博物館・中国文物研究所・中国社会科学院歴史研究所『居延新簡』(中華書局、1994 年)
疏勒河流域出土漢簡：林梅村・李均明『疏勒河流域出土漢簡』(文物出版社、1984 年)
敦煌懸泉置漢簡：胡平生・張徳芳『敦煌懸泉漢簡釈粋』(上海古籍出版社、2001 年)
『陰陽雑書』『吉日考秘伝』『陰陽略書』『簠簋内伝』『暦林問答集』：中村璋八『日本陰陽道書の研究(増補版)』(汲古書院、2000 年)
『星暦』：『御定星暦考原』(『四庫全書』所収)
『協紀』：『欽定協紀辨方書』(『四庫全書』所収)

注

1）乙種「室忌」篇「蓋屋」部分（簡111〜112）では、その日取りが「□□春庚辛・夏壬癸・季秋甲乙・季冬丙丁」となっている。

2）大敗日は、その日取りから四廢日の一種と考えられる。「季△」とは各月下旬の△日のこと。『睡虎地秦簡日書研究』205〜208頁を参照。

3）劉楽賢氏は甲種（簡1貳）に「凡不可用者、秋三月辰、冬三月未、春三月戌、夏三月亥」とあるのを「夏三月亥」は「夏三月丑」の誤りとし、これを敗日とする。『睡虎地秦簡日書研究』177頁を参照。

4）神煞の運行体例から「六月巳」は「七月巳」の誤記の可能性がある。

5）香港『日書』簡57には「玄戈毄（繫）、不可作百事。以行、必傷兵。不可祠祀、寇□□□」とある。

第二章　中国古代の神煞
——戦国秦漢出土術数文献に見るもうひとつの天道観——

はじめに

前章では、睡虎地秦簡『日書』において、種々の神霊が日の吉凶に関与しているという点に着目し、当時の人々が択日（日選び）における神霊をどのように観念し、それに対してどのような態度を取っていたのかについて考察した。その中で神霊の一種として「神煞」を取り上げた。

前章においては行論の都合もあり、神煞について十分な検討を加えることができなかった。また、睡虎地秦簡『日書』以外にも、各地から戦国秦漢時代の術数文献が出土しており（本書第一部解題篇を参照）、そこにも神煞が確認できるため、神煞について検討するには睡虎地秦簡『日書』に限定することなく、全面的な調査を行う必要がある。しかしながら、出土術数文献に関する先行研究において「神煞」に着目する研究は依然として少なく、あったとしても個々の神煞に対する考証もしくは神煞をカタログ的に羅列、紹介するに留まる研究が殆どである。(1)

よって本章では、前章では十分に論じることができなかった「神煞」について改めて考察したいと思う。その方法としては、まず出土術数文献中の択日に関係する文献と後世の択日書（通書）とを比較し、戦国秦漢時代の神煞の総体的特徴を確認する。そして、かかる出土術数文献に見える神煞と人間との関係性を、これまでの伝世文献を中心に考察されてきた中国古代の天人関係と違いがあるのかどうかを比較検討する。かかる考察を通して、出土術数文献における天と人との関係のあり方を探り、当時の術数文献に特有の、天に対する考え方（これを「術数的天道観」と名付ける）を明らかにしたい。

一、神煞について

「神煞」とは、簡単に言ってしまえば、カレンダー（黄暦・日暦）に付されるいわゆる暦注のことである。択日においては、日の吉凶を判断する際の最も重要な根拠とされる（図10）。

後世の通書には夥しい数の神煞が記載されていることもあり、術数研究の中では当然その存在について言及されている。ここで主要な先行研究を紹介したい。まず三浦國雄氏は神煞について次のように述べている。

「神煞」とは日の吉凶を支配する、択日術において重要な役割を果たすカミである。すでに秦簡日書に姿を現しているが（引用者注：戦国時代の九店楚簡『日書』に既に神煞は確認できる）、その種類はまだ僅かであった。漢代になると、年神、月神、日神、時神の四大類がおおむね揃うに至る。これが唐代になると、一層豊富多彩になってゆく。神煞というのはカミはカミでも、道教や民間信仰、あるいは仏教などのそれとかなり性格を異にしていて、中国のカミ観念というものを考える上でも極めて興味深い対象である。元来これは様々な日者の流派によって競うようにして創造されたカミであって、どこかに神格としておわしまして日々の信仰の対象になるものというより、極論すれば、暦譜の上にのみ存在する、いわば符号のカミなのである。[(2)]たとえば、先述した（引用者注：『論衡』難歳篇などに見える）太歳は、元来は天空に実在する木星を指し、これが天を一二年かけて一週することから、木星のその年（歳）の位置をもって当該年に命名した。これがいわゆる「歳

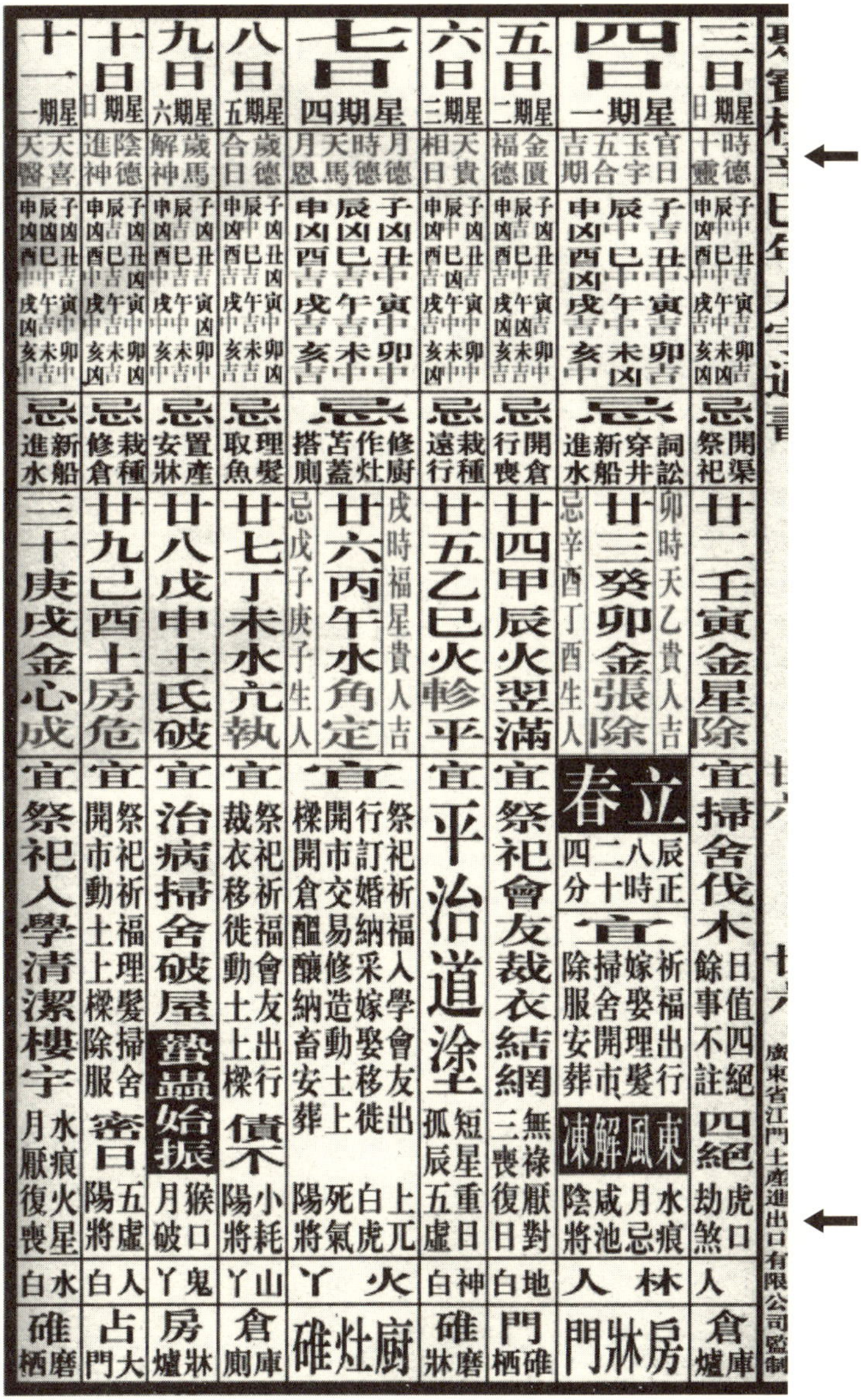

図 10　黄暦の神煞（『聚宝楼』2001 年版）

上から二段目に吉神、下から三段目に凶煞が記載されている。

星紀年法」であり、「歳星」という名称の由来である。しかし、択日で云う「太歳」は、実際の歳星とは別に紀年に便利なように仮に作られた架空の星なのである。もっとも、この太歳の場合は歴史も古く、広汎な太歳信仰と云うべきものが形成されたから（その余波は本邦にも及んでいる）、神煞としては別格にしても、しかし後世の有象無象の神煞はこうした太歳が希釈されたものと思って大過はない[3]。

また『中国方術大辞典』の「神煞」の項には次のようにある。

　神煞は「神殺」とも書き、吉神と凶煞とを兼ねる。遠古の神話伝説に由来し、人類に禍福を及ぼすことができるという。戦国秦漢時代の方術の士は、陰陽五行を歳・月・日・時に配合し人事にこじつけ、あるものは星宿の名前を借用して来て、多くの吉凶神煞を造り出し、叢辰と称した（『史記』日者列伝に見える[4]）。後世、道教の興起と仏教の伝来に随って、神煞の数は益々増えていった。神煞は循環的に年・月・日・時に配当されるだけでなく、四面八方にも配当され、更には人体の各部にも配当される。故に択日家・星命家・風水家はみな神煞を利用して吉凶を判定し[5]、それによって吉に趨《おもむ》き凶を避ける必要があった。吉神あるいは吉星には天徳・月徳・天喜などがあり、悪煞あるいは凶星には勾絞・羊刃・十悪大敗などがある[6]。

神煞の淵源が「遠古の神話伝説に由来」するかどうかはなお検討の余地があろうが、他の記述は概ね妥当だと思われる。説明を幾つか補足すれば、「神煞」とは「吉神」と「凶煞」を包括した総称であるとされる。『中国方術大辞典』では星宿の名前を借用して造り出した神煞があると云うが、後世においては吉神を吉星と呼び、凶煞を凶星と呼んでおり（『五車抜錦』尅択門など）、三浦國雄氏が云うように神煞は星（架空の星）もしくは星神・星精と考えられていたようである。この星（神煞）の運行によって時日の吉凶が決定される。すなわち種々の神煞は規則的・循環的にある特定の日（もしくは年・月・時など）に当て嵌められ、ある吉神が当たる日は、ある行動をなすのに宜《よろし》く（吉）、ある凶煞が当たる日は、ある行動を忌むべきである（凶）、と規定されている。凶煞は凶星の他、凶神・悪煞などとも呼ばれる。なお、個々の神煞の中には吉・凶を兼ねるものもある。

このため、「択日とは実質上は択神であり、吉神に趨《おもむ》き凶神を避けるためのものである」[7]と云われるほどに択日において神煞は重要な存在なのである。[8]

二、戦国秦漢時代の伝世文献に見える神煞

このように重要な存在であるにもかかわらず、神煞はこれまであまり古代研究の対象としては取り上げられてこなかった。しかしながら、戦国秦漢時代の伝世文献においても神煞の存在が確認できる。以下の通り。[9]

『荀子』儒效篇：「太歳」（同篇楊倞注所引『尸子』：「歳」）。

『韓非子』飾邪篇：「豊隆」「五行」「太一」「王相」「攝提」「六神」「五括」「天河」「殷搶」「歳星」「天缺」「弧逆」「刑星」「熒惑」「奎台」。

『尉繚子』天官篇：「刑徳」。

『淮南子』天文訓：「陰陽刑徳（七舍）」「小歳（小時）（月建）」「大歳（大時）（咸池）」「太一」「太陰」「刑徳」「朱鳥」「勾陳（鉤陳）」「玄武」「白虎」「蒼龍」「虚星」「歳星」「衡」「厭日」。

『史記』貨殖列伝：「太陰」。

『論衡』明雩篇：「太歳」。四諱篇：「血忌」。調時篇：「太歳」「直符」「破」。譏日篇：「九空」「地臽」「血忌」「月殺」。辨祟篇：「血忌」「上朔」「往亡」「歸忌」「歳破」「直符」。難歳篇：「太歳」「歳下」「歳破」「登明」「従魁」。

『潜夫論』愛日篇：「反支」。卜列篇：「直符之歳」「太歳」「豊隆」「鉤陳」「太陰将軍」。

『越絶書』越絶計倪内経第五：「刑徳」「太陰」「歳徳」。越絶外伝紀策考第七：「太歳」。越絶外伝記軍気第十五：

「太歳」。

『呉越春秋』夫差内伝第五：「歳位」「陰前之辰」「歳前合」「白虎」「功曹」「太常」「大吉」「九醜」。勾践入臣外伝第七：「囚日」「陰後之辰」「歳後會」「罪罰日」「功曹」「騰蛇」「青龍」「勝先」「死氣」「歳位之會」「刑徳」。勾践陰謀外伝第九：「太陰」。

以上は、年に配当されるもの、日に配当されるもの、式占に用いられるものなど区別なく羅列した[10]。殆どが断片的な記述、もしくは批判的な文脈として記載されているもののため文中に詳しい説明がなく、神煞の存在はよくわからないまま、これまで古代研究において着目されることがなかった。

『論衡』譏日篇には「『堪輿歴』の歴上の諸神は一に非ずして、聖人言はず、諸子傳へず、殆ど其の實無し」とある。ここにいわゆる『堪輿歴』は『日書』のような択日の書を指す。北京大学蔵漢簡には『揕輿』という表題を持つ『日書』に類する択日書が含まれるからである（本書第一部解題篇を参照）。要するに、択日書に見える神々つまり神煞の類は儒教経典や諸子百家によって詳しく取り上げられ伝えられることがなかったため、古代における実態が今に到るまで不明だったのだと言えよう。

がしかし、近年来の出土術数文献の発見はこの状況を大きく変えた。出土術数文献、特に『日書』中には数多くの神煞に関する記述の存在が確認できる。ここに我々は古代の神煞をはじめて全面的に研究することが可能になったのである。『日書』はその名が示す通り、日の吉凶をメインとした術数書である。よって、そこに登場する神煞も日に配当されるものが殆どを占める。このため、本章では考察を日に配当される神煞（直日神煞）のみに絞りたい。

三、後世の術数文献に見える神煞

宋代以降の伝世の術数文献には夥しい数の神煞が掲載されている。今、幾つかの術数文献からその様子を紹介しておきたい。

明・朱権（?～一四四八年）の著作に『臞仙肘後経』がある。[11]『臞仙肘後経』は通書の中でも専門的・網羅的な内容であり（そのため『三才図会』時令四巻および『古今図書集成』博物彙編芸術典選択部彙考三には該書の内容がそのまま収録されている）、該書の天運星煞値日図目録には神煞を列挙し、その総数が明記してある。該書に見える神煞を示せば次の通り。

吉神

青龍黄道・明堂黄道・金匱黄道・天徳黄道・玉堂黄道・司命黄道・執儲明星・天寶明星・天對明星・天玉明星・天岳明星・天府明星・天恩星・天徳星・天祐星・天厚星・天慶星・天瑞星・天官星・天成星・天庫星・天財星・地財星・紫微星・幽微星・少微星・吉慶星・滿徳星・活曜星・鑾輿星・鳳輦星・祿庫星・貴人星・吉人星・上官星・邑従星・顯星・曲星・傅星・太陰・太陽・大明・四時天徳・天徳合・月徳合・天徳・月徳・天恩・月恩・天赦・天喜・天福・天瑞・天富・天倉・天貴・天良・天解・天醫・天巫・金堂・玉堂・要安・陽徳・陰徳・生炁・母倉・月財・月空・五富・益後・續世・福生・普護・聖心・敬心・七聖・正陽・五祥・旺日・官日・相日・民日・守成・四相・成動・恩勝・獄鑰・福厚・吉期・重日・復日・解神・時陰・豊旺・支徳・驛馬・天馬・六儀・三合・六合・月合・兵寶・兵吉・歳前・歳後・歳位・歳對・天聾・地啞・穴

天狗・鳴吠對・鳴吠・不將・神在・五合（日月合・陰陽合・人民合・金石合・江河合）・五帝生日（青帝・赤帝・黄帝・白帝・黒帝）

凶神

勾陳黒道・玄武黒道・朱雀黒道・白虎黒道・天牢黒道・天刑黒道・天雷黒星・蚩尤黒星・飛流黒星・天棒黒星・陰私黒星・土勃黒星・天耗星・天激星・天刑星・天喪星・天魔星・天獄星・天哭星・天灾星・天殃星・天殺星・地傷星・地耗星・葬耗星・大殺星・小殺星・小禍星・絶滅星・鬼賊星・毛頭星・破敗星・齊星・火星・利星・朴星・解星・章星・木星交・水星交・火星交・月厭・月殺・月虚・月建轉殺・天轉地轉・天地正轉・正四廢・傍四廢・氷消瓦解・四時大墓・九土鬼・九醜・十惡大敗・天地殃敗・十惡無祿・天羅地網・飛廉大殺・天地争雄・大耗・小耗・四耗・四方耗・五虚・九空・空亡・九焦・九坎・天賊・五盗・天瘟・土瘟・土忌・土符・地嚢・地破・劫殺・天火・地火・雷火・月火・獨火・田火・官符・死炁・上朔・四不祥・天休廢・牢日・獄日・徒隷・死別・不擧・罪刑・罪至・伏罪・天吏・亡羸・致死・臨日・分骸・受死・猖鬼敗亡・歸忌・厭對・狼籍・天寡・地寡・孤辰・紅沙殺・披麻殺・吟神・天雄・地雌・往亡・無翹・陰錯・陽錯・離窠・章光・八龍・七鳥・九虎・六蛇・四離・四絶・八絶・白浪・咸池・招搖・四激・蛟龍・蛟龍克動・蛟龍克破・張宿・觸水龍・河伯死日・子胥死日・八風・財離・風伯死日・游殺・返激・五不歸・天雲不返・五行忌・魯般煞・斧頭煞・木馬煞・跌蹼煞・刀砧・血刃・血忌・血支・游禍・扁鵲死日・孔子死葬日・倉頡死葬日・龍會・龍虎・天狗下食・大殺白虎入中宮・空宅・大敗・太歳・歳空・歳博・三陰・天呷・俠俾・絶陰・絶陽・行痕・了戻・逐陣・五怪・八專・伐日・重喪・八座・人皇人建・地中白虎・土禁・六不成・伏斷・天乙絶氣・瘟星出入日・長短星・天上大空亡・大空亡・小空亡・赤口・楊公凶忌・廉貞獨火・五鬼・上帝殺害・月建・月破・河魁・天罡・五帝死日（青帝・赤帝・黄帝・白帝・黒帝）・十隔（天隔・林隔・地隔・神隔・火隔・山隔・鬼隔・人隔・水隔・州隔）・五离（天地离・日月离・人民离・金石离・江河离）・

五痕（水痕・田痕・土痕・山痕・金痕）

該書には「吉神一百二十五位」「凶神二百二十五位」とある。

明清時代の人々が日常生活において択日に利用したのはいわゆる「日用類書」であったと考えられる。明・万暦二五年（一五九七年）刊行の日用類書『五車抜錦』剋択門「諸吉星類」「諸凶星類」に見える神煞を列挙すれば次の通り[12]。

諸吉星類

青龍黄道・明堂黄道・金匱黄道・天徳黄道・玉堂黄道・司命黄道・天徳・月徳・天徳合・月徳合・月恩・月空・月財・天喜・生炁・要安・玉堂・金堂・福生・益後・續世・敬心・普護・聖心・吉慶・幽微・滿徳・活曜・明星・天倉・天富・五富・豊旺・金匱・天嗣・成動・吉期・三合・六合・天醫・天解・馹馬・母倉・天赦・旺日・相日

諸凶星類

天刑黒道・朱雀黒道・白虎黒道・天牢黒道・玄武黒道・勾陳黒道・建日・破日・河魁絢絞・天罡絢絞・月殺・天火狼藉・氷消瓦陷・天地争雄・天地荒蕪・天地滅沒・死炁官符・飛廉大殺・天地轉殺・九空焦坎・陰錯・陽錯・天賊・地賊・天瘟・小耗・天窮・鎡基・貧苦・流財・亡嬴・牢日・獄日・徒隷・伏罪・不擧・刑獄・重喪・受死・死別・歸忌・游禍・致死・龍虎・咸池・血支・血忌・剗削血刃・刀砧殺・木馬殺・斧頭殺・空宅・五鬼・月厭・厭對・天寡・地寡・天雄・地雌・吟神・往亡・無翹・披麻殺・毀敗・豐至・徵衝・重拆・月火・次地火・殃敗・四激・四部・五虚・八座・五不遇・三不返・蛟龍・覆舟・牛飛廉・牛腹脹・天隔・林隔・地隔・神隔・火隔・山隔・鬼隔・人隔・水隔・州隔・四方耗・天乙絶紀・楊公忌・土忌・天休

廢・天地凶敗・瘟星出入・長短星・大空亡・小空亡・赤口

諸吉星類（吉神）は計四六、諸凶星類（凶煞）は計一〇一確認できる。

清・乾隆四年（一七三九年）奉勅撰の『欽定協紀辨方書』は、現在に到るまで、最も権威ある択日の経典とされている。[13] 該書の巻三から巻六が神煞に関する総論部分であるが、吉神・凶煞別の記述になっていない。ここでは『欽定協紀辨方書』の基礎となった康熙五二年（一七一三年）の『御定星暦考原』の神煞を列挙する。[14] 該書の神煞は巻三・月事吉神、巻四・月事凶神に見える。

月事吉神[15]

天道・天徳・月徳・天徳合・月徳合・月空・天恩・天赦・母倉・月恩・生氣・天喜・天倉・天馬・驛馬・天醫・六合・三合・福徳・五富・吉期・要安・玉宇・金堂・敬安・普護・福生・聖心・益後・續世・天后・天巫・天願・四相・四時天徳・陽徳・陰徳・解神・六儀・時陽・時陰・兵吉・兵福・兵寶・王日・官日・相日・民日・守日・天寶・天對・天玉・天岳・天符・執儲・青龍・明堂・金櫃・天徳・玉堂・司命・枝徳・寶日・義日・制日・大明・七聖日・神在日・五合日・除神・陰陽不將・周堂・鳴吠日・鳴吠對日

月事凶神[16]

月建・月破・天罡・河魁・月殺・月刑・月害・獨火・月虚・大耗・小耗・大時・小時・四廢・四窮・四耗・四撃・五虚・五墓・九坎・九焦・九空・大殺・劫殺・死氣・死神・遊禍・天獄・天火・地火・天狗・土符・土府・地嚢・兵禁・大敗・伐日・専日・月厭・厭對・往亡・氣往亡・歸忌・章光・無翹・咸池・招搖・八風・觸水龍・血忌・血支・官符・天吏・臨日・天賊・致死・牢日・獄日・徒隷・死別・伏罪・不擧・罪刑・蚩尤・飛流・天棒・陰私・土勃・雷公・天刑・朱雀・白虎・天牢・玄武・勾陳・八龍・七鳥・九虎・六蛇・

九醜・八専・五離・重日・復日・四離・四絶・長短星・反支・上朔

月事吉神は計七四、月事凶神は計八九確認できる。

四、睡虎地秦簡『日書』に見える神煞

本節では睡虎地秦簡『日書』に見える神煞の状況を確かめる。睡虎地秦簡『日書』では上記伝世術数文献とは異なり、神煞を纏めて羅列表記するという形はとっていない。そのため本節では各篇に散在する神煞を纏め、分類することで伝世術数文献との対比を行う。個々の神煞についての解説は既に劉楽賢氏による詳しい研究があるので省略し[17]、ここでは、睡虎地秦簡『日書』の神煞の総体的な特徴を把握することを目的とする。

睡虎地秦簡『日書』中には「神煞」の語は見えないが、明らかに後世の通書に見える神煞と同一の存在が確認できる。例えば、「四廢」「反支」などは後世の通書に全く同名の神煞が見える。「天李」「四敫」「出亡歸死之日」「亡日」などは名前がやや変化している（「天李」→「天季」「天獄」、「四敫」→「四激」「四擊」、「出亡歸死之日」→「歸忌」、「亡日」→「往亡」等）が、その運行や宜忌は類似する。

睡虎地秦簡『日書』中の神煞を、①ある行動をなすのに良い日だとされるものを「吉神」、②ある行動をなすのに悪い日だとされているものを「凶煞」、③ある行動をなすのには吉、ある行動をなすのには凶だとされている日を「吉凶を兼ねる神煞」、④吉凶についての記載がなく吉凶が不明のものを「吉凶不明の神煞」として分類すれば、次のようになる。

①**吉神**　なし

②**凶煞**

四灋（廢）日・大敗日（日衝（衝））・爲室日・殺日・赤啻（帝）臨日・天李・出亡歸死之日・亡日・土忌・神煞名なし（王日に相当）・土徼・土神・地衝（衝）・牝日・召（招）䍃（搖）合日・地杓・歳忌

③**吉凶を兼ねる神煞**

四敫（敫日）・神煞名なし（月煞に相当）・臽日・歳

④**吉凶不明の神煞**

剽・反枳（支）・柖（招）榣（搖）・玄戈

睡虎地秦簡『日書』中の神煞を分類した結果、各総計は、吉神は零、凶煞は全一七、吉凶を兼ねる神煞が全四、吉凶不明の神煞が全四となった。

ただ、例えば③吉凶を兼ねる神煞に分類した「神煞名なし（月煞に相当）」は、睡虎地秦簡『日書』甲種「毀棄」篇（簡113壹）に、

正月・五月・九月之丑、二月・六月・十月之戌、三月・七月・十一月之未、四月・八月・十二月之辰、勿以作事。大祠、以大生（牲）大凶、以小生（牲）小凶、以臘古吉。

正月・五月・九月の丑、二月・六月・十月の戌、三月・七月・十一月の未、四月・八月・十二月の辰、以て事を作《な》す勿《な》かれ。大祠は、大牲を以てすれば大凶、小牲を以てすれば小凶、臘古を以てすれば吉。

とあるように「勿以作事」の凶日ではあるが、祭祀について「以臘古吉」（臘古は鳥肉のこと）とあるため、分類上、③吉凶を兼ねる神煞として処理した。しかし「以大牲大凶、以小牲小凶」と云うように祭祀についても実質的には凶の日であって、これを②凶煞と見做すことも可能であろう。

また、④吉凶不明の神煞に分類した「反枳(支)」については、睡虎地秦簡『日書』にはその宜忌の記述が見えない。しかし、『後漢書』王符伝に、

明帝の時、公車、反支日を以て章奏を受けず。帝聞きて怪みて曰く「民、農桑を廢し、遠來して闕に詣《いた》るも、復た拘《とら》はるるに禁忌を以てすれば、豈に政の意を爲さんや」と。

とあり、『潜夫論』愛日篇に、

孝明皇帝嘗て問ふ「今旦何ぞ得て上書する者無きか」と。左右對へて曰く「反支の故なり」と。帝曰く「民、既に農を廢し、遠來して闕に詣《いた》るも、復た反支を避けさしむ。是れ則ち又た其の日を奪ひて之を冤するなり」と。

とあることから明らかに凶日である。これも実質的には②凶煞と見做せよう。

同じく、④吉凶不明の神煞に分類した「玄戈」も睡虎地秦簡『日書』にはその宜忌の記述が見えない。しかし、香港中文大学文物館蔵漢簡『日書』簡57には、

玄戈毄(繫)、不可作百事。以行、必傷兵。不可祠祀、寇□□□[18]。

玄戈繫るは、百事を作《な》すべからず。以て行けば、必ず傷つき兵《ころ》さる。祠祀すべからず、寇□□□。

とあり、馬王堆漢墓帛書『式法』祭篇に、

翼・張・【七星】・此(觜)・必(畢)・矛(昴)・營室・危・去(虚)・尾・心・房・玄戈、以祭或死之[19]。

翼・張・七星・觜・畢・昴・營室・危・虚・尾・心・房・玄戈、以て祭れば之に死する或《あ》り。

とあることから、②凶煞と見做し得ることがわかる。

このように、睡虎地秦簡『日書』中の神煞に「吉神」は見えず、実際上殆どが「凶煞」に分類される存在であることが確認できた。この点が伝世術数文献に見える神煞との大きな違いである。

五、出土術数文献に見える神煞

筆者の調査に拠れば、睡虎地秦簡『日書』のみならず、戦国秦漢時代の出土文献中に見える神煞の殆どもまた後世の凶煞に相当するものである。以下、管見の限りで探し出すことのできた出土文献中の神煞を列挙したい。

本節においても各神煞が上節の分類①②③④のどれに相当するのかを示す。ただし、本節ではその神煞が登場する文献に吉凶についての説明が見えない場合には、他の出土文献や後世の術数文献における同一もしくは類似する神煞についての記述に依拠して分類を示した。例えば、九店楚簡『日書』簡77「大歳」は実際には竹簡の破損によってその内容が不明瞭なのであるが、睡虎地秦簡『日書』の「歳」と同一の神煞であると見做されることから[20]、これを③に分類する、といった処理を行った。

九店楚簡『日書』[21]に見える神煞に簡77「大歳」③、簡81～87「神煞名なし(往亡に相当)」②がある。

放馬灘秦簡『日書』乙種[22]に見える神煞に簡78貳～86貳「臽日」③、簡94壹「日衁(衝)」②、簡95壹～103壹「四灋(廢)＝四灋(廢)日」②、「利」④、「殺＝殺日」②、「啻(帝)爲室日」②、簡127～128「反支」③、簡129壹「人彼(破)日」②、簡130「咸池旱牛晨弇日」②、簡131壹「【牝】日」②、簡132壹「土星」②、簡133壹「土禁」②、簡134壹「地司空」②、簡135壹「土□月」②、簡136「地利(杓)」②、簡139「咸池會月」②、簡140「十二毀」②、簡141「九忌」②、簡301「神煞名なし」②、簡312～313「神煞名なし(臽日に相当)」③、簡318「離日」②、簡347「刑直(德)」③、簡363「神煞名なし(四敫に相当)」②がある。

香港中文大学文物館蔵漢簡『日書』[23]に見える神煞に簡57・62背「玄戈」②、簡33「神煞名なし(歳に相当)」③、簡11「黄神」②、簡17～20「陷」③、簡58～59「神煞名なし（赤帝臨日に相当）」②、簡60「四徼」②、簡62背「剽」④、簡61「四廢」②、「日衝（衝）之日」②、簡72「八魁」②、簡73「血忌」②、簡75「報日（復日に相当）」③、簡84～85「解衙（解衍・解律に相当）」④がある。

孔家坡漢簡『日書』(24)に見える神煞に簡90～96貳「刑德」③、簡97～100「神煞名なし（歳に相当）」③、簡101～102「八星＝孤辰」③、簡108～110「臨日」②、簡111壹～121壹「小時および大時」③、簡111貳～115貳「小時および大時＝咸池」③、簡123貳～137貳「反支」②、簡145壹「神煞名なし（歸忌に相当）」②、簡152壹～153「亡日」②、簡172「神煞名なし（四敫に相当）」③、簡204「四季日＝廢日」②、簡207壹～214壹「土□」②、簡207貳～213貳「□□□」②、簡207參～209參「土忌＝九忌」②、簡209參～211參「土忌＝月刺直法日」②、簡218～220「司空および大徼」④、簡247「神煞名なし」②、簡251「八㮚〈椝（魁）〉」②、簡262「牝日」②、簡269「垣日＝帝毀丘之日」②、簡273～274「神煞名なし（土忌に相当）」②、簡397「血忌＝帝啓百蟲口日」②、簡452「神煞名なし（往亡に相当）」②がある。

銀雀山漢簡(25)に見える神煞に『元光元年暦譜』の「反」「子」（ともに反支のことだとされる）②、『天地八風五行客主五音之居』の簡1946～1963「天地」③、簡1982「刑德」③、簡2015「咸池」②がある。

尹湾漢墓簡牘(26)に見える神煞に『元延三年五月暦譜』の「反支」②、「解衍」④、「復（復日に相当）」③、「臽日」③、「月省」④、「月殺」②、『行道吉凶』簡109の「臽之日」③がある。

張家山漢簡『蓋廬』(27)に見える神煞に簡28「地橦（衝）」②、「日橦（衝）」②、「日臽」③がある。

居延漢簡(28)に見える神煞に簡111·6「反支」②がある。

居延新簡(29)に見える神煞に簡EPT5-57A「神煞名なし（咸池に相当）」③、簡EPT8-12「月虚下臨（月殺に相当）」②、「重（重日に相当）」③、簡EPF22-372「囚〈四〉廢」②、簡EPT27-2「復日」③、簡EPT43-257「月殺」②、簡EPT48-144「狗食日」②、「天李」②、簡EPT65-22「歸死」②、簡EPT65-196「天李」②、簡EPT65-425AB「復（復日に相当）」③、「天李」②、「反支」②、「八塊（魁）」②、「厭□（月厭に相当）」②、「亡」④、「反支」②、「血忌」②、「往亡」②、簡EPT43-185・EPT65-48「神煞名なし（刑徳に相当）」③、簡EPS4T1-3・EPS4T2-105「小時および大時」③、簡EPS4T2-80「徳（刑徳）」③がある。

疏勒河流域出土漢簡[30]に見える神煞に簡153「小時および大時」③、「反支」②、「解律」④、簡437「八魁」②、「反支」②、「血忌」②、「天李」②、簡554「月殺」②がある。[31]

額済納《エチナ》漢簡[32]に見える神煞に簡2000ES9SF4:26～2000ES9SF4:27「復日」③、「反支」②がある。

敦煌懸泉置漢簡[33]に見える神煞に簡II0111③:35「大時」③がある。

虎渓山漢簡『閻氏五勝』[34]に見える神煞に「困日」②、「罰日」②がある。

馬王堆漢墓帛書『雑療法』[35]に見える神煞に第40行「大時」③がある。

馬王堆漢墓帛書『出行占』[36]に見える神煞に「黄帝」②、「臽＝郷臽＝臽而不比」②がある。[37]

以上からわかるように、戦国秦漢時代の出土文献からは①吉神に分類される存在を見つけ出すことはできない。以下、若干の説明を補足しておきたい。

諸文献に見える「刑徳」については、「刑徳」は種々の占術において用いられるので、直日神煞でないものも含まれている可能性もある。また、その性格については、例えば『越絶書』越絶計倪内経第五に「陰陽萬物に各〻紀綱有り。日月・星辰・刑徳、變じて吉凶と爲る。……是の故に聖人、能く其の刑を明らかにして其の郷（嚮）に處り、其の徳に從ひて其の衡（横）を避く」[38]とあるように、「刑」「徳」の両者の関係性を考慮して、人間はそれに逆らわないように行動すべきだと考えられていた。よって、「刑」を凶煞、「徳」を吉神と切り離して分類することは実態に即さない。銀雀山漢簡の「天」と「地」、諸文献に見える「小時」と「大時（＝歳・大歳・咸池）」にも同じことが言えよう。よってこれらは③に分類することにする。

なお、「復日」および「重日」を③に分類したのは『欽定協紀辨方書』の記述に拠ったもので、[39]当時においてこれらが吉凶を兼ねる神煞と見做されていたかどうかはわからない。

戦国秦漢時代に既にこれほど多くの神煞が存在しており、かつ後世の通書に見えるものも多いにもかかわらず、そこに後世の吉神に相当するものが確認できず、その殆どが凶煞（もしくは吉凶を兼ねるもの、吉凶が不明のもの）であることから、当時、吉神は存在していない、言い換えれば「吉神」という概念は後発のものであると考えて間違いない。

また、上述したように「神煞」という言葉は「吉神」と「凶煞」を包括した総称であるとされる。となれば、出土術数文献中の神煞は当時において「神煞」とは呼ばれてはいないことになる。なお敦煌遺書中の唐代の具注暦には、既に多くの吉神が見える。例えば「天恩」「母倉」といった現在の通書にも習見の吉神が確認できる。(40)となれば、吉神は漢代から唐代の間に作り出されたことになる。

要するに、「吉神」「凶煞」という区分は後世の考え方であり、それは後世の人が「吉神」を作り出した後にできた区分にほかならない。「吉神」という概念の誕生は、人々の神煞観念の変化を示すが、これは「天」と「人」との関係が大きく変化したことを示唆しているのではなかろうか。となれば、そこに中国思想史上の大きな転換があった、と想定できるのではなかろうか。

六、出土術数文献に見えるもうひとつの天道観

（1）出土術数文献に見える天人関係

筆者は前章において、睡虎地秦簡『日書』の神煞を含めた神霊の課すタブーについて、古典的な宗教学の考え方に依拠しつつ、それは純粋な畏敬感が背後にあってのもので、原始的な信仰の遺存であると考えた。

本章で「凶煞」と呼んできた存在は戦国秦漢時代には凶煞と呼ばれていたわけではない。行論の都合上、後世の区分による名称に基づいたに過ぎない。後世のそれはその名の通り凶々《まがまが》しい神として観念されたのであろうが、戦国秦漢時代においてはそうではない。事実としてそのような表現は見られないし、「神煞」(とも当時呼ばれてはいないが、その存在)には一定の循環的運行規則があり、人々は「神煞」の動きに逆らわないようにしている限り、また「神煞」の課す規範を遵守する限りは何の問題もなく生活を送ることができる。

しかし、前節に述べたように唐代に到る頃には、この考え方は変わってしまった。前章ではこの変化を、「神煞」の規範を遵守するという原始的信仰から、「吉神」に福を求めつつ「凶煞」を忌み嫌うという功利的な態度への移行(要するに世俗化)と考えた。

神煞の規範を遵守するという態度が本当に原始的な態度の遺存なのかどうか、その当否はひとまず置いておくとしても、かかる態度は、従来、中国思想史研究において、「天道への随順」として捉えられてきた考え方と重なることが指摘されている(41)。

『史記』太史公自序・六家之要指に次のように云う。

嘗て竊かに陰陽の術を觀るに、大詳にして忌諱衆《おほ》く、人をして拘《とら》はれて畏るる所多からしむ。然れども其の四時の大順を序するは、失ふべからざるなり。……夫れ陰陽・四時・八位・十二度・二十四節に各〻教令有り。之に順ふ者は昌《さか》へ、之に逆ふ者は死せざれば則ち亡ぶ。未だ必ずしも然らざるなり。故に曰く「人をして拘《とら》はれて畏れ多からしむ」と。夫れ春生じ、夏長じ、秋收め、冬藏す。此れ天道の大經なり。順はざれば則ち以て天下の綱紀と爲る無し。故に曰く「四時の大順、失ふべからざるなり」と。

ここの「陰陽の術」とは術数・占術の意味であるから(42)、六家之要指の作者である前漢の司馬談(?〜前一一〇年?)は、術数の本質・根本は「陰陽・四時・八位・十二度・二十四節」の教令(忌諱)およびそれに順うこと、にあると考えたことがわかる。「陰陽・四時・八位・十二度・二十四節」の教令(忌諱)とは、要するに時日と方位の禁忌のことであるから、[43] つまり、『日書』等に記載されている択日の禁忌にほかならない。かかる司馬談の発言は、現在までに出土した術数文献の中で、他の文献に比べて『日書』が圧倒的に多いこと、言い換えるならば、『日書』が当時、術数の中でも最も流行し主流であったことと符合する。

ここに示された「陰陽の術」(術数)の根本思想は、これまで「敬天順時」「順天行事」などと呼ばれ、主に月令(時令)思想に関する内容だと見做されてきた。だが、戦国秦漢時代の出土術数文献から当時において神煞に依拠した択日が既にポピュラーであったことがわかった現在においては、そのような択日の実態を背景にした発言として捉え直すべきであろう。

となれば、規則的・循環的な運行によって人の吉凶を主る「神煞」は、「陰陽・四時・八位・十二度・二十四節」の教令(忌諱)を発する主体であるから、当時において(司馬談が言うように)「天道」そのものもしくはその一部と見做されていたことになる。人々が天(天道)についてどのように捉え、どのような態度を取り、どのように対処したか、を「天道観」と呼ぶならば、司馬談によって当時における術数の根本思想と見做され、そして『日書』に表現されている、時日の禁忌によって媒介される天と人との関係性を背景にした、天を逆らうことのできない、従うべき存在として捉え、畏れ敬う態度、これを筆者は、出土術数文献に表現された天道観であることから「術数的天道観」と名付けたい。

かかる天道への随順的態度、より詳しく言い換えるならば、自然界における規則的・循環的運行に対する従順な態度は、「術数的天道観」の第一の特徴である。

(2) 伝世古代文献に見える天人関係との違い

これまでも中国思想史研究において古代の天人関係についてはそれこそ夥しい数の議論が積み重ねられている。しかしながら、筆者は、伝世古代文献に見える天人関係の殆どはその関係性に共通するひとつの特徴を有している、と考える。

孔子以前の、要するに『詩』『書』に見える天人関係については、既に明治時代に綱島梁川が、天人感応の関係は「純乎道徳的」なものだ、と喝破している。次の通り。

> 彼等先王の道徳至上主義は、其の惟一神たる人格的上帝に帰するに道徳的意志を以てし、神といふことも道徳の大法以外に其の意志を擅いままに騁することは出来ぬと見た。彼等は此くの如き道徳的上帝が天地を主宰してゐると見たからして、必然にこの自然界と人間界との間を一貫して同一の道徳的意志が支配し、同一の道徳的法則が流行してゐると見た。彼等が天人感応の思想は即ちここに淵源す。彼等は人事界に於ける道徳上の行為は、よく「天を動かし」天をして其れに応じた出来事を自然界にも生起せしむると信じた。此くて彼等は自然界に於ける一切の災祥異変を道徳的に解して、之れを吾人の徳不徳に対する神明の応報賞罰のやうに見做すに到つたのである。(44)

伝世文献における孔子以降の天人関係も、おおよそはこのような『詩』『書』の天道観を継承したものだと言える。すなわち、『論語』『孟子』といった儒家においては、その天は理法化の傾向があったにしても、結局求められるものは人の道徳的態度である。『墨子』においても天は人格神という面が強調されるが、天が人に求めるものは道徳的に善であることである。董仲舒の天人相関論にしても、その天が人格神なのか理法なのかといった議論がなされるが、どちらにしろ、その天が求めるのは、人の道徳性である。(45)

なぜかかる傾向が見られるのかと言えば、それは、現存する先秦の典籍の殆どが儒家の経書か諸子の典籍に限定されていることが大きな原因であると思われる。なぜなら、それらの典籍はすべて帝・王・諸侯・君主といった統治者層のためになされた言論であったと言えるからである。すなわち儒家の経典は『書』に代表されるように王権の歴史記録などであり、諸子の著作は統治者層（帝王）を対象とした政治的な理想を掲げた言説である。(46)よって、かかる典籍に記された天人関係は、天と「帝王」とのあるべき関係を説くものであり、その天人論はかかる「帝王」の天に対してのあるべき態度(つまり道徳的な態度)についての議論なのである(47)。

一方で、管見の限り、出土術数文献中には人に道徳性を求める文章は一切見当たらない。そもそも「術数」(占い)は天(天道)と人との関係性から吉凶を予測(もしくはその循環性を把握)するものであり、その背後には必ず天が存在する。帝王の場合、帝王が不善であれば、天が災いを降すことになるのだが、それは「帝王ではない人」には関係がない。そもそも天と「帝王ではない人」との関係においては天は人に道徳性を要求していないようである。天が「帝王ではない人」に要求するのは、択日(『日書』等)に話を限定するならば、時日のタブーを遵守することである。タブーを破ればもちろん災いが降る(48)。帝王でない(「帝王」として天に対処する必要のない)読者が己の将来の吉凶禍福を知るために必要な天(天道)に関する知識および技術が記された書籍が術数文献であるから、そこには道徳に関する記載は必要ないのである(49)。

出土文献の発見以前は、我々が見ることのできる古代典籍は、殆ど儒家経典や戦国諸子といった「帝王」のための言説を内容とするものに限られていた。このため、天人論において、道徳的な要求をしない天の存在はこれまで指摘されて来なかった。道徳的な要求をしないこと、これが術数的天道観の第二の特徴である。六家之要指にいわゆる「天道の大經」「四時の大順」とは、このような天を指していたのだと思われる(50)。

以上を要するに、戦国秦漢時代の術数文献の出土によって、我々がこれまで知り得なかった、もうひとつの天道観の存在が明らかになった。この術数的天道観こそが、『日書』に見える択日の禁忌などの各種タブーを成り立たせていた背景なのである。各地から戦国秦漢時代の術数文献が次々と発見されている現状から、かかる天道観は決して特殊なものではなく、当時においてかなり普遍的な考え方であったと見做せよう。

七、術数的天道観のその後

第五節で述べた「神煞」の変化、つまり「吉神」の発生は、「術数的天道観」の大きな変化を意味していると考えられる。戦国秦漢時代においては、天と人との関係は、「神煞」（天道）への畏敬感に基づくタブーに随順するものであったが、後漢から唐代の間には、「吉神」「凶煞」という区分が発生した。これは純粋にタブーに従う態度ではない。天に対する人間の態度が、「吉神」に福を求めつつ「凶煞」を忌み嫌うという功利的な態度へ変化したものと想定される。

かかる変化の原因を探ることは、天道観の変遷を考える上で重要であろう。しかしながら本書は戦国秦漢時代を対象とするものであり、かつ筆者の準備も十分ではない。よってここでは、術数学の変化に関する先学による研究に依拠して、術数的天道観の変化の原因の可能性を指摘するに留めたい。各原因の具体的な検討については、今後の課題としたい。

（1）漢代儒教

劉師培は秦漢以降の術数学について次のように云う。

秦漢以降、術數家の言と儒道二家と相雜《まじ》り、儒家に入りては讖緯と爲り、道家に入りては符籙と爲る。是由《これよ》り經學大師、五行を以て災異を言ふを喜《この》み（董仲舒・京房・劉向・李尋の類が如き、是《これ》なり）、條文を縷析して、某異を以て某事の應と爲す。[51]

漢代の儒者の多くが術数を好み、これを学んだことは劉師培以降も多くの学者が指摘するところである。[52]これに関して、漢代儒教に術数の影響が見られる点については、これまでの儒教研究において指摘されているところではある。しかし儒教思想が術数学にどのような影響を及ぼしたかについては言及されて来なかった。思うに、儒家が術数を学んだ結果、術数的天道観と儒教の天道観とが入り交じる結果になったであろうことは想像に難くない。

その流れの源流には、鄒衍が位置していたと考えられる。彼は当時の術数の理論(陰陽五行説)を基礎に広大な宇宙論・形而上学を形成した(53)。『史記』孟子荀況列伝に見える「終始大聖之篇十餘萬言」、『漢書』芸文志に見える『鄒子』四十九篇・『鄒子終始』五十六篇という大部の著作にそれが記されていたのであろう。ただ、鄒衍の学術は「必ず仁義・節倹・君臣・上下・六親の施に止まる」(『史記』孟子荀況列伝)と言われるように儒教の教義に近いものであったらしく、術数学と儒教との接近がここに始まったのではなかろうか(54)。

漢代に到って、董仲舒らは鄒衍の学説を積極的に儒教に取り入れ発展させた(55)。おそらくは儒教に不足していた宇宙論・形而上学を補うのがその目的だったと推測される。同じ目的で、孟喜や京房らは易学と術数学とを融合させ、象数易学理論による新たな宇宙論を形成する(56)。また顧頡剛に拠れば後漢の讖緯の学は、前漢二〇〇年間の術数思想の総整理と体系化であったとされる(57)。このような流れの中で、術数的天道観が儒教の天道観に影響を受け変化した可能性があり得る(58)。

(2) 道　教

劉師培の言うように、術数に対する道教の影響も大きいと思われる。近年、道教の天人関係を知る上で注目されているのが、後漢から魏晋・五胡十六国時代にかけて、死者の鎮魂を目的として墓中に埋納された鎮墓瓶と呼ばれる陶器およびそこに記された文章である鎮墓文である(59)。

鎮墓瓶は「解注器」とも言われ、鎮墓文は「解注文」とも言われる。ここでの「注」とはそもそもは伝染病の感染を指すが(注病)、また広く鬼(死者)の祟りをも意味する。このような祟りをなす鬼が「注鬼」と呼ばれる。この注鬼のなす病気その他の害を除去する儀礼が「解注」であり、そのために副葬されたのが「解注器」である。(60)

実はこの注鬼の中に「八魁」や「九坎」といった神煞が含まれているのである。(61)一方で「天」については「解注文の多くは「天帝使者」が「天帝」に成り代わって「丘丞」や「墓伯」といった墓を担当する冥界の役人に「天帝」の命令を伝え、死者の罪過を解除し死者の家族の災厄を除去するという形式になっている」のである。(62)道教の影響下において、天と神煞とが切り離され、一方は信仰の対象に、一方は除去の対象へと変化してしまったのである。(63)かかる変化の原因・背景・時期等については今後の課題としたい。

(3) 魏晋玄学

呂思勉は漢代から魏晋に到る際において術数に変化があったことを述べる。

漢代は仍《な》ほ一迷信の世界爲《た》り。……我が國迷信の、漸く濬《しづ》まるは、實に魏晉の世、玄學大いに興り、明理を重んじて踐迹を賤しみ、人事を尊んで天道を遠ざけ、以て之を致す有り。兩漢の若《ごと》きは固より仍《な》ほ一鬼神術數の世界なり。(64)

この見解について高木智見氏は「漢代はなお「鬼神術数の世界」であったが、春秋以降の社会変動とともに、天や鬼神の力が懐疑、相対化され、しだいに人間中心主義的な考え方が一般化していった」と解説する。(65)思うに、このような天道観の変化を背景に、後世の人々は吉神を作り上げたのであろう。なぜなら、「吉神に当たりさえすれば吉である」という考え方はまさに功利的・人間中心的であり、吉神は人間にとって都合の良いだけの神だからである。

(4) 外来占術

術数学の展開において、西方の占術の伝来による影響も大きかったと思われる。今、択日の分野に限って言えば、唐代の敦煌遺書中にはP二六九三『七曜暦日一巻』やP三〇八一『七曜日占法七種』など西方伝来の密教占星術による択日書が見える。[66]術数全体への影響については今後の更なる検討が必要であろう。

（5）宋代儒教

唐代以降にも術数的天道観に変化があったかどうか、検討されなければなるまい。近年、台湾の廖咸恵・劉祥光両氏によって、宋代の士大夫（つまり儒者）と術士との密接な交流の実態を解明する研究が陸続と発表されている。かかる交流の影響の下、宋代には儒者による術数の研究が盛んになり、自ら術数書の編纂、注釈、執筆を行う儒者も出現した。[67]儒者による術数書には明らかに儒教的な内容が見られる。[68]一般に宋明理学によって儒教の天道観は大きく変化したとされる。かかる変化が術数および術数的天道観に及ぼした影響について、今後、検討を進めたいと思う。

むすび

択日において、「神煞」は日の吉凶を定める最も重要な存在だと見做されている。そこで本章では、戦国秦漢時代の出土術数文献（択日関連のもの）について悉皆調査を行い、戦国秦漢時代の神煞の総体的特徴を明らかにすることを目指した。その結果として、戦国秦漢時代の神煞に吉神が見えないこと、そして吉神は漢代から唐代の間に作られたであろう後発の概念であることが確認できた。

次に、筆者はかかる神煞の変化の背景には、「神煞」の規範を遵守するという原始的信仰から、「吉神」に福を求めつつ「凶煞」を忌み嫌うという功利的な態度への移行、つまり人の天に対する考え方（天道観）の変化があると考えた。となれば、出土術数文献に見える天道観は、かかる変化を経る以前の、よりプリミティブな天人関係によるものであったと言えるのである。本章ではこれを「術数的天道観」と名付けた。

出土術数文献に見える天道観の特徴は二点あり、ひとつは、天道（自然界の循環的運行規則）への随順、もうひとつは、天が人に道徳的規範を要求しないことである。このような天道観の存在は、従来の典籍には殆ど記載されていなかったため、出土術数文献の発見によってはじめて明らかになったものである。

なぜなら、現存伝世の古代の文献の殆どは儒家の経典・諸子の著作であり、そこには既に一定のバイアスがかかっているからである。すなわち儒家の経典は『書』に代表されるように王権の歴史記録などであり、諸子の著作は統治者層（帝王）を対象とした政治的な理想を掲げた言説である。そこに描写される天と人との関係とは、天と帝王との関係にほかならない。これまでの伝世文献を通じた天人論の研究は、（資料的制約のため）天と帝王との関係の研究に過ぎなかったと言えるのである(69)。

一方で、術数的天道観は、卿大夫から庶民に到るまでが共有していた天道観だと言っても過言ではない。例えば、張寅成氏は、時日のタブーの影響力について、『論衡』辨祟篇に、

世人は愚智・賢不肖・人君布衣と無く、皆な畏懼信向し、敢て抵犯せず、之に歸すること久遠にして、能く分明する莫《な》く、以て天地の書・賢聖の術と爲すなり。人君は其の官を惜み、人民は其の身を愛《をし》み、相隨つて之を信じ、復た狐疑せず。

とあり、ここの「人君」とは漢代の一般官吏を指し、「世人」とは官吏と庶民とを包括して指しており、当時、官吏と庶民の大部分が時日のタブーを信じていた、と指摘する。また同氏は時日のタブーの地理的分布について、戦国秦漢時代の『日書』が中国各地から出土している状況、そして、東は『後漢書』循吏列伝に見える楽浪郡の一地方官である王景が択日を含めた術数に精通していたこと、西は居延漢簡の暦譜に時日のタブーの記載がある

ことから、「時日のタブーが及ぶ地域は、中国文化の及ぶ地域をすっぽりと覆っている」と云う(70)。時日のタブーの背後にある術数的天道観もまた中国全土に渉って官民隔てなく共有されていた考え方であったと言えよう。

以上、術数的天道観の特徴とその重要性を指摘し得た時点で本章の目的は果たせているのではあるが、神煞の後世における変化（吉神の誕生）は、術数的天道観が後世、変化したことを意味するわけであるから、その時期や原因について、筆者の現時点での見解を示しておいた。殆どが先行研究に依拠したものであり、それらの検討はすべてこれからの課題としたい。またもうひとつの課題として、本章で扱った出土術数文献は『日書』を中心とした択日関連の内容に限定されている、という問題がある。今後、択日類以外の天人関係についても検討されなくてはなるまい。

（1）代表的な研究としては劉楽賢『戦国秦漢簡帛叢考』（文物出版社、二〇一〇年）、同氏著『簡帛数術文献探論』（中国人民大学出版社、二〇一二年）に収録の論文や劉増貴「睡虎地秦簡《日書》〈土忌〉篇数術考釈」（『中央研究院歴史語言研究所集刊』第七八本第四分、二〇〇七年）、鄧文寛「敦煌暦日与出土戦国秦漢《日書》的文化関聯」（同氏著『鄧文寛敦煌天文暦法考索』所収、上海古籍出版社、二〇一〇年）がある。

（2）「日者」は日選びを生業とする占い師。『墨子』貴義篇にはじめて見える。詳しくは工藤元男『睡虎地秦簡よりみた秦代の国家と社会』（創文社、一九九八年）第四章第三節「日者と「日書」の関係」、同氏著『占いと中国古代の社会』（東方書店、二〇一一年）第一章「長安東市の日者」、劉楽賢「《史記・日者列伝》新考」（同氏前掲『簡帛数術文献探論』所収）、同氏著「従出土文献看《史記・日者列伝》」（陳昭容『古文字与古代史』第一輯、中央研究院歴史語言研究所、二〇〇七年）を参照。

（3）三浦國雄「択日書・通書について」（研究代表者三浦國雄『術数書の基礎的文献学的研究――主要術数文献解題――』所収、平成一七～一八年度科学研究費補助金基盤研究（C）研究成果報告書、二〇〇七年）。

（4）『史記』日者列伝には「孝武帝時、聚會占家問之、某日可取婦乎。五行家曰可、堪輿家曰不可、建除家曰不吉、叢辰家曰大凶、歴家曰小凶、天人家曰小吉、太一家曰大吉。辯訟不決、以状聞。制曰「避諸死忌、以五行爲主」」とあり、古代においては叢辰とは択日の流派のひとつに過ぎない。しかし後世、叢辰は神煞とほぼ同義としても使用された。陳永正主編『中国方

術大辞典』（中山大学出版社、一九九一年）二五頁を参照。

（5）後世、神煞は択日術のみならず、断易（五行易）・風水・式占・算命（星命・推命・四柱推命・八字）などにおいても用いられる。他の占術が択日術より神煞を取り入れたものと考えられる。

（6）陳永正前掲『中国方術大辞典』四一頁。

（7）沈祖祥『中国方術大全　択日』（中華書局（香港）有限公司、一九九七年）八五頁。

（8）「神煞」という語の初出については、羅竹風主編『漢語大詞典』（漢語大詞典出版社、一九九七年）には用例として明・凌濛初『初刻拍案驚奇』巻五「日子差池、犯了神煞的」を載せるが、これよりは確実に遡ることができる。類似の語としては唐代の敦煌遺書S八三五〇に「右太歳以下将軍、太陰、諸煞等神、逢子即遊……」と見え、唐・李筌『太白陰経』巻十・雑式・推神煞門戸篇に大将軍・豹尾などの年神を「神煞」と呼ぶ記述が確認できる。南宋・陳元靚『類編陰陽備用差穀奇書』（北京大学図書館蔵元刻本、全十五巻、一巻から六巻まで現存）の目録には「吉凶神殺」の語が確認できる。ただし該当箇所の本編は現存していない。

（9）以下は、集文書局影印本『選択金鑑諏吉述正』（一九九一年）の巻頭に付された黄順徳「諏吉述正篇目探原」を参考に、筆者が管見の限りで不足を補ったもの。

（10）『呉越春秋』『淮南子』の神煞は式占に関連した神煞だと見做される。『呉越春秋』については張覚『呉越春秋全訳』（貴州人民出版社、一九九三年）一九二～一九九頁および二九二～二九八頁に指摘がある。『淮南子』の式占については、馬王堆帛書『刑徳』との比較によりその実態が解明されつつある。陶磊『《淮南子・天文》研究』（斉魯書社、二〇〇三年）、武田時昌「刑徳遊行の占術理論」（『日本中国学会報』第六三集、二〇一一年）、小倉聖「『淮南子』天文訓「二十歳刑徳」の「刑」・「徳」運行について」（『史滴』第三四号、二〇一二年）を参照。

（11）四庫全書存目叢書編纂委員会編『四庫全書存目叢書』（斉魯書社、一九九五～九七年）所収。朱権とは明寧献王のこと。『四庫提要』に拠れば後世の増益があり当時の原本ではない可能性がある。『四庫全書存目叢書』所収本は中国国家図書館蔵明刻本。

（12）坂出祥伸・小川陽一編『中国日用類書集成』第二巻（汲古書院、一九九九年）五〇・五四頁。

（13）『四庫全書』所収。研究代表者三浦國雄前掲『術数書の基礎的文献学的研究――主要術数文献解題――』に該書の解題が収録されている。

（14）『四庫全書』所収。なお、『御定星暦考原』の内容は元・曹震圭『暦事明原』（一二七五～八二年成立）に基づく。詳しくは

大川俊隆「『暦事明原』成書考（上）」（『大阪産業大学論集 人文科学編』第九九号、一九九九年）、同氏著「『暦事明原』成書考（下）」（『大阪産業大学論集 人文科学編』第一〇一号、二〇〇〇年）を参照されたい。

（15）十二ヵ月の各月においてどの日がある行事・用事をなすのに吉であるかについて述べているので「月事吉神」と言う。

（16）十二ヵ月の各月においてどの日がある行事・用事をなすのに凶であるかについて述べているので「月事凶神」と言う。

（17）劉楽賢『睡虎地秦簡日書研究』（文津出版社、一九九四年）。本書第二部第一章の表2も参照。

（18）陳松長編著『香港中文大学文物館蔵簡牘』（香港中文大学文物館、二〇〇一年）三二頁。

（19）引用は劉楽賢氏の復元文に拠る。劉楽賢「馬王堆帛書《式法・祭》復原」（同氏前掲『戦国秦漢簡帛叢考』所収）を参照。

（20）湖北省文物考古研究所・北京大学中文系編『九店楚簡』（中華書局、二〇〇〇年）一二五～一二六頁を参照。

（21）湖北省文物考古研究所・北京大学中文系前掲『九店楚簡』に基づく。

（22）甘粛省文物考古研究所編『天水放馬灘秦簡』（中華書局、二〇〇九年）に基づく。

（23）陳松長前掲『香港中文大学文物館蔵簡牘』に基づく。

（24）湖北省文物考古研究所・随州市考古隊編『随州孔家坡漢墓簡牘』（文物出版社、二〇〇六年）に基づく。

（25）『元光元年暦譜』は呉九龍『銀雀山漢簡釈文』（文物出版社、一九八五年）に基づく。『天地八風五行客主五音之居』は銀雀山漢墓竹簡整理小組編『銀雀山漢墓竹簡〔貳〕』（文物出版社、二〇一〇年）に基づく。胡文輝「銀雀山漢簡《天地八風五行客主五音之居》釈証」（同氏著『中国早期方術与文献叢考』所収、中山大学出版社、二〇〇〇年）も参照されたい。

（26）連雲港市博物館・東海県博物館・中国社会科学院簡帛研究中心・中国文物研究所編『尹湾漢墓簡牘』（中華書局、一九九七年）に基づく。

（27）張家山二四七号漢墓竹簡整理小組『張家山漢墓竹簡〔二四七号墓〕』（文物出版社、二〇〇一年）に基づく。

（28）謝桂華・李均明・朱国炤『居延漢簡釈文合校』（文物出版社、一九八七年）に基づく。

（29）甘粛省文物考古研究所・甘粛省博物館・中国文物研究所・中国社会科学院歴史研究所編『居延新簡』（中華書局、一九九四年）に基づく。

（30）林梅村・李均明編『疏勒河流域出土漢簡』（文物出版社、一九八四年）に基づく。

（31）居延漢簡・居延新簡・疏勒河流域出土漢簡については高村武幸「中国西北部烽燧遺址出土漢簡に見える占術・暦注関係簡牘の集成と注釈」（『文学研究論集』第八号、明治大学大学院、一九九八年）、劉昭瑞「居延新出漢簡所見数術考釈」（同氏著『考古発現与早期道教研究』所収、文物出版社、二〇〇七年）を参照した。

(32) 魏堅主編『額済納漢簡』（広西師範大学出版社、二〇〇五年）に基づく。

(33) 胡平生・張徳芳編『敦煌懸泉漢簡釈粋』（上海古籍出版社、二〇〇一年）に基づく。

(34) 沅陵県博物館他「沅陵虎渓山一号漢墓発掘簡報」（『文物』二〇〇三年第一期）に基づく。

(35) 馬王堆漢墓帛書整理小組『馬王堆漢墓帛書〔肆〕』（文物出版社、一九八五年）に基づく。

(36) 劉楽賢「《出行占》摘釈」（同氏前掲『簡帛数術文献探論』所収）に基づく。

(37) 馬王堆帛書『式法』（『陰陽五行』甲篇）にも神煞が見える。すなわち徙篇に「歳」「天一」「小歳」「淦（咸）池」、天地篇に「天地」、祭篇に「發（廢）日」「啻（帝）司馬」「賊日」「直辰」「血文」「淊（咸）池＝淦（咸）池」「大錯」「玄戈」「軺美」「□星」「羖星」「經星」「紀星」「勺星」「□衡」「折星」「□矰」「拔通」「徳日」「大吉日」「吉日」「小吉日」「玉女觀」「視生□大」が見え、刑日篇に「大刑」「小刑」「刑日」が見え、未発表部分に「無堯（翹）」「郭」が見える。以上は、馬王堆漢墓帛書整理小組「馬王堆帛書《式法》釈文摘要」（『文物』二〇〇〇年第七期）、劉楽賢前掲「馬王堆帛書《式法・祭》復原」、劉楽賢「馬王堆帛書《式法》中的〝無堯〟和〝郭〟」（同氏前掲『戦国秦漢簡帛叢考』所収）に基づく。しかしながら、『式法』の内容は「式」の運用と関係があるとされ、『日書』等の択日書とは文献としての性格を異にする可能性がある。『式法』の全面的な公開が未だなされていないこともあり、上掲の『式法』中の神煞が、択日における神煞であるかどうかは不明である。

(38) 李歩嘉『越絶書校釈』（武漢大学出版社、一九九二年）一〇九頁に拠れば「郷（嚮）」は「順從的方向」の意、「衡（横）」は「衝突的方向」の意。神煞としての刑徳については胡文輝「馬王堆帛書《刑徳》乙篇研究」（同氏前掲『中国早期方術与文献叢考』所収）下篇「〝刑徳〟概念的演変」を参照。

(39) 『欽定協紀辨方書』巻五・義例三「重日」「復日」。

(40) 敦煌の具注暦について詳しくは西澤宥綜『敦煌暦学綜論――敦煌具注暦日集成――』（全三巻、自家発行、二〇〇四～〇六年）を参照。

(41) 張寅成『中国古代禁忌』（稲郷出版社、二〇〇〇年）第三章「時日禁忌的観念基礎及其原理」、劉道超『択吉与中国文化』（人民出版社、二〇〇四年）第二章「択吉之起源」など。

(42) 「陰陽」が術数・占術を意味することについては、山下克明『平安時代の宗教文化と陰陽道』（岩田書院、一九九六年）第一部第一章第一節「陰陽道の概念について」を参照。因みに羅竹風前掲『漢語大詞典』では「陰陽」の第五義に「指星相、占卜、相宅、相墓的方術」とある。

(43) 『史記正義』に「言拘束於日時、令人有所忌畏也」とあり、『史記集解』に「張晏曰、八位、八卦位也。十二度、十二次也。

二十四節、就中氣也。各有禁忌、謂日月也」とある。八卦位とは八方位のことであろう。

(44) 綱島梁川『春秋倫理思想史』(『梁川全集 第一巻』所収、大空社、一九九五年)前編第二章「春秋以前の倫理」。なおこの方面の最新の研究に浅野裕一『古代中国の宇宙論』(岩波書店、二〇〇六年)がある。参照されたい。

(45) 溝口雄三・丸山松幸・池田知久編『中国思想文化事典』(東京大学出版会、二〇〇一年)三〜五頁、溝口雄三・池田知久・小島毅編『中国思想史』(東京大学出版会、二〇〇七年)四〜一九頁を参照。なお『荀子』の天についても、『詩』『書』以来の天観を継承したものであることが、多くの先学によって指摘されている。橋本敬司「明治以降の『荀子』研究史――性説・天人論――」(『広島大学大学院文学研究科論集』第六九巻特輯号、二〇〇九年)を参照。董仲舒の天については池田知久「中国古代の天人相関論――董仲舒の場合」(溝口雄三・浜下武志・平石直昭・宮嶋博史『アジアから考える[7] 世界像の形成』所収、東京大学出版会、一九九四年)を参照。

(46) 例えば、魏徳勝『《韓非子》語言研究』(北京語言学院出版社、一九九五年)第五章「表達芸術」は「諸子散文都與時政相關，多論治國王霸的道理，以下統稱爲政論散文。……這些政論散文，闡述各家的學說，發表對當時政治的態度」と云う。

(47) おそらく「帝」「王」「天子」等は祭祀を通じて直接に「天」と相関するため、外面的な清潔さのみならず内面的・道徳的な誠実さをも求められたのであろう。天を祭ることができるのは「帝王」のみである。例えば、『礼記』大伝篇に「禮、不王不禘。王者禘其祖之所自出、以其祖配之」とあり、鄭玄注に「凡大祭曰禘。自、由也。大祭其先祖所由生、謂郊祀天也」とある。

(48) だからといって「帝王」が時日のタブーを無視できるわけではない。『史記』日者列伝における漢孝武帝の記事を参照。

(49) 前章において睡虎地秦簡『日書』には天神の類への祭祀の記述がないことを指摘したが、出土術数文献全般に渉って天・上帝に対する祭祀は確認できない。天を祭ることができるのは「帝王」だけであるから、出土術数文献にかかる記述がないことは、出土術数文献が想定する天人関係が天と「帝王」との関係ではないことを意味していると考えてよい。

なお、神煞に関連した部分ではないが、九店楚簡『日書』簡30には「達日……柎(利)於寇(寇)逃(盜)」とある。この一文は、出土術数文献の性格をよく表しているように思う。

(50) 六家之要指の「陰陽四時」以下は従来、月令に関する内容だと考えられてきた。しかしながら「使人拘而多畏」の「人」は、明らかに一般の人を指しており、一方、『礼記』月令篇や『呂氏春秋』十二紀といった月令は、天子のための、政治に関する内容であり、かつ「天子……命相布德和令、行慶施惠、下及兆民。慶賜遂行、毋有不當」(孟春)と云うように当然ながら天子には道徳性が要求される。よって、かかる文面は月令よりは『日書』等の択日における規定を指すものと捉えるべきであろう。

(51)　劉師培『周末学術史序』術数学史序(『劉申叔遺書』所収、江蘇古籍出版社、一九九七年)。

(52)　呂思勉『秦漢史』(上海古籍出版社、二〇〇五年)第二〇章第二節「諸家方術」、坂出祥伸『中国古代の占法——技術と呪術の周辺』(研文出版、一九九一年)第二章「方術伝の成立とその性格」、辛賢『漢易術数論研究』(汲古書院、二〇〇二年)第二章第一節「前漢期の術数的傾向」などを参照。

(53)　鄒衍・董仲舒・劉向は、梁啓超「陰陽五行説之来歴」(『古史辨』第五冊下編所収)によって「二千年来の迷信の大本営」たる「陰陽五行説」の「建設」者に仕立て上げられてしまった。中でも鄒衍はその唱道者とされた。これによって鄒衍は以後、陰陽五行説の成立に重大な役割を果たした人物かのように扱われるはめになった。しかしながら、出土術数文献中の占術の大半が陰陽五行説(陰陽の配当と五行の配当およびこの両者の組み合わせ、五行相生・五行相剋など)を用いたものであり、鄒衍の当時既にいわゆる陰陽五行説は完成していたと言ってよい。李零氏は陰陽五行説の起源を、事物を数字の象徴として捉える占術の方法(数字化)に由来すると考える。また、かかる考え方の淵源は古く、陰陽五行説は決して諸子の学に由来しないことを強調している。李零「従占卜方法的数字化看陰陽五行説的起源」(同氏著『中国方術続考』所収、中華書局、二〇〇六年)。鄒衍は既に完成されていた陰陽五行説を基礎に独自の宇宙論すなわち「大九州説」、独自の宇宙生成論すなわち「五徳終始」などを打ち立てた人物だと考えるべきであろう。

(54)　浅野裕一「鄒衍の思想」(同氏著『黄老道の成立と展開』所収、創文社、一九九二年)および該論文所引の先行研究を参照。

(55)　鄒衍から董仲舒への思想的継承については銭穆の指摘がある。銭穆『中国思想史』(蘭台出版社、二〇〇一年)第一九章「鄒衍与董仲舒」。

(56)　孟喜・京房と術数との関係については辛賢前掲『漢易術数論研究』第二章第二節「前漢期易学の展開」、趙立男「孟京易学と『易緯』」(『名古屋大学中国哲学論集』第五号、二〇〇六年)を参照。彼らの易学説と宇宙論については朱伯崑著・伊東倫厚監訳・近藤浩之編『易学哲学史』(朋友書店、二〇〇九年)第二編第三章「漢代の象数の学」を参照。

(57)　顧頡剛(小倉芳彦他訳)『中国古代の学術と政治』(大修館書店、一九七八年)第二〇章「讖緯の内容」。

(58)　『漢書』芸文志・数術略に描写された術数はおそらくかかる変化を受けた後の姿ではなかろうか。木村英一「術数学の概念とその地位」(『東洋の文化と社会』第一輯、一九五〇年)は、『漢書』芸文志の記述に基づいて漢代における術数学の特徴について述べた論文である。参照されたい。

(59)　鎮墓文の背景にある宗教組織については、劉昭瑞氏は太平道と考え(劉昭瑞前掲『考古発現与早期道教研究』)、張勲燎・

白彬『中国道教考古』(綫装書局、二〇〇六年)は初期天師道と考える。どちらにしろ鎮墓文は後世の道教経典『赤松子章暦』に発展する内容と見做されており、そこに表現される世界観・鬼神観などの背後に宗教教団組織(初期道教)の思想を想定するべきであろう。詳しくは池澤優「後漢時代の鎮墓文と道教の上章文の文章構造――『中国道教考古』の検討を中心に」(渡邉義浩編『両漢儒教の新研究』所収、汲古書院、二〇〇八年)を参照。

(60) 以上の説明は、三浦國雄「道教の天――「初期天師道」における「天帝」を中心に」(渡邉義浩前掲『両漢儒教の新研究』所収)に基づく。

(61) 西澤宥綜前掲『敦煌暦学綜論――敦煌具注暦日集成――』中巻一七四頁、余欣『神道人心――唐宋之際敦煌民生宗教社会史研究』(中華書局、二〇〇六年)第一篇第三章「死生異域――墓葬神煞考源」、池澤優前掲「後漢時代の鎮墓文と道教の上章文の文章構造――『中国道教考古』の検討を中心に」、許飛「漢代の告地文・鎮墓文・買地券に見られる冥界(上)」(『中国学研究論集』第二六号、広島中国文学会、二〇一一年)、同氏著「漢代の告地文・鎮墓文・買地券に見られる冥界(下)」(『中国学研究論集』第二七号、広島中国文学会、二〇一一年)。

(62) 三浦國雄前掲「道教の天――「初期天師道」における「天帝」を中心に」。

(63) 睡虎地秦簡『日書』において、神煞が祓除の対象になっていないことについては本書第二部第一章第二節に述べた。

(64) 呂思勉前掲『秦漢史』第二〇章第二節「諸家方術」。同氏著『両晋南北朝史』(上海古籍出版社、二〇〇五年)第二四章第一節「旧有諸迷信」も参照。

(65) 高木智見『先秦の社会と思想』(創文社、二〇〇一年)一七二頁。なお、高木氏は「鬼神術数の世界とは、本来、原中国の社会構造、血族意識、祖先観念を基盤にした夏殷周三代の精神世界を形容するにふさわしい語なのである。漢代において「鬼神術数の世界」の語を以て形容すべき側面は、原中国的な社会構造が、戦国時代を画期として崩壊し、血族意識や祖先観念も大きく変容した後にまで、かつての原中国的な観念が残存したものと考えるべきであろう。……様々な原中国的な現象が、秦漢以降も濃厚に見られるという事実は、このように理解すべきであろう」(同上)と云う。たとえその内実に変化が起こっていようとも、中国において術数および時日のタブーが古代から現在まで伝承し続けてきた事実を考え合わせれば、術数的天道観は高木氏の言う原中国的観念の一部であると見做して大過なかろう。

(66) 黄正建『敦煌占卜文書与唐五代占卜研究』(学苑出版社、二〇〇一年)九〇~九二頁を参照。密教占星術について詳しくは矢野道雄『密教占星術』(東京美術選書、一九八六年)を参照されたい。

(67) 廖咸恵氏の論文に、廖咸恵「探休咎:宋代士大夫的命運観与卜算行為」(走向近代編輯小組『走向近代 国史発展与区域動

向』東華書局、二〇〇四年）、同氏著（上内健司訳）「墓葬と風水――宋代における地理師の社会的位置――」（『都市文化研究』第一〇号、二〇〇八年）、同氏著（今泉牧子訳）「「小道」の体験――宋代士人生活における術士と術数――」（『都市文化研究』第一三号、二〇一一年）等がある。劉祥光氏の論文は、劉祥光『宋代日常生活中的卜算与鬼怪』（政大出版社、二〇一三年）に収録。日本語訳論文には同氏著（水口拓寿訳）「宋代における卜算書籍の流通」（『中国――社会と文化』第二五号、二〇一〇年）がある。なお、この方面の先駆的研究に竺沙雅章「宋代の術士と士大夫」（同氏著『宋元佛教文化史研究』所収、汲古書院、二〇〇〇年）がある。

（68）数学（象数学）の分野の研究に川原秀城「数と象徴――皇極経世学小史――」（『中国――社会と文化』第一二号、一九九七年）、吾妻重二「「洪範」と宋代政治思想の展開――災異説と皇極概念」（同氏著『朱子学の新研究』所収、創文社、二〇〇四年）等があり、風水の分野の研究に南宋・蔡元定『発微論』の「儒理」を解明した水口拓寿『風水思想を儒学する』（風響社、二〇〇七年）等がある。

（69）本章では道家の天道観については言及できなかった。高木智見氏は、『老子』の天道観と陰陽家の天道観の源流が史官の思想にあるとする（高木智見前掲『先秦の社会と思想』第二部第三章「天道と道」）。考えるに、『漢書』芸文志・諸子略・陰陽家に『黄帝泰素』が見え、数術略に『黄帝陰陽』『黄帝諸子論陰陽』が見え、黄老家と陰陽家・術数とのつながりを覗わせる。この方面の先行研究には王博『老子思想的史官特色』（文津出版社、一九九三年）、葛志毅・張惟明「黄帝与黄帝之学」、同両氏著「《黄老帛書》与黄老之学考辨」（ともに同両氏著『先秦両漢的制度与文化』所収、黒龍江教育出版社、一九九八年）、金晟煥『黄老道探源』（中国社会科学出版社、二〇〇八年）、曹峰「黄老思想与民間術数――以出土文献為線索」（方勇主編『諸子学刊』第五輯、上海古籍出版社、二〇一一年）等がある。出土術数文献に見える天道観と史官・道家・黄老家・道教の天道観との関係性の考察は今後の課題としたい。

（70）張寅成前掲『中国古代禁忌』第四章第一節「禁忌所及的地理分佈与社会階層」。

第三章　『日書』における禹歩と五画地の出行儀式

はじめに

前章までの検討によって出土術数文献および『日書』が如何なる性質を有する書籍であるかが明確になった。出土術数文献とは、天（天道）の規則的・循環的運行を把握することで、凶を避け吉に趨くことを目的とする実用書であり、基本的には功利的な性質を有する。そして『日書』は戦国秦漢時代において、かかる術数を代表する書籍であると見做されていたようである。

本章は『日書』に掲載される禹歩と五画地を伴う出行儀式について検討するものであるが、従来の研究において、かかる儀式を検討するに当たって、『日書』が如何なる性質を有する書籍であるかという理解がない上で、つまり『日書』が術数書（択日書、日選びの書）だという認識を欠如した上で、議論が行われてきたため、その結論はおのずと『日書』の性質からかけ離れたものになってしまっていたようである。

本章での検討は、日選びの書である『日書』に、なぜかかる儀式が掲載されているのか、その理由を探るものである。

そもそも「禹歩」は、『抱朴子』から現在に到るまで道教儀礼のひとつとして重要視されている歩行法であって、その具体的な方法は『抱朴子』仙薬篇・登渉篇にはじめて見える。しかしながら、『抱朴子』以前の文献には禹歩についての記述は少なく、その来歴および起源は不明であった[1]。そのような状況の中、一九七五年に睡虎地秦簡『日書』が出土した。睡虎地秦簡『日書』甲種・乙種には、出行に際して行う禹歩を伴う儀式が見え、秦代に既に禹歩が実在していたことが知られた。その後一九八六年には放馬灘秦簡『日書』が出土し、その甲種・乙種にも禹歩についての記述が確認された。これらの新資料は、『抱朴子』以前の禹歩の実態を探ることを可能にするものとして着目され、先学による研究が数多く発表されている[2]。

『日書』において、禹歩は出行に際して行われたと考えられる一連の儀式の中に登場しており、この儀式は「禹歩」「五画地」「呪文」等から構成される。本章では睡虎地秦簡『日書』甲種・乙種、放馬灘秦簡『日書』甲種・乙種のかかる儀式を総称して仮に「禹歩五画地法」と呼ぶこととする。

さて、『日書』以降の伝世文献中にも、出行に際して禹歩を行うなど、禹歩五画地法と類似した儀式が存在することが先行研究において既に指摘されている。先行研究が指摘する類似の出行儀式を列挙すれば以下の通り（なお、先行研究が類似する儀式として指摘するものでも、出行の際に行われる儀式でないものは取り上げない）。

▼酒井忠夫氏[3]・工藤元男氏[4]
○唐・遠清（仮託）『北斗治法武威経』（『道蔵』洞神部方法類・薄）天罡法
○『太上六壬明鑑符陰経』（『道蔵』洞神部方法類・履）巻之四・玉女反閉局
○金・施子美『軍林兵人宝鑑』巻之上・速用第三
▼胡文輝氏[5]
○敦煌遺書S二七二九背『太史雑占暦』出軍大忌日法
○北宋・楊維徳等『景祐遁甲符応経』（『続修四庫全書』所収）巻下・玉女反閉局法[6]

○元『居家必用事類全集』丙集に引く『趙氏拝命暦』速用縦横法第十二
○明・程道生『遁甲演義』(『四庫全書』所収)巻二・玉女反閉訣
○『増補玉匣記』[7]上巻・出行緊急用四縦五横法
▼黄一農氏[8]
○元『居家必用事類全集』丙集に引く『趙氏拝命暦』速用縦横法第十二
○『増補選択通書玉匣記』巻上・出行四縦五横法
▼余欣氏[9]
○敦煌遺書P二六六一背『諸雑略得要抄子一本』中の出行儀式
○敦煌遺書S二七二九背『太史雑占暦』出軍大忌日法
○北宋・楊維徳等『景祐遁甲符応経』(『続修四庫全書』所収)巻下・玉女反閉局法

例えば、酒井忠夫・工藤元男・胡文輝・黄一農四氏が共通して挙げる「速用縦横法」(「縦横法」「四縦五横法」とも呼ばれる)は、明清の通書(日選びの書)[10]の多くに掲載されているが、その文面は確かに『日書』と類似する。四氏は禹歩五画地法と後世の速用縦横法とが類似することを指摘した上で、両者が継承関係にあると推測する。速用縦横法が見える最も古い『趙氏拝命暦』(一一九三年)と『日書』とには千年を超える時間の隔たりがあるが、先行研究では千年間に渉っての儀式の継承の過程については言及していない。五氏は速用縦横法以外にも禹歩五画地法と類似する儀式、関係があると考えられる儀式を挙げてはいるが、それぞれが発見した資料をただ提示するのみであり、それらの資料と禹歩五画地法とが如何なる関係にあるのかについての検討が十分だとは言えないのである。

また、先行研究において、禹歩五画地法の理解の根幹に関わる見解が、大きく二つに分かれる。ひとつは工藤氏の見解で、禹歩五画地法は出行に際して必ず行う儀式（祖道・軷礼の類）と考える（酒井・胡文輝両氏も同じ）。もうひとつは黄一農氏の見解で、『日書』には多くの出行の吉日・凶日が見え、凶日には出行するべきでないとされているが[11]、禹歩五画地法は、急用等でどうしても吉日を選んで出行できない、凶日に出行しなければならない時に行うものだと考える。ただ、黄一農氏はその根拠として速用縦横法との類似を言うのみで（速用縦横法は「事急不暇擇日當作縱横法」とされる）、禹歩五画地法が後世の速用縦横法と同じく「事、急にして日を擇ぶ暇あらざる」時に行ったという証拠を提示できていない。

そこで、本章では、継承の関係が不明瞭であった秦代の禹歩五画地法から南宋以降の速用縦横法への流れを、先学が指摘する資料および筆者が新たに発見した資料を用いて再検討し、そこから禹歩五画地法を改めて考察することにしたい。

一、『日書』の禹歩五画地法

睡虎地秦簡『日書』甲種「出邦門」篇の禹歩五画地法は次の通り[12]。

行到邦門困（閫）、禹歩三、勉壹歩、諄「皋、敢告」、曰「某行毋咎。先爲禹除道。」即五畫地、掓其畫中央土而懷之。（簡111背～112背）

行くに、邦門の閫に到りて、禹歩すること三たびし、壹歩を勉《すす》むるごとに「皋《ああ》、敢へて告ぐ」と諄《さけ》び、曰く「某の行に咎毋《とがな》かれ。先んじて禹の爲《ため》に道を除《はら》はん」と。即ち五もて地に畫《あが》き、其の畫の中央の土を掓《ひろ》ひて之を懷《をさ》む。

訓読は概ね工藤氏に基づいた。工藤氏はこれまでの先行研究を検討し、主に馬王堆帛書『五十二病方』との比較などによって本篇の構造を明らかにしている。詳細については同氏の論考を参照されたい。ただし、筆者は「禹歩」「五画地」の理解について、工藤氏と見解を異にする部分がある（後述）。

睡虎地秦簡『日書』乙種「出邦門」篇の禹歩五画地法は次の通り。

【出】邦門、可⧄行⧄、禹符左行置右環（還）曰⧄□□右環（還）曰「行邦⧄令行。」投符地、禹歩三、曰「皋、敢告□□□□□□□。」符上車。毋顧。（簡102參～107貳）

邦門を出づるに、可⧄行⧄、禹符もて、左行し、置きて、右還して曰く⧄□□右還して曰く「行邦⧄令行」と。符を地に投げ、禹歩すること三たびし、曰く「皋《ああ》、敢へて告ぐ□□□□□□□」と。符もて上車す。顧みる毋《な》かれ。

残欠が多く通読が困難なため、訓読は一応のものである。なお、冒頭の字は、上半分が欠損しているが、整理小組は「出」字を補う(13)。写真図版を見ると確かに「出」字の下半分に見える。竹簡を実見している整理小組の判断に従うべきであろう。よって本篇も甲種のものと同じく出門時に行う儀式となる。本篇に独自の特徴としては「禹符」の使用が挙げられる（後述）。

放馬灘秦簡『日書』(14)甲種・乙種については、二〇〇九年八月『天水放馬灘秦簡』が出版され、すべての写真図版・釈文が公開された。禹歩五画地法の部分は甲種と乙種の文面がほぼ同じである。今、甲種のものを示せば次の通り。

■禹須臾、行不得擇日、出邑門、禹歩三、鄉（嚮）北斗、質畫地視之、曰「禹有直五横。今利行、行毋咎。爲禹前除道。」(15)（簡66貳～67貳）

■禹須臾、行くに、日を擇ぶを得ずして邑門を出づるに、禹歩すること三たびし、北斗に嚮《むか》ひ、質《つし》みて地を畫し之を視て、曰く「禹に直五横有り。今、行に利あれ、行に咎《とが》毋《な》かれ。禹の爲《ため》に前《さき》んじて道を除《はら》はん」と。

冒頭に「禹須臾」とある理由については本章結論部分にて述べる。次に「直五横」であるが、これについては、睡虎地秦簡『日書』の「五画地」と関連して種々の見解が提出されている（後述）。また本篇の特徴のひとつとして、他の禹歩五画地法に見られない「鄉（嚮）北斗」の記述が挙げられる。本篇については、工藤氏に『天水放馬灘秦簡』出版以前の釈文を用いた考証がある。[16] 旧釈文では「行不得擇日出邑門」を「行得擇日出邑門」に作る。このため先行研究では禹歩五画地法は出行に際して必ず行う儀式と考えられてきたようである。しかしながら、写真版図版を見るに、「不」字が確認できる。これによって禹歩五画地法は「行くに、日を擇ぶを得ずして邑門を出づる」時に行う儀式であることが判明した。禹歩五画地法は、出行の凶日に急用でどうしても出発しなければならない場合に行われた儀式だ、と言えよう。

となれば、禹歩五画地法は如何なる場合に行われたのか、という問題の答えは、前述の黄一農氏の見解をもって正解となすことになるのだろうか。否、筆者の見解は黄一農氏とも異なる。このことについては、現代に到るまでの禹歩五画地法の変遷を追った後、本章第七節にて述べたい。

（1）禹　歩

禹歩五画地法が、出行の凶日に出発する場合に行う儀式であるならば、どうしてそこで禹歩を行うのであろうか。

考えるに、『法言』重黎篇に「昔者姒氏治水土、而巫歩多禹」とあり、ここに東晋の李軌が注して、

> 姒氏、禹なり。水土を治め、山川を渉り、足を病む。故に行《あゆ》むに跛するなり。禹は自ら聖人なれば、是を以て、鬼神・猛獣・蜂蠆・蛇虺は、之を螫《さ》す莫《な》きのみ。而して俗巫は多く禹歩に効《なら》ふ。

と云う。李軌は禹歩の起源を説明するのと同時に禹歩を行う理由をも説明している。禹歩は「鬼神・猛獣・蜂蠆・蛇虺」を避けるため、つまり辟邪のために行うものだとされる。[17]

また近年出土の古医書中にも禹歩が多く見える。[18] 当時の呪術的治療の方法として、病気の原因である悪霊（病魔）を退散させることによるものがある。古医書における禹歩もその一種であると考えられ、辟邪・祓禳のために行うという点で、『法言』重黎篇の李軌注の見解と一致する。

では、なぜ禹歩に辟邪の力が認められたのか。筆者は、禹が戦国秦漢時代において辟邪の神として信仰されていたという一面を持つからだと考える。例えば禹の治水は有名だが、その方法には水害をなす悪神を退治（つまり辟邪）する、というものもある。[19]また、『左伝』宣公三年[20]や『説文』巻七上「鼎」の条[21]では、禹が作った鼎は螭魅魍魎を避ける力を有するとされる。中でも、禹の辟邪神としての性格を如実に示す資料として、馬王堆帛画『太一将行図』[22]が挙げられる。『太一将行図』は、太一（天帝）の出行に当たって、種々の神々がこれを守護するさまを描いたもの。胡文輝氏に拠れば、中央上に描かれている胸に「社」とある神が、社神・禹である。この図の右に「承弓、禹先行、赤包白包、莫敢我鄉（嚮）、百兵莫敢我【當】（弓を承《う》け、禹、先んじて行き、赤包白包、敢へて我に嚮《むか》ふ莫《な》く、百兵敢へて我に當たる莫《な》し）」とあり、太一の出行に先立ち、禹が弓を持って祓禳をなすものと考えられる。[23]

禹は太一の出行に先立って道路の祓禳を行う存在つまり辟邪神だと考えられている。禹歩五画地法においては、「先爲禹除道」「爲禹前除道」と云うように、出行者が自ら禹の歩法である禹歩を行い、禹に先立って禹になり代わって道路の祓禳を行う。[24]これはつまりは、出行者の背後には辟邪神である禹がいるということを意味する。その辟邪の力により何者も彼を傷付けようとはしなくなるのである。

（2）禹　符

李建毛氏は、『太一将行図』は「護身符籙」（呪符）であり、「身につけて持ち歩くもので、佩符の類に属するもの」だと考える。[25]しかしながら、戦国秦漢時代に符を携帯することがあったかどうかはわからない。[26]

現在、「符」およびその使用が見える最も古い文献は、睡虎地秦簡『日書』乙種の「禹符」であり、ここでは符は持ち歩くものではなく、地面に置き、また地面に投げつけるものとされている。よって、筆者は、李建毛氏に従い『太一将行図』を護身符籙（呪符）だと考えるが、その使用法は、出行に際して地面に投げつけるのではないかと想像する。更に想像を逞しくするならば、『太一将行図』の中央に禹が描かれていることから考えるに、

『日書』の「禹符」は、『太一将行図』のようなものだった可能性があろう。

(3) 五画地

五画地については、如何なる図形を地面に描いたのかについて見解が分かれている。主要な見解としては、①「五芒星」説、②「四縦五横」説、③「午画」説、の三つの説がある。

①「五芒星」説は、地面に五芒星☆を描く、と考えるもので、工藤氏が初めに提出した説[27]。工藤氏は後、「五芒星」説を撤回し、②「四縦五横」説を提起する。それは放馬灘秦簡『日書』の「直五横」を、後世の速用縦横法の「四縦五横」と結び付けて考え、「四」字の脱文があると推定し、地面に「四直五横」つまり四縦五横の図形▦を描くことと解した。また、睡虎地秦簡『日書』の「五畫地」も四縦五横を描くこととした[28]。しかしながら、筆者は、千年も後の資料を用いて脱字を補うことが適切かどうか、一考の余地があるように思う。後述するが、唐代に到っても四縦五横という図形は固定・定着していないようであり、となれば、秦代において四縦五横の図形が存在したかどうかは全く不明と言わざるを得ない。「五芒星」説・「四縦五横」説は、秦代にかかる図形が実在したことが証明されて、はじめて首肯され得る説だと言えよう。

一方、胡新生氏は③「午画」説を提出する。すなわち「「五畫地」の「五」は交午の「午」の通仮」だとし、「五畫」とは「午畫」で、交叉図形（つまり＋もしくは×）を描くこととする[29]。胡新生氏は「五畫」が「午畫」である根拠を特に示していないが、筆者は胡新生氏の「午画」説に従いたい。と言うのは、周家台秦簡『病方及其它』簡345〜346には、

●馬心。禹歩三、郷（嚮）馬祝曰「高山高郭、某馬心天、某爲我已之、并□待之。」即午畫地、而最（撮）其土、以靡（摩）其鼻中。

●馬心。禹歩すること三たびし、馬に嚮《むか》ひ祝して曰く「高山高郭、某が馬の心は天にして、某、我が爲《ため》に之を已《や》めん、并□待

之」と。即ち午もて地に畫《えが》き、而して其の土を撮《と》り、以て其の鼻中を摩《こす》れ。

とあり、『関沮秦漢墓簡牘』の整理者はここの「午畫地」に注して、

「午」とは、縦と横とが交わること。『玉篇』午部に「午、交也」とあり、『儀礼』大射に「度尺而午」とあり、鄭玄の注に「一縦一横曰午、謂畫物也」とある。「午畫地」とはつまり、地面に一縦一横の二本の直線が交叉した図形を画《えが》くことにほかならない。

と云う。(30) 胡新生氏の説を裏付けるものと言えよう。また馬王堆帛書の古医書にも「五画地」と関連した語句が見える。『養生方』走篇189〜190行には、

行宿、自謼「大山之陽、天□□□、□□先□、城郭不完、【閉】以金關。」即禹歩三、曰〈衍〉以産（生）荊長二寸周畫〈畫〉中。

行きて宿するに、自ら「大山の陽、天□□□、□□先□、城郭完《まった》からざるも、閉ざすに金關を以てす」と謼《さけ》び、即ち禹歩すること三たびし、生荊の長さ二寸なるを以て周もて中に畫《えが》く。

とあり、『養生方』走篇191行には、

東郷（嚮）謼「敢告東君明星、□來敢到畫所（處）者、席彼裂瓦、何人。」有（又）即周【畫】中。

東に嚮《むか》ひて「敢へて東君明星に告ぐ、□來りて敢へて畫《えが》ける處に到り、彼の裂瓦を席とするは、何人ぞ」と謼《さけ》び、又た即ち周もて中に畫《えが》く。

とある。「周畫中」は、中（室中か）に「周」つまり丸を描くことだと考えられる。また、時代は降るが『抱朴子』登渉篇には「畫地作方」が見える。次の通り。

若《も》し暮《くれ》に山中に宿する者は、……左手を以て刀を持ち、炁を閉ぢ、地に畫《えが》きて方を作り、祝して曰く「恆山の陰、太山の陽、盗賊起らず、虎狼行かず、城郭完《まった》からざるも、閉ざすに金關を以てす」と。因て刀を以て横ふること旬日。白虎の上に中《あた》るも、亦た畏るる所無きなり。

文中にいわゆる「白虎」は神煞(神煞については、本書第二部第一章および第二章を参照)の一種である。

以上から、「△画地」の△は、描く図形を指すのであって、そこで用いる線の本数を意味していないこと、そしてその図形は「周《まる》」や「方《しかく》」など多様で、その一つに「五(午)」があったことがわかる。なお、戦国秦漢時代の「五」字は「⧗」の形だが、数字卦や骰子《サイコロ》の目など、術数に用いられる時は、「×」の形で書かれる。[31] 図11・図12を参照。午は線と線が交叉した図形つまり＋もしくは×を意味する。つまり「五畫地」「午畫地」はどちらも地面に線と線が交叉した図形を描くことを意味することになる。

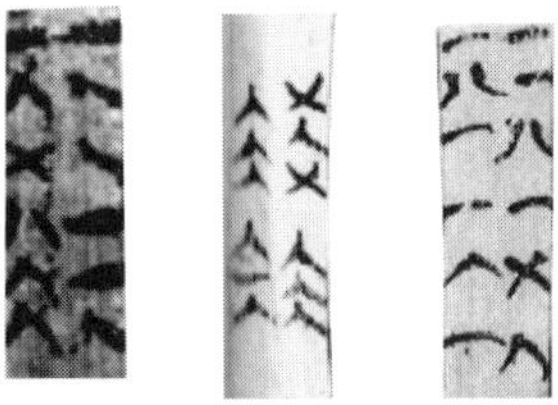

図11　数　字　卦

左から包山楚簡229号簡
新蔡葛陵楚簡甲三184-2号簡
新蔡葛陵楚簡乙四79号簡

線と線が交叉した図形(例えば十字)について言えば、かかる図形は世界的に、防禦・辟邪の力を有すると観念されている。[32] 中国においても、白川静氏が「五はもと上下の二横線を×でつないだ形で、器物の蓋の象形である。……五と午、敵と御はいずれも禁止、防禦を原義としており、……

図12　江陵王家台15号秦墓出土の骰子《サイコロ》

ともに線の交錯によって構成される。そしてそこに抵抗、矛盾、否定の諸契機が生まれるのであるが、そのような関係において最も明確に拒否的な意味を示すものは×である」と云う(33)。

放馬灘秦簡『日書』の「禹有直五横」は、「禹に直《たて》の、横に五(午)《まじ》はる有り」と読むべきものと思われる。縦が横と交わる図形つまり＋を禹に由来するものと考え、地面に＋を描き、この呪文を唱えたのであろう。

以上を要するに、睡虎地秦簡『日書』の「五畫地」、放馬灘秦簡『日書』の「畫地」(禹有直五横)は、両者とも、地面に＋もしくは×を描くことであり、このような図形を描くのは、線の交錯する図形が辟邪の力を有すると観念されたためだと考えられる(34)。

二、『抱朴子』の禹歩

伝世文献ではじめて纏まった禹歩の記述が見えるのが『抱朴子』(三一七年)である。『抱朴子』中の禹歩が見える箇所をすべて列挙すれば次の通り(35)。

①凡そ諸芝を見れば、……徐徐に王相の日を擇びて、醮祭を設け、酒脯を以て、祈りて之を取り、皆な日下従《よ》り禹歩し閉氣して往くなり。(仙薬篇)

②菌芝は、或いは深山の中に生じ、或いは大木の下に生ず。……皆な當に禹歩して往きて之を采取すべし。(仙薬篇)

③禹歩の法。前に左を擧げ、右は左を過ごし、左は右に就く。次に右を擧げ、左は右に過ごし、右は左に就く。次に右〈左〉を擧げ、右は左を過ごし、左は右に就く。此《か》くの如くにして三歩すれば、當に二丈一尺に滿ち、

後に九跡有るべし。（仙薬篇）

④仙人の、瘟疫に入るの祕禁法。其の身の、五玉と爲《な》るを思ふ……。又た金巾を冠するを思ふ……。又た一法、其の髮散じて以て身を被らしめ、一髮の端に輒ち一大星有りて之を綴るを思ふ。又た七星北斗と作《な》り、魁を以て其の頭を覆ひ、罡を以て前を指すを思ふ。又た五臟の氣の、兩目從《よ》り出でて、身を周《めぐ》ること雲霧の如くなるを思ふ……。則ち疫病者と牀を同じくすべきなり。或いは禹歩し、直日玉女を呼び、或いは閉氣し、力士の、千斤の金鎚を操るもの百二十人、以て自ら衞《まも》るを思ふ。（雜応篇）

⑤務成子の法。……此の金もて牡荊・赤黍酒を取りて之を漬《ひた》すこと百日、即ち柔となりて和すべきなり。小豆の如し。……又た一丸を以て、禹歩し、虎狼蛇蝮に擲《なげう》てば、皆な即死す。（黄白篇）

⑥『遁甲中經』に……又た曰く「山林の中に往くには、當に左手を以て青龍の上の草を取り、半《なかば》を折りて逢星の下に置き、明堂を歴《へ》て太《衍》陰中に入るべし。禹歩して行き、三たび呪して曰く「諾皐。大陰將軍、獨り曾孫王甲に聞〈開〉き、外人に開く勿《な》かれ。人をして甲を見しむ者は、以て束薪と爲り、甲を見ざる者は、以て非人と爲らん」と。則ち持つ所の草を折りて地上に置き、左手に土を取り、以て鼻の人中に傅《つ》け、右手に草を持ち自ら蔽ひ、左手は前に著《つ》け、禹歩して行き、六癸の下に到り、閉氣して住《とど》まれば、人も鬼も見る能はざるなり。凡そ六甲を青龍と爲し、六乙を逢星と爲し、六丙を明堂と爲し、六丁を陰中と爲すなり。䷇比《なら》びて既濟卦と成る。初一・初二の跡の、九跡の數に任《た》へざれば、然れば相ひ因仍すること一歩七尺。又た云ふ一尺。合して二丈一尺なれば、顧みて九跡を視る。又た禹歩の法。正立し、右足は前に在り、左足は後に在り、次に復た【左足】を前にし、【次に】右足を【前にし】、左足を以て右足に從ひて併す、是れ一歩なり。次に復た右足を前にし、次に左足を前にし、右足を以て左足に從ひて併す、是れ二歩なり。次に復た【左足】を前にし、【次に】右足を【前にし】、左足を以て右足に從ひて併す、是れ三歩なり。此くの如くして、禹歩の道畢《をは》る」と。凡そ天下の百術を作《な》すに、皆な宜しく禹歩を知るべし。獨り此の事のみならざるなり。（登渉篇）

⑦介先生の法。山中に到りて住するに、思ひて五色の蛇、各〻一頭を作り、乃ち閉炁して青竹及び小木板〈枝〉を以て屈《ま》げて之を刺し、左徊して禹歩し、思ひて呉蚣《むかで》数千板〈枚〉を作り、以て其の身に衣《き》て、乃ち去《ゆ》けば、終《つひ》に亦た蛇に逢はざるなり。（登渉篇）

『抱朴子』において山は、「入山の法を知らざれば、多く禍害に遇ふ」（登渉篇）と云うように、しかるべき方法をもって入山しなければ禍害に遭うとされている。①②の禹歩は山中に仙薬を取りに行く際、禍害を避けるため（辟邪）の禹歩。③はその歩法。⑤は務成子法という方法で精製した黄金の丸薬の使用法で、禹歩をして、この丸薬を虎等に投擲すれば、即死させることができる。禹歩に虎等の害獣を退治する力があると考えられており、故に丸薬の投擲の際に禹歩を行う。これも辟邪術。④は「仙人入瘟疫祕禁法」。つまり病気の流行っている地域に入っても病気に罹らないようにする（病魔を避ける）方法。ここでは七つの存思法が記されている。存思法は、『抱朴子』においては、例えば地真篇に「道術の諸經に、思存念作する所、以て惡を却け身を防ぐべき者、乃ち數千法有り」と云うように、辟邪のために行うものである。[36]ここでは禹歩は、直日玉女を呼び出す（前後の文脈から、存思して呼び出すものと考えられる）ことと組み合わさって登場する。[37]禹歩・存思法はともに辟邪術であり、両者を組み合わせることで、その効力を高めて、病魔を避けることが可能だと考えられたのであろう。⑦も存思法と禹歩との組み合わせ。⑥は『遁甲中経』の遁甲術（隠身術）。この術をなせば人も鬼もその人を見ることができなくなると云う。鬼を避けるための術であるから、これも辟邪術。この術の中で禹歩は、組み合わされる術の要素のひとつに過ぎないのだが、葛洪は格別に禹歩を重要視する。

⑥の『遁甲中経』の引用がどこまでなのかはよくわからないが、最後の一文（「凡」以下）は少なくとも葛洪自身の言葉だと思う。遁甲術を載せる『遁甲中経』において遁甲術以外の「天下百術」のことを云う必要はないからである。葛洪は「凡そ天下の百術を作《な》すに、皆な宜しく禹歩を知るべし。獨り此の事のみならざるなり」と云

うが、『抱朴子』中の禹歩は（『抱朴子』以前と同じく）すべて辟邪術である。禹歩は数多くある辟邪術のひとつに過ぎない。『抱朴子』中の禹歩については、葛洪自身の説明よりも、『法言』重黎篇の李軌注の「是を以て、鬼神・猛獣・蜂蠆・蛇虺は、之を螫《さ》す莫《な》きのみ。而して俗巫は多く禹歩に效《なら》ふ」という説明の方が、その辟邪術としての実態を言い当てていると言えよう。葛洪と李軌は同時代の人。おそらくこの注は当時の状況を踏まえて付けられたものなのであろう[38]。故に『抱朴子』における禹歩の実態とも合致するわけである。一方、葛洪の説明は、当時の状況の客観的説明ではなく、道家・抱朴子としての個人的な見解・意見だと考えざるを得ない[39]。

以降、葛洪の言を受けて、道家において禹歩は重要視され、重要視に伴ってそれは煩雑化・複雑化し、また種々のバリエーションが生まれた。『洞神八帝元変経』（五〇八年？）禹歩致霊第四においては禹歩は「此れ萬術の根源・玄機の要旨爲り」と云われる程に重視されている。また、『抱朴子』には僅かに二種の歩法しか認められないが、この当時には「末世以來、道を好む者衆《おほ》し。求むる者蜂起し、推演すること百端。……類に觸れて之を長し、便ち九十餘條種に成る。擧足同じからず、呪頌各〻異なる」（同上）と云うように九〇種以上もの禹歩があった。これ以降も禹歩のバリエーションは増え続けていくのだが、そのような禹歩は以前よりもより複雑な歩法となっていった。また、禹歩を行う前に入念な準備が必要とされた[40]。後に、禹歩は道教の正式な儀礼の一部として組み込まれ、その主要儀礼となり、かつ道教的宇宙論の根拠とまでされ、実践され今日に到る[41]。このような禹歩は出行や辟邪と直接は関係ない。よって本章では扱わない。

なお、このような流れで、辟邪としての禹歩も複雑化していった。例えば⑥の禹歩を伴う隠身術は、『抱朴子』の段階でも複雑であるが、唐代に到ると更に複雑になる。代表的なものとしては敦煌遺書Ｐ三八一〇の『湘祖白鶴紫芝遁法』『踏魁罡歩斗法』『太上金鎖速環隠遁真訣』がある[42]。

三、『北斗治法武威経』の天罡法

先行研究において禹歩五画地法と類似の儀式は幾つか指摘されているが、その中で最も類似しているのは『北斗治法武威経』の天罡法だと思う。次の通り。

天罡法云、……凡開城・建塞・修造・遷葬、年月不動、頻遇灾殃、或統軍破敵、彼在吉方、我在凶地、或朝拝帝王・參謁官府・上官受職、或登山・渉海有風濤魚龍之難、或宿惡廟神壇・逃遁兵難・惡人加害・及虎狼惡獣、或出行・求財・遊藝、並行天罡法。先啓告北斗、誦呪訖、念七星名字(43)、以杖子畫地四縦五横、禹歩而行。隨天罡役去、任意所行、殃灾消滅。……

禹歩呪曰「四縦五横・六甲六丁。禹王治道、蚩尤辟兵、遍行天下、曲戈反復(44)。所有一切虎狼賊盗凶惡等、並赴吾魁罡之下、無動無作。急急如律令。」

禹歩法

四縦五横

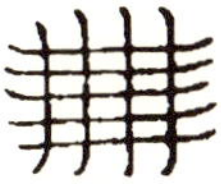

禹歩印文

毎臨起時、安排諸事訖、誦呪畢、便行。不可回顧。

斗罡

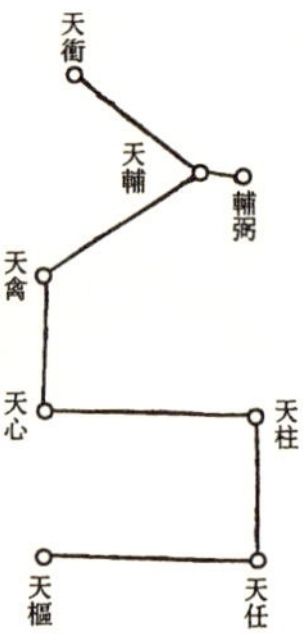

天罡法に云ふ、……凡そ開城、建塞、修造、遷葬するに、年月動かせずして、頻〻《しばしば》災殃に遇ふ、或いは軍を統《す》べて敵を破らんとするに、彼は吉方に在りて、我は凶地に在り、或いは帝王に朝拝し、官府に參謁し、上官受職す、或いは登山し渉海するに風濤魚龍の難有り、或いは悪廟・神壇に宿す、兵難より逃遁す、悪人、害を加ふ、虎狼・悪獣に及ぶ、或いは出行、求財、遊藝するに、並びに天罡法を行ふ。先づ北斗に啓告し、呪を誦し、訖《をは》れば、七星の名字を念じ、杖子を以て地に四縦五横を畫《ゑが》き、禹歩して行く。天罡に隨ひて役去すれば、任意に行く所、殃災消滅す。……禹歩して呪して曰く「四縦五横・六甲六丁。禹王は道を治め、蚩尤は兵を辟《さ》く。遍《あまね》く天下を行《めぐ》りて、曲戈反復す。所有一切の虎狼・賊盜・凶悪等、並びに吾が魁罡の下に赴けば、動く無く作《な》す無し。急急如律令」と。……起《た》つの時に臨む毎《ごと》に、諸事を安排し、訖《をは》れば、呪を誦し、畢《をは》れば、便ち行く。回顧すべからず。

天罡法が「開城・建塞・修造・遷葬、年月不動、頻遇災殃」「統軍破敵、彼在吉方、我在凶地」等の場合に行われることは、禹歩五画地法が「行不得擇日出邑門」の場合に行われることと非常に類似している。また、儀式の諸要素もほぼ一致する。北斗信仰、画地、禹歩、呪文、呪符(印)の使用(45)、返顧の禁止等が天罡法と禹歩五画地法とで共通する要素である。もちろん、個別の要素に変化はある。地面に描く図形が変化し(＋・×から卌へ)、呪文は「六甲六丁」(46)「急急如律令」(47)等を組み込んで相当に変化していることなど。しかしながら、儀式の諸要素が共通することから考えれば、禹歩五画地法を継承したものが天罡法だと見做してよかろう。

該書の序文に隋から唐初にかけての道士・遠清なる人物が九天玄女より該書を授かった、とある。もちろんこれは伝説で、該書の成立年代について坂出祥伸氏は唐代後半とする(48)。ただ、天罡法は、後述する敦煌遺書に見える唐代中葉の儀式に比べて、より『日書』に近く、古い形態を残している。隋から唐初頃の道士が実際に行っていたものではないかと思う(49)。

四、敦煌遺書の出行儀式

敦煌遺書中にも禹歩五画地法と類似する儀式がある(50)。そのひとつがP二六六一背『諸雑略得要抄子一本』に見える儀式である。該書の表面に書写されている『爾雅巻中』の末尾に大暦九年(七七四年)・天宝八載(七四九年)・乾元二年(七五九年)の紀年があり、該書もこの頃のものであろう。

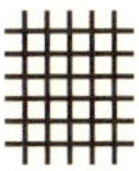

凡人欲急不擇日有出大門、畫大地五縦六横、一云四縦五横。「禹爲治道、蚩尤壁(辟)兵、五(吾)周行天下爲〈無〉禍殃。呵吾者死、流(留)吾者亡。急ヽ如律令。」訖之、可畫上過而去。物(勿)廻頭(51)。

凡そ人、急にして日を擇ばずして大門を出づる有らんと欲すれば、大地に五縦六横、一に云ふ四縦五横を畫《えが》き、「禹は道を治むるを爲し、蚩尤は兵を辟《さ》く。吾、天下を周行して禍殃無く、吾を呵する者は死し、吾を留むる者は亡ぶ。急急如律令」と。之を訖《をふ》れば、畫上より過ぎて去《ゆ》くべし。廻頭する勿《な》かれ。

この儀式は「欲急不擇日有出大門」の時に行う。禹歩五画地法や天罡法とほぼ同様の条件時に行うものであることがわかる。この儀式が禹歩五画地法や天罡法と大きく異なるのは禹歩が見えない点である。また地に描く図形が五縦六横で、かつ「一云四縦五横」とある。

筆者は、この事実からこの時代(唐代中葉)に到っても地に描く図形は四縦五横には固定されていなかったと考える。秦漢時代には十・×を描いた。上述したように、このような図形を描くのは、線の交叉に辟邪の力を認める観念によるものと考えられる。推測するにおそらくは、秦漢以降、辟邪の効力を高めるため、(一つではなく)幾つもの交叉を持つ辟邪の図案が思案され、幾つものパターンが考案されたが、後、その幾つかのパターンが収斂されて、ここでは五縦六横・四縦五横の二つ、最終的には、四縦五横に収斂・固定されたのであろう。

禹歩を行わない理由は、禹歩が複雑になり過ぎたことに原因が求められよう。この時代、禹歩は専門の道士しか実践不可能だったのではないか。禹歩が複雑かつ専門的になるに及んで、出行儀式では省略せざるを得なくなったのであろう。天罡法では禹歩を行っているが、これを載せる『北斗治法武威経』が道士・遠清に仮託されており、その読者は道士が対象だと思う。天罡法は禹歩を行うことが可能な道士が出行時に行うものと推測される。一方、『諸雑略得要抄子一本』は時日宜忌の書(後世の通書)で、[52] 一般人にも実践可能な内容であり、その対象は専門の道士ではない。そこに載せる儀式も、一般人にも行えるように禹歩が省略されたものとなったのではあるまいか。

次に挙げるのは出軍大忌日法と呼ばれる儀式である。これは管見の限り、P二六一〇『太史雑占歴一巻』・P三二八八『立像西秦五州占第廿二』・S二七二九背『太史雑占暦』の三書に見える。[53] 今、P二六一〇を示す。

出軍大忌【日】法。正月忌寅日、二月子、三月戌、四月申、五月午、六月【辰】、七月寅、八月子、九月戌、十月申、十一月午、十二月辰。

五帝亡日、不可出軍。青帝壬戌日亡。又云甲戌日亡。赤帝子巳亡。白帝子乙卯日亡。黒帝子己卯日亡。黄帝子戊午日亡。

又五帝所在、不可出軍。向彼方必敗、大忌。春寅・午・戌五帝在東。夏巳・酉・丑五帝在南。秋申・子・辰五帝在西。冬亥・卯・未五帝在北。

又天狗下食日、不可出軍。正月辰・戌、二月巳・亥、三月子・午、四月丑・未、五月寅・申、六月卯・酉、七月辰・戌、八月巳・亥、九月子・午、十月丑・未、十一月寅・申、十二月卯・酉。

右、軍初出城、大將左手持刀、閇(閉)氣劃地作四縱五橫、令方三尺隨【意】所向方面[54]、立、密呪曰「四縱五橫。禹遣我行、周遍天下、灾殃不生。當我者死、犯我者亡。」呪訖、便跨度、即行。勿顧其後[55]。

出軍大忌日法。正月の忌は寅日、二月は子、三月は戌、四月は申、五月は午、六月は辰、七月は寅、八月は子、九月は戌、十月は申、十一月は午、十二月は辰なり。五帝亡日に出軍すべからず。青帝は壬戌日に亡ぶ、又た云ふ、甲戌日に亡ぶ。赤帝子は巳に亡ぶ。白帝子は乙卯日に亡ぶ。黒帝子は己卯日に亡ぶ。黄帝子は戊午日に亡ぶ。又た五帝在る所に出軍すべからず。彼方に向へば必ず敗す、大忌。春の寅・午・戌、五帝は東に在り。夏の巳・酉・丑、五帝は南に在り。秋の申・子・辰、五帝は西に在り。冬の亥・卯・未、五帝は北に在り。又た天狗下食日に出軍すべからず。正月の辰・戌、二月の巳・亥、三月の子・午、四月の丑・未、五月の寅・申、六月の卯・酉、七月の辰・戌、八月の巳・亥、九月の子・午、十月の丑・未、十一月の寅・申、十二月の卯・酉なり。

右、軍、初めて城を出づるに、大將、左手に刀を持ち、閉氣し、地に劃《ゑが》きて四縱五横を作り、方三尺をして随意に向ふ所の方面せしめ、立ちて、密呪して曰く「四縱五横。禹、我をして行かしむるに、天下を周遍して、灾殃生ぜず。我に當る者は死し、我を犯す者は亡ぶ」と。呪すること訖《をは》れば、便《すなは》ち跨度して、即ち行く。其の後を顧みる勿《な》かれ。

出軍大忌日法は、まず出軍の忌日を列挙し、次にその忌日に出軍する場合に行う儀式を挙げるという構成になっている。が、これが上述の一連の儀式に連なるものであることは明らかである。

S二七二九背『太史雑占暦』の末尾には大蕃国庚辰年(八〇〇年)の紀年があり、三書ともこの時期の書物であろう。出軍大忌日法では禹歩は行わず、地に描く図形は四縦五横である。この時期に、出行儀式に禹歩が省略され、地に描く図形は四縦五横、に固定されたのであろうか。

五、通書・日用類書の速用縦横法

明清時代に出版された通書や日用類書の多くに「速用縦横法」が記載されている。その中で最も古いものが、元『居家必用事類全集』丙集に引く『趙氏拝命暦』(一一九三年)速用縦横法第十二である(56)。

事急不暇選日當作縱横法。(亦法。所向念七遍、畫地畢、以土塊壓之、便行。勿返顧。)

門　卌

正立門内、叩齒三十六通。以右手大姆指先畫四縱、後爲五横訖、即呪曰「四縱五横。吾今出行、禹王衛道、蚩尤避兵、盗賊不起、虎狼不行、還歸故郷。當吾者死、背吾者亡。急急太上老君律令。」呪畢、便行。愼勿返顧。

事、急にして日を選ぶ暇あらざれば、當《まさ》に縦横法を作《な》すべし。(亦《また》の法。向ふ所に念ずること七遍、地に畫《あが》くこと畢《をは》れば、土塊を以て之を壓《お》し、便ち行く。返顧する勿《な》かれ。)……門内に正立し、齒を叩くこと三十六通。右手の大姆指を以て、先づ四縱を畫《あが》き、後に五横を爲《つく》り、訖《をは》れば、即ち呪して曰く「四縱五横。吾、今出行するに、禹王は道を衛《まも》り、蚩尤は兵を避けば、盗賊起らず、虎狼行かずして、故郷に還歸せん。吾に當る者は死し、吾に背く者は亡ぶ。急急太上老君律令」と。呪すること畢《をは》れば、便ち行く。愼んで返顧する勿《な》かれ。

見ての通り敦煌遺書のものと殆ど変わらない。ただ、「叩歯」という要素が追加されている。これも辟邪術(57)。速用縦横法はこれを取り込んだのである。

以降、速用縦横法はこの形から殆ど変化しない。現在我々が目睹できる通書・日用類書に見える速用縦横法のほぼすべてがこれと類似のものであり、秦代から変化し続けてきたものの定形化・固定化と言える(58)。一例として、筆者架蔵の民国・上海錦章図書局石印の『増補玉匣記』(出版年不明)の「出行緊急不暇擇日當作縱横法」の箇所を掲載しておく(図13)。本によって多少の文字の異同がある(「虎狼不能侵」を「虎狼不得侵」「虎狼不侵」に作ることや、「行遠歸故郷」を「行遠歸郷」に作ることなど)。因みに、筆者が二〇〇九年春に北京・中関村のスーパーマーケットで購入した通書に記載された速用縦横法もこれとほぼ同じ文面のものであった(59)。

六、玉女反閉局法との関係について

先行研究では『太上六壬明鑑符陰経』および『景祐遁甲符応経』の玉女反閉局法を禹歩五画地法と類似の儀式として挙げる。それは両書の玉女反閉局法に禹歩・四縦五横が見えるからである。

しかし、現在目睹できる最も古い玉女反閉局法は唐・李筌『太白陰経』（七六八年？）遁甲篇に見えるものであるが、そこには禹歩も四縦五横も確認できない。

この儀式は後に更に複雑な儀式となる。それが『太上六壬明鑑符陰経』『景祐遁甲符応経』の玉女反閉局法である。『景祐遁甲符応経』は北宋景祐年間（一〇三四～三七年）の成立。『太上六壬明鑑符陰経』の成立年代はよくわからないが、玉女反閉局法について言えば、『景祐遁甲符応経』より『太上六壬明鑑符陰経』の方が簡素でより古いものと思われる。両書の玉女反閉局法では禹歩と四縦五横を描くことが行われている。しかしながら、『太白陰経』から判断すれば、玉女反閉局法という儀式は、そもそもは禹歩も四縦五横を描くことも行わないものであって、後にこれらを取り込んだと考えるべきである。[60]

以上を要するに、玉女反閉局法と禹歩五画地法とは直接的な継承関係にあるものではない。

七、禹歩五画地法の使い方

以上、禹歩五画地法から速用縦横法に到るまでの変遷を追ってきた。変遷過程を追うことで判明したことを纏めれば次の通り。

一、禹歩五画地法に類似の諸儀式に歴史的継承があることが明確になった(玉女反閉局法を除く)。これらの儀式はどれも複数の辟邪術の組み合わせからなる。諸儀式の間で「禹歩」「画地」「呪文」等の要素に共通性が見出せる。それぞれの儀式ごとに組み合わされる辟邪術に違いがあり、増減があり、変化があるが、概ね類似していると言ってよいだろう。

考えるに、本来、出行に凶である日のため、その日に出行すれば当然受けるはずの災いをあらかじめ防禦しなければならない。だから、禹歩五画地法の時から既に、種々の辟邪術を組み合わせて、それへの対策とした。つまり、複数の辟邪術を組み合わせることで、その効力を高める必要があると考えた結果なのだと思われる。ただ、後世、禹歩は複雑煩瑣になってしまったためこの儀式では行われなくなった(61)。このように実用のため簡略化をしつつも辟邪の効力の増強を図る、という目的の下で種々の要素を出入しつつ最終的には速用縦

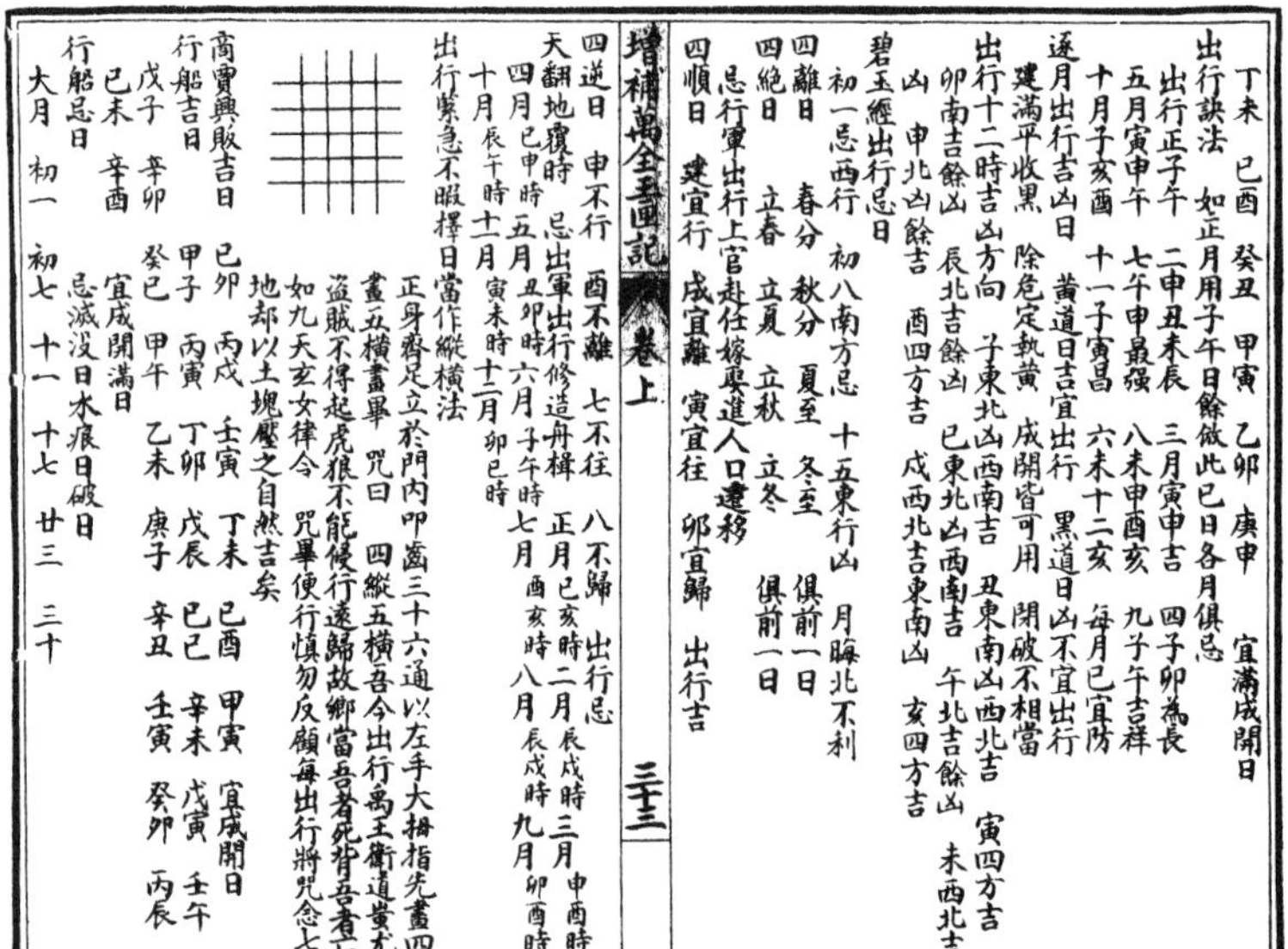
丁未　己酉　癸丑　甲寅　乙卯　庚申　宜滿成開日
出行訣法　如正月用子午日餘倣此已日各月俱忌
出行正子午　二申丑未辰　三月寅申吉　四子卯為長
五月寅申午　七午申最强　八未申酉亥　九子午吉祥
十月子亥酉　十一子寅昌　六未十二亥　每月巳宜防
逐月出行吉凶日　黃道日吉宜出行　黑道日凶不宜出行
建滿平收黑　除危定執黃　成開皆可用　閉破不相當
出行十二時吉凶方向　子東北凶西南吉　丑東南凶西北吉　寅四方吉
卯南吉餘凶　辰北吉餘凶　巳東北凶西南吉　午北吉餘凶　未西北吉東南
凶　申北凶餘吉　酉四方吉　戌西北吉東南凶　亥四方吉
碧玉經出行忌日
初一忌西行　初八南方忌　十五東行凶　月晦北不利
四離日　春分　秋分　夏至　冬至　俱前一日
四絶日　立春　立夏　立秋　立冬　俱前一日
忌行軍出行上官赴任嫁娶進人口遷移
四順日　建宜行　成宜離　寅宜往　卯宜歸　出行吉
增補萬全玉匣記　卷上　三十三
四逆日　申不行　酉不離　七不往　八不歸　出行忌
天翻地覆時　忌出軍出行修造舟楫　正月巳亥時二月辰戌時三月申酉時
四月巳申時　五月丑卯時　六月子午時　七月酉亥時　八月辰戌時　九月卯酉時
十月辰午時　十一月寅未時　十二月卯巳時
出行緊急不暇擇日當作縱橫法
正身齊足立於門內叩齒三十六通以左手大拇指先畫四縱後
畫五橫畫畢　咒曰　四縱五橫吾今出行禹王衛道蚩尤避兵
盜賊不得起虎狼不能侵行遠歸故鄉當吾者死背吾者亡急急
如九天玄女律令　咒畢便行慎勿反顧每出行將咒念七遍畫
地却以土塊壓之自然吉矣
商賈興販吉日
己卯　丙戌　壬寅　丁未　己酉　甲寅　宜成開日
行船吉日
甲子　丙寅　丁卯　戊辰　己巳　辛未　戊寅　壬午　乙酉
戊子　辛卯　癸巳　甲午　乙未　庚子　辛丑　壬寅　癸卯　丙辰　戊午
己未　辛酉　宜成開滿日
行船忌日　忌滅沒日水痕日破日
大月　初一　初七　十一　十七　廿三　三十

図 13　『増補玉匣記』出行緊急不暇択日当作縦横法

横法として固定した、というのが筆者の推測である。また地面に描く図形は十・×から卌へと交叉する線の数を増加させていったが、かかる変遷を背景にして考えれば、これもまた辟邪の効力の増強のためであったと言えよう(62)。

二、本章で取り上げた諸儀式は、どれも皆、出行の際に急用で日を選ぶことができない、凶日に出行しなくてはならない場合に行うものであることが確認できた。出行の際に必ず行う儀式（祖道の類）は確認できなかった。

　これらの儀式は基本的に「事急不暇選日」の場合というように特定の忌日・凶日を挙げないが、P二六一〇『太史雑占歴一巻』などに記載の出軍大忌日法は、まず出軍の忌日を挙げて、その後でその対処法としての儀式を挙げるという構成になっている。そこでは「右、軍初出城」とあり「右」に掲載の忌日の記事を受けた儀式だと判断できるわけである。実は『玉匣記』も、明記はされていないが、そのような構成になっている。つまり「諸葛武侯選擇逐年出行圖」「出行通用吉日」「出行訣法」「逐月出行吉凶日」「出行十二時吉凶方向」「碧玉經出行忌日」「天翻地覆時（内容は「忌出軍出行修造舟楫」）」と出行の吉凶日に関する記事が並んだ後に「出行緊急不暇擇日當作縦横法」が掲載されているのである(63)。これは要するに上記の記事の内容の日選びができなかった際の対処法として縦横法が掲載されている、という構成だと考えて間違いなかろう。利便性を考えてこのような構成になっているのである。

　ここで『日書』ではどのような構成になっているかを確認したい。睡虎地秦簡『日書』甲種の禹歩五画地法の右隣の「行」篇二（簡107背～110背）は「亡日」「出亡歸死之日」と呼ばれる出行と帰家の凶日について記載されている(64)。睡虎地秦簡『日書』乙種の禹歩五画地法の右隣の「臽日」篇（簡88貳～101參）は「臽」と「天臽」という凶日を載せる(65)。「臽」は「凡臽日、……不可以行、百事凶（凡そ臽日、……以て行くべからず、百事に凶なり）」（甲種簡136捌～137捌）とあり、出行の凶日である。放馬灘秦簡『日書』甲種の禹歩五画地法の上部は「禹須臾行日」という内容である（簡42壹～72壹）。これは毎月一日から三十日までの「旦」「日中」「昏」「中夜」それぞれの時刻の出行

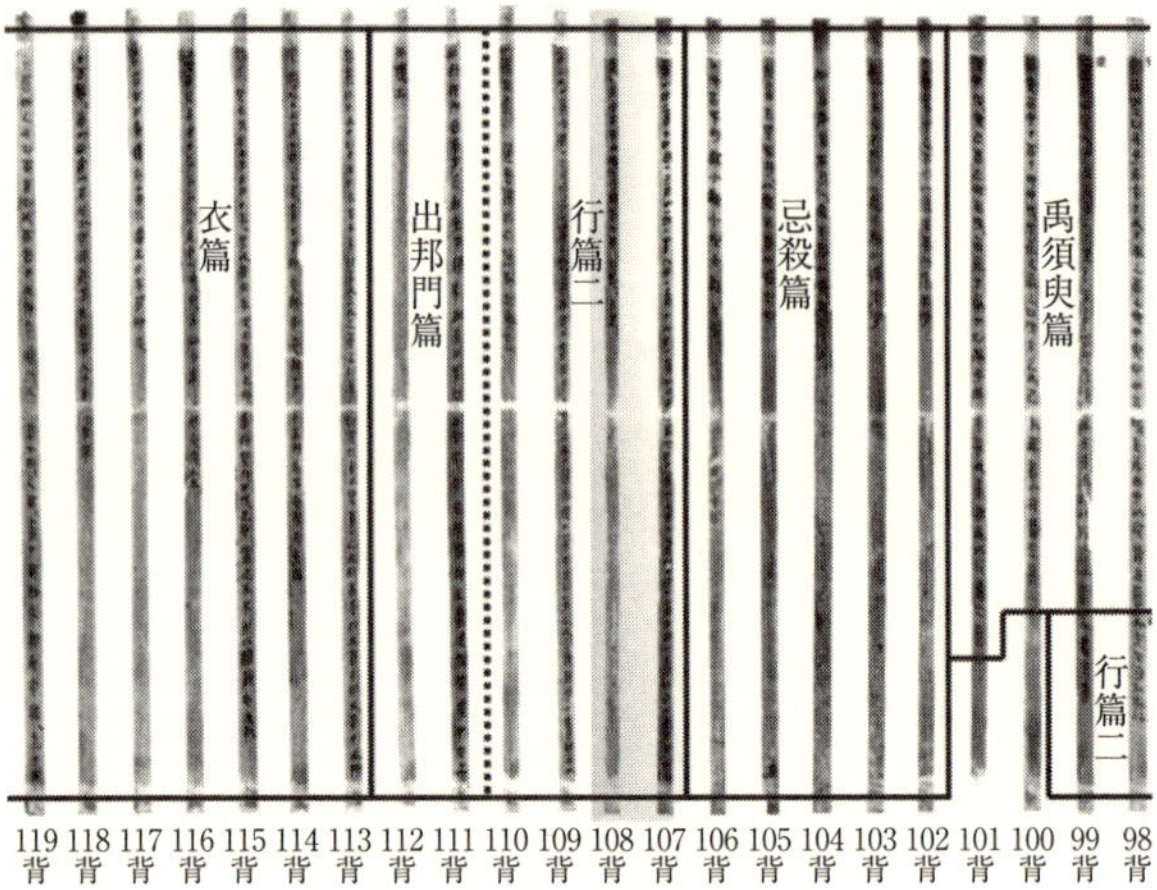

図14　睡虎地秦簡『日書』甲種

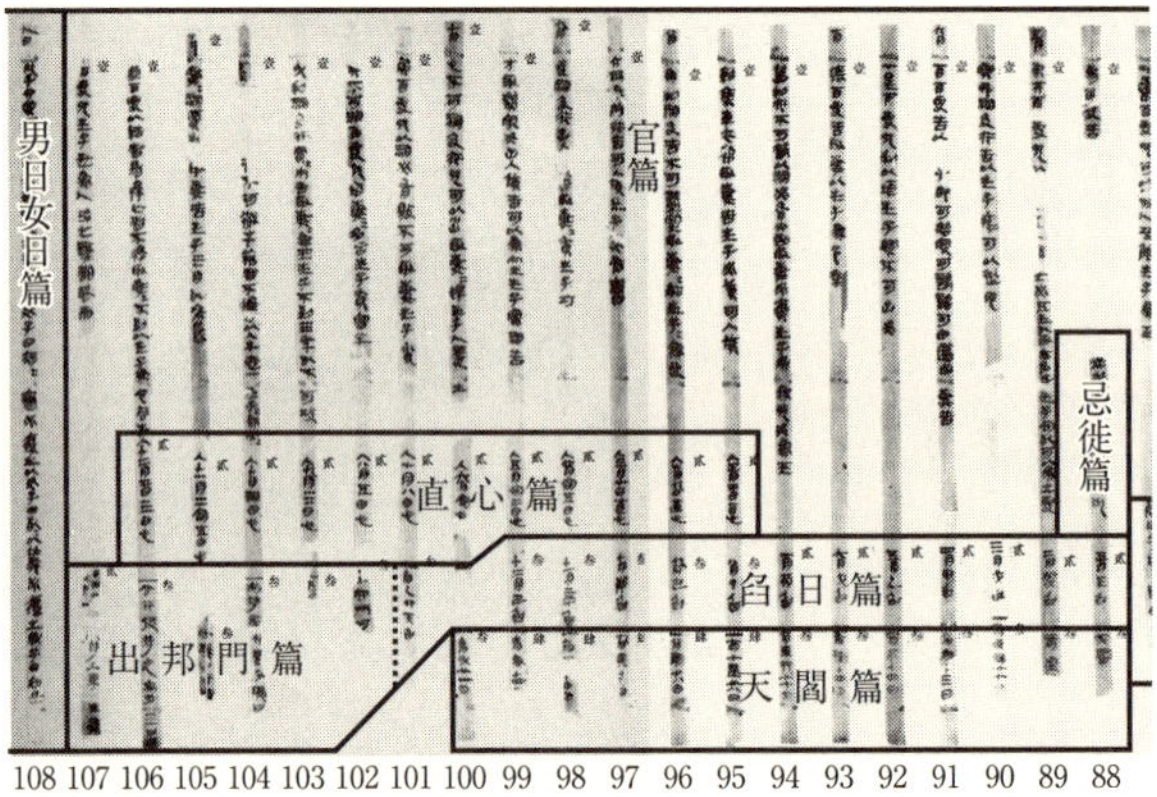

図15　睡虎地秦簡『日書』乙種

の吉方を挙げるもの(66)。

このように禹歩五画地法に隣接する形で出行の吉凶に関する内容が掲載されているのは、決して偶然ではない。明らかに出軍大忌日法や『玉匣記』と同じ構成になっているとわかるのである。図14・図15・図16を参照。

先行研究の多くが、禹歩五画地法を出行の際に必ず行うものと考えた。彼らは『日書』中には禹歩五画地法がどのような時に行うべき儀式であるか記載されていないものだと思ったのであろう。し

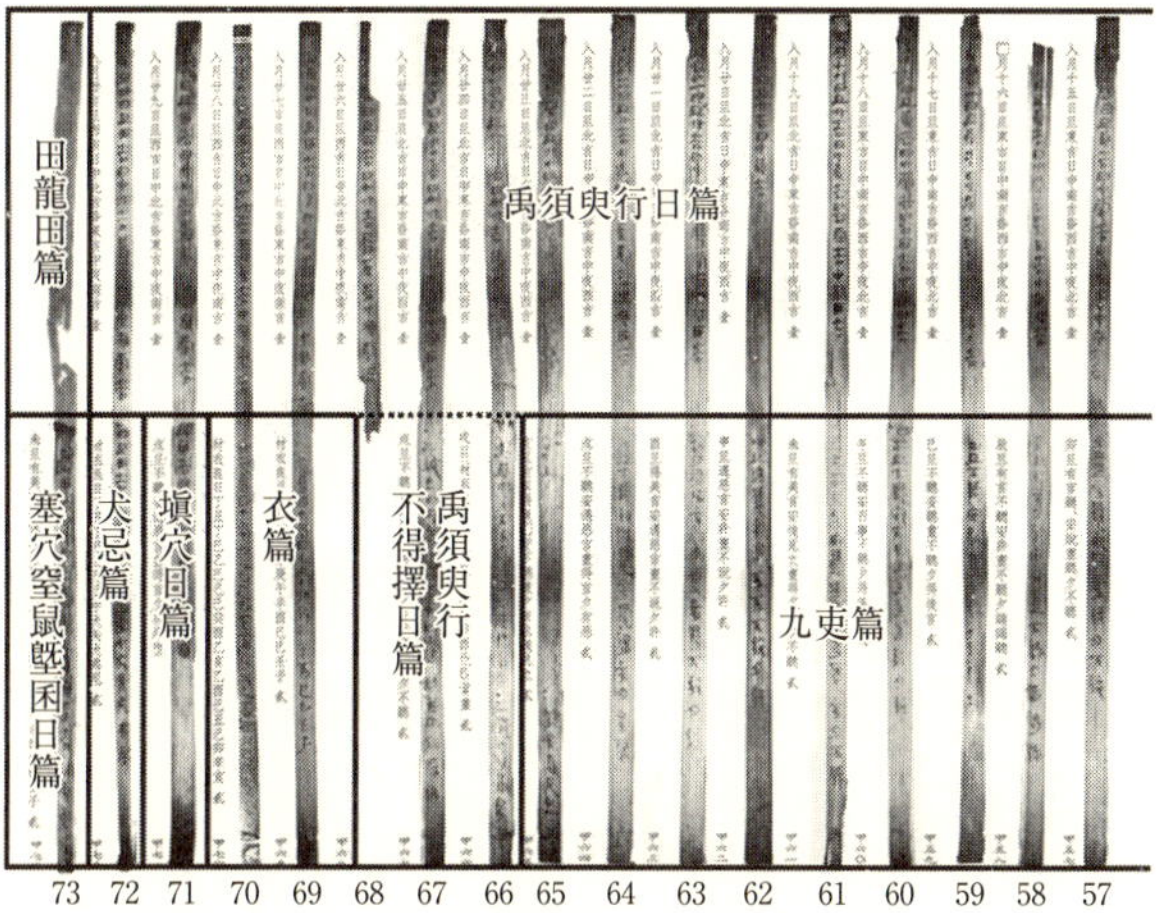

図 16　放馬灘秦簡『日書』甲種

かしながら、出軍大忌日法等の構成を考慮するならば、実はそれは明記されていたのである。すなわち睡虎地秦簡『日書』甲種では、亡日と出亡帰死之日に出行する場合、睡虎地秦簡『日書』乙種では、臽日に出行する場合、放馬灘秦簡『日書』甲種では、禹須臾行日で吉方とされない方角に已むを得ず出行する場合、に禹歩五画地法を行うのである。

　また、睡虎地秦簡『日書』甲種と乙種と放馬灘秦簡『日書』の三者の禹歩五画地法が類似しつつも若干の違い（呪文等）や要素に出入（「嚮北斗」等）がある。その理由を考えるに、それぞれの出行の凶日に対応する儀式は、それぞれ辟邪術の組み合わせが異なっていたと考えられる。異なった出行の凶日には異なった儀式で対応するような細かな規定があったのではないかと推測される(67)。

むすび

　以上の考察から筆者は次のように考える。

　睡虎地秦簡『日書』甲種については、従来、研究者によって別々の篇だと見做されていた、「亡日」「出亡帰死之日」を掲載する「行」篇二と禹歩五画地法を掲載する「出邦門」篇とを、一つの篇と見做すべきである。

睡虎地秦簡『日書』乙種については、従来、研究者によって別々の篇だと見做されていた、「臽」「天臽」を掲載する「臽日」篇と禹歩五画地法を掲載する「出邦門」篇とを、一つの篇と見做すべきである。

放馬灘秦簡『日書』甲種については、従来、研究者によって別々の篇だと見做されていた、毎日の出行の吉方を挙げる「禹須臾行日」と禹歩五画法を掲載する簡66貳~67貳を、一つの篇と見做すべきである。そもそもここの二箇所はその表題「禹須臾行日（「禹須臾」の出行日）」「禹須臾行不得擇日（「禹須臾」の出行日が選べなかった場合）」によって対応関係があることが明示されている。(68)

以上の三篇はその構成を同じくしており、まず出行の吉凶日を掲載し、その後に、もしその規定をどうしても守れない場合に、行うべき儀式が掲載されているのである。

（1）禹歩についての基礎的な事柄は、藤野岩友「禹歩考」（同氏著『中国の文学と礼俗』所収、角川書店、一九七六年）を参照。

（2）饒宗頤「禹符 禹歩 禹須臾」（饒宗頤・曾憲通『雲夢秦簡日書研究』所収、中文大学出版社、一九八二年）、小南一郎「大地の神話」（『古史春秋』第二号、一九八五年）、劉昭瑞「禹歩的起源及禹与巫、道的関係」（同氏著『考古発現与早期道教研究』所収、文物出版社、二〇〇七年）、劉楽賢『睡虎地秦簡日書研究』（文津出版社、一九九四年）第四章第五節「《日書》与古代神話伝説研究」、大平洋一「禹歩の技法と思想」（茨城大学人文学部一九九八年度卒業論文、http://mayanagi.hum.ibaraki.ac.jp/students/98ohira.htm）、劉増貴「秦簡《日書》中的出行礼俗与信仰」（『中央研究院歴史語言研究所集刊』第七二本第三分、二〇〇一年）、同氏著「禁忌――秦漢信仰的一個側面」（『新史学』第一八巻第四期、二〇〇七年）、坂出祥伸「災いを避ける歩行術＝禹歩」（同氏著『「気」と養生』所収、人文書院、一九九三年）、同氏著『道教とはなにか』（中央公論新社、二〇〇五年）第三章「房中術・導引・禹歩」、同氏著「馬王堆漢墓出土「五十二病方」における呪術的医療の一側面」（同氏著『道家・道教の思想とその方術の研究』所収、汲古書院、二〇〇九年）、閆喜琴「秦簡《日書》渉禹出行巫術考論」（『歴史教学』二〇一一年第四期）、孫占宇「簡帛日書所見早期数術考述」（『湖南大学学報（社会科学版）』第二五巻第二期、二〇一一年）、姜守誠「放馬灘秦簡《日書》〝行不得択日〟篇考釈」（『魯東大学学報（哲学社会科学版）』第二九巻第四期、二〇一二年）、深澤瞳「禹歩・反閇

から身固めへ――日本陰陽道展開の一端として――」(『大妻国文』第四三号、二〇一二年)等(後述の本章での検討対象の論考は除く)。
(3) 酒井忠夫「反閉について」(『酒井忠夫著作集5　道家・道教史の研究』所収、国書刊行会、二〇一一年)。
(4) 工藤元男『睡虎地秦簡よりみた秦代の国家と社会』(創文社、一九九八年)第七章「「日書」における道教的習俗」。該書第六章・第八章にも禹歩についての考察がある。
(5) 胡文輝「馬王堆《太一出行図》与秦簡《日書・出邦門》」(同氏著『中国早期方術与文献叢考』所収、中山大学出版社、二〇〇〇年)。
(6) 胡文輝氏が論文中で禹歩五画地法と類似の儀式として引用した『景祐遁甲符応経』の箇所は、該論文中では「真人閉六戊方」として紹介されている。が、胡文輝氏が引用している箇所は実は「玉女反閉局法」の一部分である。この問題については本書第二部第四章第二節を参照されたい。
(7) 『玉匣記』について詳しくは三浦國雄「通書『玉匣記』の初歩的研究」(同氏著『風水・暦・陰陽師』所収、榕樹書林、二〇〇五年)を参照。なお、最も古い『玉匣記』であるとされる続道蔵本(一六〇七年)には速用縦横法の記述はない。
(8) 黄一農「従尹湾漢墓簡牘看中国社会的択日伝統」(『中央研究院歴史語言研究所集刊』第七〇本第三分、一九九九年)。
(9) 余欣『神道人心――唐宋之際敦煌民生宗教社会史研究』(中華書局、二〇〇六年)第三篇第五章第一節「禹為除道――道教色彩的出征儀」。
(10) 通書について詳しくは三浦國雄前掲『風水・暦・陰陽師』を参照。
(11) 劉増貴前掲「秦簡《日書》中的出行礼俗与信仰」および該論文所引の先行研究を参照。
(12) 睡虎地秦墓竹簡整理小組『睡虎地秦墓竹簡』(文物出版社、一九九〇年)。
(13) 睡虎地秦墓竹簡整理小組前掲『睡虎地秦墓竹簡』二四〇頁。
(14) 甘粛省文物考古研究所編『天水放馬灘秦簡』(中華書局、二〇〇九年)。
(15) 放馬灘秦簡『日書』乙種(簡165)に同文がある。ここの「道」字について、甘粛省文物考古研究所前掲『天水放馬灘秦簡』は「得」に作るが、孫占宇「放馬灘秦簡日書甲種校注」(『出土文献研究』第一〇輯、中華書局、二〇一一年)および張徳芳主編・孫占宇著『天水放馬灘秦簡集釈』(甘粛文化出版社、二〇一三年)に拠って「道」に改めた。
(16) 秦簡整理小組「天水放馬灘秦簡甲種《日書》釈文」(甘粛文物考古研究所編『秦漢簡牘論文集』所収、甘粛人民出版社、一九八九年)。

(17) 呪術的治療としての禹歩は、馬王堆『五十二病方』97行・106行・195行・199行・210行・364行・442行、馬王堆『養生方』195行、周家台『病方及其它』簡326～327・簡329・簡332・簡335・簡338・簡340～342・簡345・簡376に見える。因みに馬王堆『養生方』189行、張家山『引書』簡101、『敦煌懸泉漢簡釈粋』簡II 0214③:71、周家台『病方及其它』簡350にはそれ以外の禹歩が見える。以上、馬王堆漢墓帛書整理小組『馬王堆漢墓帛書〔肆〕』(文物出版社、一九八五年)、湖北省荊州市周梁玉橋遺址博物館編『関沮秦漢墓簡牘』(中華書局、二〇〇一年)、張家山二四七号漢墓竹簡整理小組『張家山漢墓竹簡〔二四七号墓〕』(文物出版社、二〇〇一年)、胡平生・張徳芳編『敦煌懸泉漢簡釈粋』(上海古籍出版社、二〇〇一年)に拠る。また、北京大学蔵秦簡『祠祝書』(『白嚢』)にも禹歩が見える。本書第一部解題篇を参照。

(18) 加納喜光『中国医学の誕生』(東京大学出版会、一九八七年)第五章第二節「祝由」を参照。

(19) 伊藤清司「禹の治水」(伊藤清司先生退官記念論文集編集委員会編『中国の歴史と民俗』所収、第一書房、一九九一年)を参照。

(20) 『左伝』宣公三年に「昔夏之方有徳也、遠方圖物、貢金九牧、鑄鼎象物、百物而爲之備、使民知神姦。故民入川澤山林、不逢不若。螭魅罔兩、莫能逢之。用能協于上下、以承天休」とある。

(21) 『説文』巻七上に「鼎、三足兩耳、和五味之寶器也。昔禹收九牧之金、鑄鼎荊山之下。入山林川澤、螭魅蛧蜽莫能逢之。以協承天休」とある。

(22) 『太一将行図』については本書第一部解題篇を参照。また胡文輝前掲「馬王堆《太一出行図》与秦簡《日書・出邦門》」および該論文所引の先行研究も参照。なお、『太一将行図』は、論者によってその見解が大きく異なる。筆者の見解は、概ね胡文輝・李建毛(後掲)両氏に従うものである。

(23) 弓は邪霊を祓う呪具とされる。『左伝』昭公四年の「桃弧棘矢、以除其災」や『礼記』内則篇の「桑弧蓬矢」等。また睡虎地秦簡『日書』甲種「詰咎」篇にも、弓を用いた辟邪が多く見える。

(24) 筆者は「先爲禹除道」を「先んじて禹の爲《ため》に道を除《はら》ふ」と読む。出行者が「辟邪神である禹のために(禹歩等によって)道路の祓禳を行うのだ」と唱えることで、出行者を害するものに対して、出行者の背後には禹が存在することを示唆して威嚇するのだと考えるわけである。別の説として、①胡文輝氏は、

〝爲〟似可解作〝作〟，〝除道〟、〝前除〟當是指作先鋒開路，所以〝禹先行〟和〝先爲禹除道〟、〝爲禹前除〟的意思都是指出行時先讓〝禹〟開路保平安。

と云う。しかしながら「爲」を「作」と見做して一文を「出行時先讓禹開路保平安」と解釈するのは文法的に無理がある。な

お「爲」には「使」の意もあるので(『易』井卦九三爻辞「爲我心惻」の王弼注に「爲猶使也」とある)、胡文輝氏のように解釈することも可能ではあるが、不自然であろう。②劉増貴前掲「秦簡《日書》中的出行礼俗与信仰」では「行者将自身模擬爲禹」と考える。つまり「禹と爲《な》りて道を除《はら》ふ」と読んで、一種の仮装的・演劇的な儀式を想定するようである。しかしながら、そのような行為を「爲」という動詞をもって表現するものかどうか甚だ疑問である。

(25) 李建毛「馬王堆漢墓〝神祇図〟与原始護身符籙」(湖南省博物館編『馬王堆漢墓研究文集』所収、湖南出版社、一九九四年)。なお、石川三佐男『楚辞新研究』(汲古書院、二〇〇二年)一六七頁にて、該論文を、『太一将行図』を昇仙図と同じ明器であり死者の護符だと見做す論文のひとつに数えているが、該論文は、『太一将行図』が明器ではなく、生前墓主が使っていた呪符だということを論証する内容である。

(26) 管見の限り、符を携帯することが見える最も古い記述は『抱朴子』に確認でき、例えば登渉篇に「帯昇山符出門」などとある。それ以前は、例えば魏・曹植「説疫気」に「愚民懸符厭之」とあるように、符を持ち歩かなかったのではなかろうか。しかしながら、馬王堆帛書『養生方』走篇には「女子未嘗男子者布」などを携帯する呪術が見え、また『漢書』五行志第七下之上には哀帝建平四年の記録として「(西王)母告百姓、佩此書者不死」とあり、呪符ではないが布や書といった呪物を携帯することはあったようであり、李建毛氏の考えが正しい可能性もある。

(27) 工藤元男「埋もれていた行神」(『東洋文化研究所紀要』第一〇六冊、一九八八年)および同氏著『中国古代文明の謎』(光文社文庫、一九八八年)一二八頁。

(28) 工藤元男「雲夢睡虎地秦墓竹簡「日書」と道教的習俗」(『東方宗教』第七六号、一九九〇年)。なお、胡文輝氏も工藤氏とほぼ同様の根拠によって四縦五横説を提出する。

(29) 胡新生「禹歩探源」(『文史哲』一九九六年第一期)。なお、五と午の上古音は、郭錫良『漢字古音手冊』(商務印書館、二〇一〇年)に拠れば、どちらも疑母魚部で同音。伝世文献上における通仮の用例も確認できる。高亨・董治安『古字通仮会典』(斉魯書社、一九八九年)八四九頁を参照。

(30) 湖北省荊州市周梁玉橋遺址博物館前掲『関沮秦漢墓簡牘』一三三頁。

(31) 湖北省荊沙鉄路考古隊『包山楚簡』(文物出版社、一九九一年)簡229、河南省文物考古研究所『新蔡葛陵楚墓』(大象出版社、二〇〇三年)簡甲三184-2・乙四79、荊州地区博物館「江陵王家台一五号秦墓」(『文物』一九九五年第一期)を参照。因みに「五」の説文古文は「㐅」である。

(32) 十字架の辟邪についてはアト・ド・フリース(山下主一郎訳者代表)『イメージ・シンボル事典』(大修館書店、一九八四年、一五一頁「cross」)、山折哲雄監修『世界宗教大事典』(平凡社、一九九一年、八七七頁「十字」)を参照。また世界各地において線の交錯する図形が辟邪の力を有すると観念されることについては、中西進「海底の呪符」(同氏著『キリストと大国主』所収、文藝春秋、一九九四年)を参照。

(33) 白川静「線の思想」(同氏著『文字逍遥』所収、平凡社ライブラリー、一九九四年)。

(34) 因みに『儀礼』大射の「工人士與梓人升自北階、兩楹之間、疏數容弓、若丹若墨、度尺而午、射正莅之」について、賈公彦の疏は直接に「云「午」、十字」と述べる。また徐灝『説文解字注箋』巻十四下「五」の条では「蓋謂×畫之」とする。射礼は古くは祓邪の儀礼であり(白川静『字統』平凡社、二〇〇四年、四〇七頁「射」参照)、そのような儀礼を行う場に十もしくは×を描くのは、『日書』の「五畫」と同じく辟邪のためだったのではなかろうか。

なお、最近、呂亜虎氏によって、後世の医書『肘後備急方』『集験方』『本草拾遺』『外台秘要方』『普済方』『医方類聚』『本草綱目』に「畫地作十字」「畫地作五字」などを行う呪術治療が見える点から、『日書』の「五畫地」は「十字」を描くことであるとする論考が発表された。呂亜虎『戦国秦漢簡帛文献所見巫術研究』(科学出版社、二〇一〇年)第三章第一節一「画地」。胡新生氏および筆者の説を強力に裏付けるものと言えよう。

(35) 『抱朴子』の引用は、王明『抱朴子内篇校釈』(中華書局、一九八五年)に拠る。また、本田済『抱朴子 内篇』(平凡社東洋文庫、一九九〇年)も参照した。

(36) 後世、存思法は辟邪のみならず種々の目的で行われるようになった。詳しくは石田秀実『気・流れる身体』(平河出版社、一九八七年)第三章「集合としての自己」を参照。

(37) 玉女は体内神でもある。井上豊「六丁・六甲神の変容」(『東方宗教』第八〇号、一九九二年)、田中勝裕「『小反閇幷護身法』の一考察」(『佛教大学大学院紀要』第三三号、二〇〇五年)を参照。なお、後世、禹歩が「召役神靈之行歩」(『洞神八帝元変経』禹歩致霊第四、『道蔵』正一部・満)とされることから「禹歩呼直日玉女」を「禹歩をすれば玉女が呼び出せる」の意と考える、つまり「禹歩」と「呼直日玉女」とを因果関係で考えるのは、よくない。『抱朴子』の他所(および『抱朴子』以前)では禹歩は神霊の召喚・使役とは関係がなく、また、下文「閉氣思力士操千斤金鎚百二十人」の「閉氣」と「思力士」とが因果関係だとは考え難く、「閉気をしてから力士を存思する」の意と見做され、となれば、上文の「禹歩呼直日玉女」も「禹歩をしてから(体内神である)玉女を(存思して)呼び出す」の意と考えるべきである。思うに、後世、禹歩が神霊の召喚・使役の歩法とされるようになるのは、この一文の誤読に一因があるのではなかろうか。

(38) 李軌は東晋の尚書郎。この注は当時の江南の状況を叙述したものと思われる。当時の江南については葛兆光(坂出祥伸監

訳）『道教と中国文化』（東方書店、一九九三年）上篇第五章第三節「江南の巫術」を参照。

(39)『抱朴子』辨問篇に、

『靈寶經』有『正機』『平衡』『飛龜授袟』凡三篇、皆仙術也。呉王伐石以治宮室、而於合石之中、得紫文金簡之書、不能讀之。使使者持以問仲尼、……仲尼以視之曰「此乃靈寶之方、長生之法、禹之所服、隱在水邦、年齊天地、朝於紫庭者也。禹將仙化、封之名山石函之中、乃今赤雀銜之、殆天授也。」以此論之、是夏禹不死也。

とあり、葛洪にとって禹は、葛洪の重視する『霊宝経』の撰者であり、とりわけ尊視すべき存在であり、故に禹の歩法である禹歩をも重視したのではなかろうか。

(40)例えば、『洞神八帝元変経』禹歩致霊第四に「於室内、術人鋪前面向神壇。以夏時尺量三尺爲星相去之間。率以清淨白灰爲星圖及八卦之數。術人立在地戸巽上、面向神壇坐之、方鳴天鼓十五通、即閉氣歩之」とある。

(41)石田秀実「星を踏む跛者　禹歩の身体論」（同氏著『からだのなかのタオ』所収、平河出版社、一九九七年）を参照。

(42)高国藩『敦煌古俗与民俗流変』（河海大学出版社、一九八九年）一二四〜一四〇頁、同氏著『中国民俗探微――敦煌巫術与巫術流変』（河海大学出版社、一九九三年）一三八〜一五〇頁、劉暁明『中国符咒文化大観』（百花洲文芸出版社、一九九五年）二四六〜二六二頁、張弓主編『敦煌典籍与唐五代歴史文化』（中国社会科学出版社、二〇〇六年）三三二〜三三四頁を参照。因みにこの三種の隠身術は、李淳風著・袁天罡増補とされる（どちらも仮託であろう）『万法帰宗』にほぼ同一のものが収録されている。このことから、王見川氏はかかる三種の隠身術は明代以降に『万法帰宗』から引き写されたものだとする、つまり偽作だと考えるわけである。王見川「敦煌巻子中的鍾離権、呂洞賓、韓湘子資料――兼談〝伯三八一〇〟的抄写年代」（同氏著『漢人宗教、民間信仰与預言書的探索　王見川自選集』所収、博揚文化事業有限公司、二〇〇八年）。一方で、王卡氏は王見川氏に反対し、これらを唐宋間のものと考えている。王卡『敦煌道教文献研究――綜述・目録・索引』（中国社会科学出版社、二〇〇四年）一五二〜一五三頁。かかる文献の真偽・成立年代についての検討は、今後の課題としたい。

(43)七星の名と字は引用箇所の前に記載がある。

(44)「曲戈反復」の意味するところは不明。誤字もしくは脱字があるのかもしれない。

(45)このような印は辟邪に用いられるもので、呪符と同類と見做される。葛兆光前掲『道教と中国文化』上篇第三章第四節「符籙」、第五節「印、鏡、剣」を参照。

(46)六甲六丁は道教の神格。井上豊前掲「六丁・六甲神の変容」を参照。

(47)急急如律令については坂出祥伸前掲『道教とは何か』第四章「呪言」を参照。

(48)　坂出祥伸前掲「馬王堆漢墓出土「五十二病方」における呪術的医療の一側面」。蕭登福『正統道蔵総目提要』(文津出版社、二〇一一年)は「撰作年代約在五代末宋代」とする。なお、酒井忠夫氏は「『北斗治法武威経』には、「守天下兵戈起」「守天下大殃兵起」「守国有干戈」「守国天下大災」「守国兵起中原」等の文句がみられる。これらは金・元との民族戦争において、中国道教界が対応し、国・天下のための外敵抑避のための儀礼を行う時、特に祝呪文言の中に入れたと考えざるを得ない文言であろう。この時代、兵家系の道書には、この傾向はよくみられるところである」と云う。酒井氏はおそらく引用文の「守」を守護・防禦の意味だと考えたのだろうが、それは間違いである。酒井氏が引用する箇所の全文は次の通り。

金守金銀銅鐵錫貴。木守五禾九稼熟。水守鹽貴川溢時行。火守炎焼城郭。土守國土分裂人臣受殃。彗孛守天下兵戈起、又守上輕下臣。孛守君政微忠良去。五色雲守天下大殃兵起。青雲守國受福。赤雲守國火燒城邑。黄雲守國有干戈。白雲守國血光遍野。黒雲守國天下大水。五色氣守國天下大災。青雲〈氣〉守國兵起中原。赤氣守國干戈起。白氣守國人民飢。黒氣守人相食。黄氣守本國失地。

ここにいわゆる「守」とは、『開元占経』巻六十四・順逆畧例五に「石氏曰、居之不去爲守。甘氏曰、徘徊不去其度爲守。『文耀鈎』曰、留不去爲守。郗萌曰、二十日以上爲守」とあるように占星術の術語。「守」とは星が一定期間ある場所に留まる現象を言うもの(『北斗治法武威経』ではこれを星以外にまで適用している)。『北斗治法武威経』では目的語を省略しているが、それは当然北斗七星だとわかり切っているからである。例えば「木守五禾九稼熟」は、木星が北斗七星(の近く)に一定期間留まっている場合、「五禾九稼は熟す」という内容である。このような占星は、『史記』天官書をはじめとする歴代天文志や『開元占経』『霊台秘苑』等の占星書に常見であり、これをもって『北斗治法武威経』の成立年代は決定できない。

(49)　孫思邈(五八一～六八二年?)『千金翼方』(六五九～六八二年?)禁経下・護身禁法第二十に出行における禹歩が見える。「凡欲遠行避難、若爲悪人迫逐危厄之中、出門禹歩三、呪乃去、可以消災。追我者迷惑、五道旋轉到還。悪人欲來侵己者、逆而却之。呪曰……」とある。孫思邈と同時代(隋から唐初)に行われていたものであろう。と言うのは、後述する唐中葉の敦煌遺書では、出行における儀式で禹歩は行われなくなっている。このことから考えて、天罡法もここの禹歩と同じく、隋から唐初に行われていたものと思う。

(50)　敦煌遺書については、国際敦煌プロジェクトホームページ http://idp.afc.ryukoku.ac.jp/ および中国社会科学院歴史研究所等編『英蔵敦煌文献』(四川人民出版社、一九九〇～二〇〇九年)掲載の写真図版を参照した。

(51)　余欣氏の釈文では冒頭の図を「四縦五横図」と見做すが、写真図版を見るに明らかに五縦六横である。また余欣氏が「畫地」と釈す部分は「地」字の上に「大」字があり「畫大地」が正しい。「五(吾)周行天下爲〈無〉禍殃」の「爲」については、

P三二八八・S二七二九背の出軍大忌日法（後述）に「天下無有禍殃」とあることから「無」の誤写と考えられる。「流（留）吾者亡」の「流」については『小反閇作法幷護身法』の小反閇（詳しくは本書第二部第四章を参照）に「留吾者亡」とあることから「留」の仮借だと考えられる。

(52)　黄正建『敦煌占卜文書与唐五代占卜研究』（学苑出版社、二〇〇一年）八九頁を参照。

(53)　この三書については黄正建前掲『敦煌占卜文書与唐五代占卜研究』四一～五六頁を参照。

(54)　P三二八八・S二七二九背の文面に拠って「意」字を補う。ここの一文は難解であるが、四縱五横の大きさが「方三尺」で、これを出行する方角に向って描く、という意味であろう。

(55)　参考のため、P三二八八・S二七二九背の出軍大忌日法の儀式部分のみを挙げておく。次の通り。

初出門、閇（閉）氣、左手持刀、畫地作四縦五横。令方三尺隨意所向方面、立、密呪之「四縦五横。長使我行周遍、天下無有禍殃。謀我者亡衍呪衍死、犯我者亡。」呪訖、便跨度去。勿顧其後。（P三二八八）

初出門、閇（閉）氣、【左】手持刀、畫地作【四】蹤（縦）五横。令方三尺隨意所向方面、立、蜜（密）呪之「四蹤（縦）五【横】。長使我行周遍、天下無有禍殃。謀我者死、犯我者亡。」呪訖、便跨度去。勿顧其後。（S二七二九背）

(56)　確認した『居家必用事類』の版本は下記の三種。『北京図書館古籍珍本叢刊』（書目文献出版社、一九八七～九四年）所収本（明刻本の影印）、『続修四庫全書』（上海古籍出版社、一九九五年）所収本（南京図書館蔵明隆慶二年飛来山人刻本の影印）、寛文十三年松栢堂和刻本の影印である『居家必用事類　附吏学指南』（中文出版社、一九八四年）。ただし、速用縦横法第十二においてこれらの版本間での文字の異同はない。なお、趙希弁『読書附志』五行類に「拝命暦一巻」が著録されており（宋・晁公武撰、孫猛校証『郡斎読書志校証』上海古籍出版社、一九九〇年、一一二三頁）、そこに掲載される『拝命暦』の序文から、『趙氏拝命暦』は、趙景先『拝命暦』を趙師侠が増補したものであることがわかる。宮紀子「陳元靚『博聞録』について」（『汲古』第五六号、二〇〇九年）も参照。

(57)　邪鬼は歯が合わさる音を畏れるという。西岡弘「叩歯考」（同氏著『中国古典の民俗と文学』所収、角川書店、一九八六年）を参照。

(58)　速用縦横法は兵書にも掲載された。それが先行研究で度々紹介される金・施子美『軍林兵人宝鑑』（一二二二年？）巻之上・速用第三である。以下の通り。

『兵嘆論』曰、事急不暇選日當作速用縦横法。所向念七遍畫地畢、以土塊厭之、便行。勿返顧。

門　卌

正立門内、叩齒三十六通、以右手大姆指先畫四縦、後爲五横訖、即咒曰「四縦五横。吾今出行、禹王衞道、蚩尤辟兵、盜賊不起、虎狼不行、還歸故郷。當吾者死、背吾者亡。急々如太上老君律合〈令〉。」咒畢、便行。愼勿反顧。

筆者が目睹したのは東京大学総合図書館蔵本。引用文中の『兵噗論』については不明だが、見てわかるように、これは通書等に記載される速用縦横法を引用して来ただけのものである。しかしながら、これまでの先行研究は、冒頭部分「事急不暇選日當作速用縦横法……」を省略してある『修験故事便覧』巻之二「九字」の引用しか見ていないようである。このことが禹歩五画地法の理解を誤らせる原因のひとつにもなったようである。なお、『軍林兵人宝鑑』は、その成立に問題があるとされている。該書の序文に「貞祐壬午」（貞祐年間に壬午はなく、元光元年が正しい）の紀年があるのだが、この紀年に問題がある。該書の序文は実は同じく施子美著の『施氏七書講義』の序文と同文である。しかしながら『施氏七書講義』の文久三年刊官版（これが最も普及した版本）以前の古鈔本には「貞祐壬午」の紀年がないのである。このことに着目して、江戸文化年間に書物奉行として校勘学に従事した近藤重蔵は『右文故事』巻之五・御本日記続録巻中・慶長御版本・七書において『軍林兵人宝鑑』を本朝の兵家の偽撰にかかるものと見做している。詳しくは、阿部隆一「金沢文庫本「施氏七書講義」残巻について――新出の孫子講義零巻を主として――」（『阿部隆一遺稿集』第二巻・解題篇一所収、汲古書院、一九八五年）を参照されたい。『軍林兵人宝鑑』の真偽・成立年代についての検討は、今後の課題としたい。

(59)　江紅旭編『択吉通書万年暦』（中医古籍出版社、二〇〇九年）七〇頁。

(60)　禹歩や四縦五横を取り込んだ理由について考えるに、玉女反閉局法は「凡用三元九宮遁甲、無三奇吉門者、則不可出行、宜玉女反閉局而去」（『景祐遁甲符応経』巻下）、つまり、遁甲式占で出行を占って出行が不可（凶）と出てしまった場合に、どうしても出行しなくてはならない時に行う儀式とされる。要するに玉女反閉局法は遁甲式占における速用縦横法に相当する儀式なのである。両者とも同条件時に行うものなので、玉女反閉局法において禹歩や四縦五横の画地まで行われるようになったのであろう。玉女反閉局法について詳しくは本書第二部第四章にて論じる。

(61)　明清の通書・日用類書では禹歩は、速用縦横法とは別の、「奇門藏身法」という隠身術として記載される。

(62)　なお、四縦五横は現在に到るまで伝承され変遷を続けている。松本浩一氏の日本道教学会第五三回大会研究発表「道教の呪法と陰陽道」要旨（『東方宗教』第一〇一号、二〇〇三年）に拠れば、現在の台湾の道士が儀礼中に四縦五横の符形を用いる。またGoogle等の検索エンジンで「四縦五横」を検索すれば、大陸・台湾を問わず多くのウェブサイトで四縦五横を用いた呪術が紹介されていることがわかる。

(63)　『玉匣記』の複数の版本を確かめたが、どの版本も基本的に同じ構成である。光緒十七年（一八九一年）素雲道人劉誠印重

印『増補諸家選択万全玉匣記』(故宮博物院編『故宮珍本叢刊』所収、海南出版社、二〇〇〇年)、上海錦章図書局石印『増補玉匣記』(出版年不明)、広盛堂蔵版『増補選択通書広玉匣記』(出版年不明)、『選択秘書玉匣記』(瑞成書局、一九八一年再版)、『増補万全玉匣記注評』(河南人民出版社、一九九三年)、『玉匣記』(武陵出版社、一九九八年)、『正版増広玉匣記全書』(竹林書局、二〇〇三年第一〇版)等。

(64)「正月七日●二月十四日●三月廿一日●四月八日●五月十六日●六月廿四日●七月九日●八月十八日●九月廿七日●十月十日●十一月廿日●十二月卅日●是日在行不可以歸、在室不可以行、是是大兇。正月乙丑●二月丙寅●三月甲子●四月乙丑●五月丙寅●六月甲子●七月乙丑●八月丙寅●九月甲子●十月乙丑●十一月丙寅●十二月甲子以衍以行、從遠行歸、是謂出亡歸死之日也。」前半部分は別の箇所で「亡日」と呼ばれ、後世の神煞「往亡」に相当する。「出亡歸死之日」は後世の神煞「歸忌」に相当する。本書第二部第一章の表2を参照。また詳しくは劉楽賢「往亡考」(同氏著『簡帛数術文献探論』所収、中国人民大学出版社、二〇一二年)を参照されたい。

(65)「正月壬臽。二月癸臽。三月戊臽。四月甲臽。五月乙臽。六月戊臽。七月丙臽。八月丁臽。九月己臽。十月庚臽。十一月辛臽。十二月己臽。□□□□。十一月乙卯天臽。」劉楽賢氏は最後の一文「十一月乙卯天臽」を「天閻」篇に区分するが、劉氏自身が特に根拠があるわけでないことを断っているため、竹簡の排列を重視して「臽日」篇の一部と見做すことにする。劉楽賢前掲『睡虎地秦簡日書研究』三五四頁。

(66)例えば「入月二日、旦西吉、日中北吉、昏東吉、中夜南吉」「入月四日、旦西吉、日中南吉、昏北吉、中夜東吉」とある。「入月」は毎月の意。なお、放馬灘秦簡『日書』乙種については、甘粛省文物考古研究所前掲『天水放馬灘秦簡』の竹簡の排列に問題があると思われる。乙種簡26壹~54壹は甲種の「禹須臾行日」に相当する内容であり、甲種の体裁から考えれば、おそらくは乙種簡165の禹歩五画地法は本来、乙種簡26壹~54壹の次に配置されていたのではなかろうか。

(67)本章では行論の都合上、本章が提出する見解と『日書』に見える禹歩についての主要な先行研究である工藤元男氏の見解との関係について逐一説明を行うことができなかった。本章の結論を工藤氏の先行研究の観点から言い換えるならば、睡虎地秦簡『日書』甲種「出邦門」篇(簡111背~112背)は祖道の儀礼ではないこと、睡虎地秦簡『日書』乙種「出邦門」篇(簡102參~107貳)は帰家の儀礼ではないこと、を主張するものと言えよう。

工藤氏の見解については、同氏前掲『睡虎地秦簡よりみた秦代の国家と社会』(以下『睡』と略す)二五七頁に纏まった記述がある。次の通り。

「日書」における祖道は、この邦門外でおこなわれたとみなされる。そこに壇が作られたかどうかは直接の記述はないけれども、作られたとみて大過ないであろう。① おそらくこの邦門外に土を盛って壇が作られ、祖道として飲食・歌楽・供犠・夫婦間の下衣の交換などがおこなわれた。② 行人は出行にさいして、行旅中の安全と行神の加護を祈願するために禹歩を踏み、……予祝した。……かくて行人は（おそらく）壇を飛び越えて旅立ち、③ またふたたび帰家する。……邦門にたどりつくのであるが、邦門をくぐるとき、それまでずっと護持していた禹符を地面に投げつけ、行旅中に帯びたもろもろの不浄を祓った。そしてさらに出行のときとおなじように、禹歩のステップを踏みつつ、禹にたいして帰家の報告や道中の無事を祝告した。④

かかる工藤氏の見解の問題点を①から④の各部分ごとに纏めれば次の通り。なお、ほぼ同内容の見解が同氏著『占いと中国古代の社会』（東方書店、二〇一一年。以下『占』と略す）にも示されているので、併せて頁数を掲載しておく。

①睡虎地秦簡『日書』乙種「祭祀」篇「行行祠」部分（簡145～146）は行神祭祀の方法が記述されている部分であるが、文中には（伝世文献において祖道の際に設けられる）軷壇に関する文言は一文字も見えない。しかし工藤氏は文献上の根拠がないにもかかわらず「行行祠」を軷壇における儀礼＝祖道と解する（『睡』二一六頁・『占』一六〇頁）。

②睡虎地秦簡『日書』甲種「行」篇一（簡127～130）は赤帝臨日の禁忌として大行・遠行・飲食・歌楽・聚畜生・夫婦同衣を列挙する箇所である。本篇中に祖道や軷壇に関する文言は見えない。にもかかわらず、列挙された忌事を「餞」の際に実施する行事と見做し（本篇中には「餞」字等は見えない）、祖道に関する記述と見做す（『睡』二一九頁・『占』一六八頁）。

③睡虎地秦簡『日書』甲種「出邦門」篇（簡111背～112背）を「祖道の一環」の儀礼と見做す。しかし本篇中に「祖道」等の語は見えず、伝世文献上にも祖道において禹歩や画地を行った等の記事は確認できない。また工藤氏は①②③を一連の祖道に関連した内容と見做すが、竹簡排列上では、三篇はそれぞれ遠く離れた箇所に記載されている。内容上関連があるならば隣接した箇所に書写されるのではなかろうか（『睡』二二二頁・『占』一七二頁）。

④睡虎地秦簡『日書』乙種「出邦門」篇（簡102參～107貳）を「帰家の通過儀礼」と見做す。しかし本篇を帰家の際であると見做せる文面は存在しない。伝世文献上に帰家の際、禹歩を行ったり呪符を用いた儀式を行うような記事も確認できない。また工藤氏は「異境を通過してきた穢れを祓除するため」と云うが、本篇中に「穢」等の文字や概念の記載はない（『睡』二四三頁・『占』一七四頁）。

以上を要するに、禹歩と五画地を伴う儀式に関する工藤氏の見解は、文献上における根拠が乏しく、推測による部分が多いものだと言えよう。

（68）「禹須臾」の語義については劉楽賢前掲『睡虎地秦簡日書研究』一六二～一六五頁を参照。

［補注一］　一九九九年から二〇〇二年にかけて内モンゴル自治区アラシャン盟エチナ旗の漢代烽燧遺址で発掘された木簡（額済《エチ》納《ナ》漢簡）中に睡虎地秦簡などの『日書』の禹歩五画地法に類似する儀式が見える。

●欲急行出邑、禹歩三、唬（謼）「睪（皋）」、祝曰「土五光、今日利以行、行毋死。已辟除道、莫敢義（我）當。獄史・壯者皆道道旁。」（簡2002ESCSF1:2）

写真図版・釈文は魏堅主編『額済納漢簡』（広西師範大学出版社、二〇〇五年）に掲載。額済納漢簡中の術数関連の内容についての研究に、劉楽賢「額済納漢簡数術資料考」（同氏著『戦国秦漢簡帛叢考』所収、文物出版社、二〇一〇年）があり、かかる儀式についても考察がなされている。

筆者が考えるに、おそらくはこの儀式も、出行の凶日に出行する際に行われるものであろう。と言うのは、額済納漢簡中には、これの他にも出行の凶日に出行するための方法の記述がある。

☐南方火、即急行者、越此物行、吉。（簡2002ESCSF1:4）

☐持水北行、持☐（簡2002ESCSF1:14）

これは周家台秦簡『病方及其它』簡363に「有行而急、不得須良日、東行越木、南行越火、西行越金、北行越水、毋須良日可也」とあるものと内容的に一致するが、実はそれだけではなく、本章で扱ったP二六六一背『諸雑略得要抄子一本』の出行儀式の右隣にも「東行越大〈木〉、南方越火、西方越金、北方越水是也」の記述がある。『諸雑略得要抄子一本』では、出行を含めた種々の凶日を記載した箇所の後に、続けて出行の凶日に出行するための方法が幾つか纏めて記載されている。もしかしたら額済納漢簡もそのような構成になっていたのかもしれない。額済納漢簡中には睡虎地秦簡『日書』や馬王堆帛書『出行占』と内容的に一致する出行の凶日・凶方に関する内容が見える（簡2002ESCSF1:3AB・簡2002ESCSF1:5AB）。それらの凶日の記載の後に、かかる凶日にどうしても出行しなければならない際の方法として、上述の儀式が掲載されていたのではないかと想像する。

［補注二］　荊州印台漢簡『日書』中にも睡虎地秦簡『日書』甲種の禹歩五画地法に類似する内容が見付かっている。本書第一部解題篇を参照。

［附記］　近年刊行された工藤元男氏の著書『占いと中国古代の社会』（東方書店、二〇一一年）第五章第三節「反論の検証」にお

いて、本章の元となった論文「『日書』における禹歩と五画地の再検討」(『東方宗教』第一〇八号、二〇〇六年)が批判的に取り上げられている。しかしながら工藤氏は、本章(旧稿と論旨は変わっていない)での筆者の結論を、黄一農氏の見解と同一だと誤解しているようである。よって筆者からは、工藤氏にはもう一度本章を熟読していただきたいとしか言いようがない。筆者の禹歩五画地法理解が、黄一農氏の理解とは全く異なっていることは、本章を読めば理解いただけるはずである。

第四章　玉女反閉局法について

はじめに

日本の陰陽道において行われた儀式のひとつに「反閇《へんばい》」がある。「反閇」は「反閉」「返閉」「反陪」等とも表記される(「閇」は「閉」の俗字)。反閇は「忌日の行幸等に先立って行われる陰陽道の邪鬼払いの呪術であり、呪言と九字及び禹歩とからなる」(八木意知男)のであるが、近世以前から禹歩と反閇との関係についてはその記述には混乱があった。例えば、室町期の小学書『下学集』巻之下・態芸門・第十には、

反閉。天子出御時陰陽家所行也。又謂之禹歩也。

反閉。天子出御の時、陰陽家の行ふ所なり。又た之を禹歩と謂ふなり。

とあり、反閇と禹歩を同一視してしまっている。また江戸期の有職故実書である伊勢貞丈『貞丈雑記』巻之十六・神仏類之部には「反閇」の紹介があるが、そこに記されるのは反閇ではなく禹歩の歩行法である。

しかしながら、近代以降の陰陽道研究によって、特に近年の若杉家文書『小反閇作法幷護身法』(一一五四年)の発見と公開によって[1]、これまで江戸期の資料に拠るほかなかった反閇の儀式次第について、実際に平安期に行われていたと考えられる反閇を知ることができるようになったため(ただし、『小反閇作法幷護身法』に掲載される

「小反閇」は、幾つかの種類があるとされる反閇儀式のひとつに過ぎない）、かかる両者の同一視といった混乱は解消された。禹歩は反閇を構成する呪術のひとつに過ぎず、反閇はその他の呪術をも含む一連の儀式なのである（小坂眞二・斉藤英喜）。

そして、近年の陰陽道研究の成果として特に重要なことは、陰陽道における反閇は、中国における「玉女反閉局法」に由来するということを明らかにしたことであろう（藤野岩友・小坂眞二・酒井忠夫）。しかしながら、これまでの陰陽道研究において、玉女反閉局法は、藤野氏・小坂氏による『武備志』、酒井氏による『太上六壬明鑑符陰経』の紹介があるに過ぎず（玉女反閉局法はこの二書以外にも、数多くの遁甲式占書などに記載される）、またその紹介も、部分的なものである(2)。

筆者は前章において、秦代の出土資料である睡虎地秦簡『日書』等に見える、出行の凶日にどうしても出行しなくてはならない時に行う儀式（この儀式には禹歩を伴う）について検討し、また、かかる儀式の明清時代に到るまでの変遷についても言及した。その際、玉女反閉局法についてもかかる儀式との関係性を中心に検討した。しかしながら前章では行論の都合により玉女反閉局法については十分な紹介と検討を行うことができなかった。このため本章で改めて玉女反閉局法について論じる。

前章において玉女反閉局法について判明した点を纏めれば以下の通り。すなわち、先行研究で紹介されていない玉女反閉局法が唐・李筌『太白陰経』（七六八年？）遁甲篇に見え(3)、これが文献に見える最も古い玉女反閉局法であること、そして該書の玉女反閉局法には（後世の玉女反閉局法では必ず行われる）「禹歩」も「四縦五横」を描くことも見えないことを指摘し、かつ禹歩や四縦五横などを取り込んで複雑化したものが、『太上六壬明鑑符陰経』巻之四や北宋・楊維徳等『景祐遁甲符応経』（一〇三四～三七年）巻下に見える「玉女反閉局法」である、と推測した。

さて、筆者は、玉女反閉局法の本格的な考察を行うに当たって、各書に掲載されるその文面が相当に乱れており、まずはその校定作業が必要であると感じた。よって本章では、『太白陰経』の玉女反閉局法(以下、『太白』)を、これとほぼ同内容である北宋・曽公亮『武経総要』(一〇四四年)後集巻二十・占候五・遁甲に記載の玉女局法(以下、『武経』)を用いて校勘し、[4]最も古い玉女反閉局法の復元および若干の解説を試みる。また、『太上六壬明鑑符陰経』の玉女反閉局法(以下、『太上』)と『景祐遁甲符応経』の玉女反閉局法(以下、『景祐』)についても両者の比較による文面の校定を、後世の遁甲式占書や兵書に掲載の玉女反閉局法も参考にしつつ、[5]行いたい。両書の玉女反閉局法が後世の遁甲式占書などの玉女反閉局法の基本型となっていると考えられるからである(因みに『景祐遁甲符応経』は現存する最古の遁甲式占書である)。

一、『太白陰経』『武経総要』の玉女反閉局法

『太白』は、道光二四年(一八四四年)に銭熙祚が旧抄本を参酌して重訂した十巻本『神機制敵太白陰経』(『守山閣叢書』所収、後『叢書集成新編』などに再録)を使用する。[6]『武経』は、『四庫全書』所収本を使用する。『武経総要』の版本には大きく分けて四十巻本と四十三巻本の二つの系統がある。玉女反閉局法について言えば、四十三巻本(筆者が目睹したのは、明・唐富春刻本の影印である『中国兵書集成』所収本)[7]には誤記・誤脱が目立つが、四十巻本である四庫本は文面が比較的整っている。[8]よって本章では四庫本を底本とし、四庫本の誤りが四十三巻本(兵書集成本)で訂正できる時などに限ってそのことを注記することにし、四庫本と兵書集成本との違いを逐一注記することはしない。

『太白』と『武経』の比較に移る前に、玉女反閉局法とはどのような儀式であるのかを説明しておきたい。まず、その目的については、『太白』には次のようにある。

經曰、……逃難隱死、作玉女反閉局法、千凶萬惡、莫之敢干。故人精微去道不遠、故能洞幽闡神。非眞人逢時、必不能行也。

經に曰く、……難を逃れ死を隱すに、玉女反閉局法を作《な》せば、千凶萬惡、之を敢へて干《をか》す莫《な》し。故人の精微、道を去ること遠からず。故に能く幽に洞じ神を闡《あき》らかにす。眞人の、時に逢ふに非ざれば、必ず行ふ能はざるなり。

玉女反閉局法は「逃難隱死」のために行われるとする。『太白』には、遁甲式占と玉女反閉局法との関係について詳しく説明されていないが、『武経』には次のようにある。

【凡】[9]出軍不得三奇吉門、或遇敵臨事不得已者、當須變機乃作玉女反閉局。用籌行籌、取天門・地戸・玉女所在、依法爲之。上將軍入地戸出天門、統兵破敵得玉女所助、無不決勝。

凡そ出軍に三奇吉門を得ず、或いは敵に遇ひ事に臨むこと已むを得ざれば、當に須らく機を變ずるに乃ち玉女反閉局を作《な》すべし。籌を用て籌を行《めぐ》らし、天門・地戸・玉女の在る所を取るに、法に依りて之を爲す。上將軍、地戸に入り天門より出づれば、兵を統《す》べて敵を破るに玉女の助くる所を得、決勝せざる無し。

「三奇吉門を得ず」とは要するに遁甲式占で占った結果、出軍などが不可(凶)であったことを言う。そのような場合にどうしても出軍しなければならない、あるいは敵に遭遇して出軍せざるを得ない場合に、玉女反閉局法を行う。そうすれば「統兵破敵得玉女所助、無不決勝」となるとされる[10]。

次にその儀式のあらましについて述べたい。『武経』には、玉女反閉局法の具体的方法の記述の前に、その概略を示している。

『玉女經』云、閉局之法、宇庭・巷野以六數爲法、或六尺六歩六丈、郊野二百四十歩尺皆可也。十二日從干上入、然乃下籌、得算爲室中六尺爲局、庭中六歩爲方、巷野六十歩畫地。

玉女行籌法。子日取子上籌、投於戌上。次丑上籌投卯上。依頌文次第行籌。

【法曰】[11]「鼠行失穴入狗市。」「牛向兔園食甘草。」「猛虎眈眈來到巳。」「兔入牛欄伏不起。」「龍來馬廐因留止。」

「螣蛇宛轉歸中裏。」「馬入龍泉飲甘水。」「羊雞一〈易〉(12)處來其酉。」「猿猴擊攫北奔亥。」「雞飛落薄羊闌裏。」「犬向子地捕其鼠。」「豬投虎窟自投〈求〉(13)死。」

度算行籌呼神次第。一青龍移第二籌子(14)、仰天大呼「青龍下。」他皆倣此。二朱雀・三勾陳・四白虎・五玄武・六六合、毎行一算次第、呼一神。行六算畢、即從地戸上出。

『玉女經』に云ふ、閉局の法、宇庭・巷野は六數を以て法と爲す、或いは六尺・六歩・六丈、郊野は二百四十歩尺、皆な可なり。十二日、丁上從《よ》り入り、然らば乃ち籌を下《お》き、算を得て爲《つく》るに、室中は六尺を局と爲し、庭中は六歩を方と爲し、巷野は六十歩にして地に畫《えが》く。

玉女行籌法は、子日に子上の籌を取り、戌上に投じ、次いで丑上の籌もて卯上に投ず。頌文の次第に依りて籌を行《めぐ》らす。法に曰く「鼠、行くに穴に失して狗市に入る」「牛、免園に向ひて甘草を食ふ」「猛虎、耽耽として來りて巳に到る」「兎、牛欄に入りて伏して起きず」「龍、馬廐に來りて因りて留止す」「螣蛇、宛轉して申裏に歸す」「馬、龍泉に入りて甘水を飲む」「羊と雞と、處を易《か》へて其の酉に來る」「猿猴、北奔するの亥を擊攫す」「雞、飛びて薄羊の闌裏に落つ」「犬、子の地に向ひて其の鼠を捕ふ」「豬、虎窟に投じて自ら死を求む」と。算を度《うつ》し籌を行《めぐ》らせ神を呼ぶの次第は、一の青龍は第二の籌子に移し、天を仰ぎて大いに「青龍下」と呼ぶ。他皆な此に倣《なら》ふ。二の朱雀・三の勾陳・四の白虎・五の玄武・六の六合、一算を行《めぐ》らすの次第毎《ごと》に、一神を呼ぶ。六算を行《めぐ》らすこと畢《をは》れば、即ち地戸上從《よ》り出づ。

玉女反閉局法では、まず地面に反閉局といういわゆる魔法陣のようなものを描く。引用の最初の一文は反閉局を描く場所の広さの規定である。「室中六尺爲局、庭中六歩爲方、巷野六十歩」は反閉局の大きさの規定。『太白』では「室中六尺、庭中六歩、野外六十歩」と云う(後述)。そしてこの反閉局の上に六本の「籌」(「算」「筭」とも書く)すなわち算木を置く(図17)。これを一定の法則で動かす際、「鼠行失穴入狗市」などの呪文を唱える。また一本の算木を動かし終わるごとに六神(青龍・朱雀・勾陳・白虎・玄武・六合)を呼ぶ。六本の算木を動かし終わって、反閉局から出ることでこの儀式は終わる。では、次頁より玉女反閉局法の儀式の比較に移りたい(15)。『太白』『武経』それぞれの玉女反閉局法の儀式次第の記述箇所および前後の文章の配置をここで示しておけば次の通り。

『太白』

出師安營一名眞人玉女反閉局　（題名）

經曰……　（前掲）

玉女【反】閉局法　（比較表に掲載の儀式次第）

『武經』

玉女局法　（題名）

玉女經云……　（前掲）

凡地戸所在立成　（後掲）

凡天門所在立成　（後掲）

凡玉女所在立成　（後掲）

凡出軍不得三奇吉門……　（前掲）

玄女訣曰……　（後掲）

歩局法　（比較表に掲載の儀式次第）

図17　算（算木）

		①
『太白陰經』遁甲篇・出師安營一名眞人玉女反閉局	玉女【反】閉局法(16)	以刀畫地、常以六爲數、室中六尺、庭中六歩、野外六十歩、手持六算、算長一尺二寸。
『武經總要』後集卷二十・占候五・遁甲・玉女局法	歩局法	室中六歩、野外營中六十歩、具表四維十二辰甲乙丙丁庚辛壬癸布列以定。(17)即左手持尺二【寸】籌六莖。

	假令甲日從甲上入、乙日從乙上入、戊日從東西南北入。入局竟、從今日日辰起。	甲日從甲入、乙日從乙入、庚辛丙丁壬癸[18]皆從西北東南入、戊己日從坤艮入。次從日今〈今日〉[19]日辰布下六籌。
②	假令子日、即以第一算置子上、第二算加丑上、第三算加寅上、第四算加卯上、第五算加辰上、第六算加巳上。下六時亦依次去。 便呼云「鼠行失窟入【狗】市。」便逐〈移〉[20]。子上算置戌上、度算訖、大呼云「青龍下。」 次移丑上算置卯上、云「牛入兔塗食時草。」度訖、就便呼云「朱雀下。」 次移寅上算置巳上、云「猛虎跳、鳶來到。」度算〈訖〉、便呼云「勾陳下。」 次移卯上算置丑上、云「兔入牛欄伏不起。」【度訖】、便大呼云「白虎下。」 次移辰上算置午上、云「龍入馬廐因留止。」度訖、便呼云「玄武下。」 次移巳上算置申上、呼云「螣蛇宛轉來【申裏】。」度訖、便呼云「六合下。」	假如子日先布第一籌置子上、第二籌置丑上。盡六籌置、已上畢、乃投籌呼六神。並皆陰誦呪文、大呼六神。 依日辰起第一籌投之。 如子日、先於子上投第一籌、陰誦「鼠行失穴入狗市。」便以籌轉安戌上、大呼「青龍下。」 次於丑上取第二籌、陰誦「牛入兔園食甘草。」即投籌轉安卯上、大呼「朱雀下。」 次到寅上取第三籌、陰誦「猛虎耽耽來到巳。」即投籌轉安巳上、大呼「螣蛇〈勾陳〉下。」 次於卯上取第四籌、陰誦「兔入牛欄伏不起。」即投籌轉安丑上、大呼「勾陳〈白虎〉下。」 次於辰上取第五籌、陰誦「龍入馬廐因留止。」即投籌轉安午上、大呼「白虎〈玄武〉下。」 次於巳上取第六籌、陰誦「螣蛇宛轉歸申裏。」即投籌轉安申上、大呼「玄武〈六合〉下。」
③	兩算夾一算〈干〉、先成爲天門、後成爲地戶。	次子日、四仲之日地戶下〈不成〉[21]。仍將初籌戌上籌安午位、投於辰、陰誦「馬入龍泉飲甘水。」地戶便成。
④	避難、出天門、入地戶、乘玉女上去、吉。	乃出地戶從乙、入天門内〈丙〉[22]。
⑤	仍呼玉女所在之〈云〉[23]「庚上玉女來護我、無令百鬼中傷我。敵人不見我、以爲東薪、獨開天門、而閉地戶。」	
⑥	呪會〈畢〉交乎〈呼〉、以算閉門而去、勿反顧。	取丑二〈上〉[24]籌閉天門、取申上籌閉地戶。

⑦	以刀畫地、即地脈不復得見。	仍出地戸、入天門時、左手持刀、畫地閉之、乘玉女庚上去。他皆倣此。
⑧		右件〈伴〉[25]二十〈十二〉[26]次並隨日辰爲投籌之首、曉達之士祕而行之。

①では、まず刀で地面に反閉局を描く(『太白』)。それは十干のうち戊己を除く八干と十二支および四維(乾坤艮巽)からなり(『武経』)、その大きさは儀式を行う場所で異なる。つまり室内では六尺、庭では六歩、野外では六十歩である(『太白』。『太上』『景祐』等もこれと同じ)。『太白』『武経』ではこの反閉局がどのような形をしているのか図示されていないが、後世の図面より想像すれば図18のようなものと考えられる(ただし、『太白』には「乾」「坤」「艮」「巽」が文面に見えず、『太白』における反閉局に乾坤艮巽があったかどうかは不明である)。

手には六本の算木を持ち、その長さは一尺二寸と決められている。

次は、反閉局に入る方法であるが、上引の『武経』の玉女経では「十二日従干上入」と云う。基本的にはその日の十干と一致する箇所から反閉局に入るのであるが、『太白』『武経』『太上』『景祐』それぞれ若干文面が異なる。例えば『景祐』では「假令甲日便従甲地入局、乙日便従乙地入局、丙日従丙、丁日従丁、庚日従庚、辛日従辛、壬日従壬、癸日従癸、戊日従乾、己日従艮地入局内。一説戊日即従乾、己日只従巽内(假令《も》し甲日なれば便ち甲地従《よ》り局に入る。乙日なれば便ち乙地従《よ》り局に入る。丙日は丙従《よ》りし、丁日は丁従《よ》りし、庚日は庚従《よ》りし、辛日は辛従《よ》りし、壬日は壬従《よ》りし、癸日は癸従《よ》りし、戊日は乾従《よ》りし、己日は艮地従《よ》り局内に入る。一説に戊日は即ち乾従《よ》りし、己日は只だ巽従《よ》り内《い》るのみ)」となっている(本章第二節⑤)。次に算木を置いていく。

②では、反閉局に算木を置き、それを動かす次第について述べる。その置き方は子日ならば一本目は子の上に、二本目は丑の上に、というように順番に六本の算木を置いていくもの。次に、この置いた算木をそれぞれ動かし

ていく。子日を例にとれば、子→戌、丑→卯、寅→巳、卯→丑、辰→午、巳→申という動かし方となる。動かす際に呪文を唱える。それは算木の動かし方に呼応したものである。例えば子→戌なら「鼠行失窟入狗市」となっている（ただ、『太白』で寅→巳の際の呪文が「猛虎跳、鳶来到」となっているのはよくわからない）。一本の算木を動かし終わるごとに六神を呼ぶ（『太白』には「算を度《うつ》すこと訖《をは》れば、大いに呼びて云ふ……」等とある）。なお、『武経』の該当箇所では寅→巳の後で「螣蛇下」と呼んでいるが、上引の『武経』の度算行籌呼神次第では六神の中に螣蛇は見えず、他書の玉女反閉局法にも螣蛇は見えない。よってこの「螣蛇」は誤記であり、この誤記によって以下の六神も誤って一つずつずれる結果になったのだと思われる。

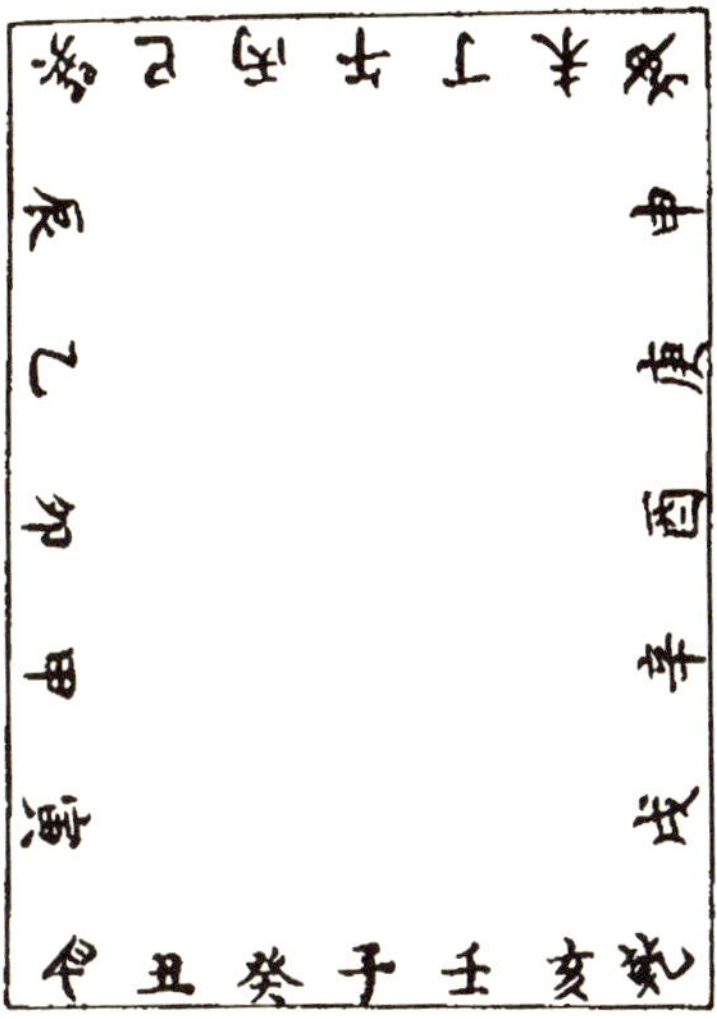

図 18　反閉局想像図

　さて、例えば、丑の日ならば、一本目の算木は丑に置き、丑→卯、寅→巳……と動かすわけだから、当然、六通りの算木の動かし方では対処できない。『武経』では既に上引の部分で「馬入龍泉飲甘水」「羊雞一〈易〉處來其酉」「猿猴撃攫北奔亥」「雞飛落薄羊闌裏」「犬向子地捕其鼠」「豬投虎窟自投〈求〉死」の呪文が引用されており、この呪文から算木の動かし方も想像がつく（つまり、午→辰、未→酉、申→亥、酉→未、戌→子、亥→寅）。一方、『太白』にはこれらの記述がなく、『太白』の記述だけでは、どう算木を動かしていいかわからない。『太白』は伝承の過程でこれらの文面を落としてしまったのであろうか。

　③は天門・地戸についての記述。[27]玉女反閉局法では八干と四維の上に天門・地戸・玉女を設定する。『太白』の③はその法則についての記述。『太白』には「兩算夾一算〈干〉、先成爲天門、後成爲地戸」とあるが、『太上』は

「但兩支夾一干、先成爲天門、後成爲地戸」に作る（本章第二節⑥）。よって『太白』の「算」は「干」の誤り。その意味は、②のように十二支上に算木を動かして、最初に（十二支上の）二本の算木で挟まれた八干が天門、最後に二本の算木で挟まれた八干が地戸、ということ。玉女の場所については『太白』には記述がない。玉女の場所がわからなければ儀式を行いようがないので、これも伝承の過程で落としてしまったものか（玉女の場所の法則については後述）。

『武経』の③は、四仲日（子・午・卯・酉）の場合の地戸についての記述。四仲日の場合は、六本の算木を動かしても、一回しか二本の算木で挟まれる箇所が発生しない。そのための処置である。その方法は、例えば子日の場合、最初に動かした戌上の算木を午上に置き直し、「馬入龍泉飲甘水」の呪文を唱えつつ、その算木を辰上に動かす。こうすれば（一本目の）卯上の算木と今動かした辰上の算木で挟まれた箇所「乙」が地戸となる。ここでは子日の場合の具体例を挙げているが、『景祐』では、その動かし方について、

四仲日、地戸不成。取初籌第一算、安辰所衝上命起、自然成門。

四仲日は、地戸成らず。初籌の第一算を取りて、辰の衝する所の上に安んずれば命起ちて、自然に門を成す。

と述べる（本章第二節⑥）。これは、一本目の算木を、その「衝」に当たる箇所に置くことを言う。「衝」とは、術数のタームで、十二支では、子と午、丑と未、寅と申、卯と酉、辰と戌、巳と亥が衝の関係にある。(28) 図19を参照。例えば子日なら戌の衝である辰に算木を動かすことになるわけである。

なお、『武経』以降は立成（早見表）が掲載されており、天門・地戸・玉女の場所を確認するのに便利になっている。(29)

④では、天門・地戸への出入を行う。目的ごとに、天門か地戸かに、出るか入るか、が異なる。『太白』の場合は、難を避ける目的の場合は、天門を出で、

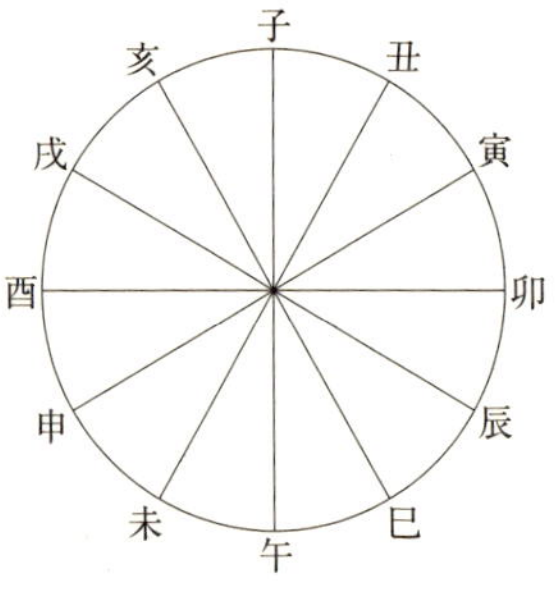

図19　衝

地戸に入る。『武経』の歩局法中にはその目的が記されていないが、歩局法の前に引く玄女訣に次のように云う。

玄女訣【曰】[30]、當敵安營、深入敵境、或彼〈被〉倚〈奇〉仗〈伏〉強暴掩襲[31]、當爾之時又課遁無門、軍師・主將以此爲法。呼神投籌、先成爲天門、後成爲地戸、陰呼六旬中玉女、祝之、出天門[32]。破敵億萬之衆、莫之敢當。若兵勢不利欲退軍、即呼玉女祝而出地戸、以左手把刀、背以畫地戸爲閉地戸[33]。仍以左手取寸草障人中半、勿返顧、而去、人鬼不覺去蹤。

玄女訣に曰く、敵の安營に當りて、敵境に深入す、或いは奇伏に強暴・掩襲せらる、爾《こ》の時に當りて又た課遁に門無ければ、軍師・主將は此を以て法を爲す。神を呼び籌を投じて、先に成るは天門爲り、後に成るは地戸爲り。陰に六旬中の玉女を呼び、之を祝して、天門より出づ。敵億萬の衆を破り、敢へて之に當たる莫《な》し。若し兵勢不利にして退軍せんと欲すれば、即ち玉女を呼びて祝して、地戸より出づ。左手を以て刀を把《と》り、背して以て地戸を畫して地戸を閉づるを爲す。仍《よ》りて左手を以て寸草を取り人中の半を障《ふさ》ぎて、返顧する勿《な》かれ。而して去《ゆ》けば、人鬼、去蹤を覺えず。

「當敵安營、深入敵境」「被奇伏強暴掩襲」の時は、「出天門」するとされ、「兵勢不利欲退軍」の際は、「出地戸」するとされている。天門・地戸への出入が終われば、次に玉女（の場所）に乗る。

⑤は玉女に乗る際の呪文である。玉女は毎日その居所を変える。子日の場合、庚上が玉女の居所とされる。故に呪文で「庚上玉女」と云うのである。なお、『武経』には玉女への呪文の記述がない。前引の玄女訣に玉女に祝することが述べられており、ここに呪文の記述がないのは、伝承の過程での誤脱であろう[34]。

⑥では、天門・地戸を閉ざす。『太白』の「呪會〈畢〉交乎（呼）」については銭熙祚が「句に誤り有り。「會」疑ふらくは「畢」なり」と云う。また「乎」について、張文才・王隴訳注『太白陰経全解』では「「交乎」とは、交々相い呼び叫ぶのを謂う。乎は、「呼」の古字」だとする。このように文面が乱れていて読みようがないが、おそらくは「②や⑤の一連の呪文や呼びかけが終われば」の意であろう。天門・地戸の閉め方については、『太白』では「以算閉門」と云うだけだが、『武経』ではやや詳しく記述されている。そして反閉局から出る（「去」）。

この時、振り返ってはならない。
⑦は『太白』と『武経』で異なる。『太白』では、反閉局から出た後、刀で地面を画す。これで反閉儀式は終わりである。一方、『武経』では、天門もしくは地戸への出入が終わった時点で、天門・地戸を閉ざすのだが、その際には、まず、そこにある算木を撤去し(⑥)、その後、刀で天門・地戸の地面を画すことで、門を閉ざすことと見做すようである。その後、玉女に乗ってから(おそらくは玉女への呪文を唱えて)、反閉局から出る。なお、『太白』の「地脈不復得見」については銭煕祚は「句、解すべからず、譌脱有るに似たり」と云う。
⑧は締めの言葉。後世の玉女反閉局法でも似たような締めの言葉がある(本章第二節⑭)。

二、『太上六壬明鑑符陰経』『景祐遁甲符応経』の玉女反閉局法

『太上六壬明鑑符陰経』[35]は『道蔵』(洞神部方法類・履)所収本、『景祐遁甲符応経』は『続修四庫全書』(上海古籍出版社、一九九五年)所収の清抄本(宛委別蔵伝録旧鈔本)を用いる。

①	
『太上六壬明鑑符陰經』巻之四	『景祐遁甲符應經』巻下
玉女反閉局	玉女反閉局法
	經曰、凡用三元九宮遁甲、無三奇吉門者、則不可出行、宜玉女反閉局而去。

<table>
<tr><th></th><th>②</th></tr>
<tr><td>經曰、玉女反閉者、在室中六尺、在庭六歩、在野外六十歩、並以六爲數、先定其筭、訖陳、以左手把六筭子、各長一尺二寸、以杜荊爲之、如無不拘、右手執刀、面旺方、吸旺氣・旺神、叩齒十二、禱心事、背旺方立、呪曰、
「維某年月日時、某謹請天地・父母・六甲・六旬・十二時神・青龍・蓬星・天上玉女・六戊・藏形之神。某好樂長生之術、行不擇日、出不問時。今欲遊行爲某事、欲大臣拔〈按〉天文、請玉女畫地布局、出天門、入地戸、閉金關、乘玉女・青龍・白虎・朱雀・勾陳・玄武・六合・六甲・六神・十二時神、乘而行到某所、在〈左〉右、巡處、隱處、隨臥、隨起、辟除盜賊、鬼神消亡。君子見我、喜樂倍常。小人逢我、懼躍惶惶。男女見我、供侍酒漿。百惡鬼賊、當我者亡。今日禹歩、上應天罡、玉女侍傍、下辟不祥、萬精厭伏、所向無殃、所治病差、所攻者開、所擊者破、所求者得、所願者就。帝王・大臣・二千石長吏、見我愛如赤子。今日請玉女大臣〈神〉[37]隨我者進。」</td><td>所請畢、閉炁、以刀左旋畫地爲局、以今日辰上爲始。無刀以指。意布十二辰時・八干・四維、却從當日干上入局、戊日從乾入、己日從坤入。</td></tr>
<tr><td>經曰、反閉局者、在室中六尺、庭中六歩、在野六十歩、並以六爲數、見定數託、便以左手執六算、各長一尺三〈二〉寸、右手撈〈執刀〉[36]吸王氣、叩齒十二通了、禱祝心下爲某事、然後却回身背王氣。
「謹啓某年月日時、某謹天父・地母・六甲・六旬・十二時辰・青龍・蓬星・明堂・天上玉女・六戊・藏形之神。某好樂長生之術、行不擇日、出不問時。今欲行遊爲某事、敬祈大事、謹按天文、請玉女畫地局、出天門、入地戸、閉金關、乘玉輅・玉女・青龍・白虎・朱雀・玄武・勾陳・六合・六甲・【六】神・十二時神、乘而行到ム〈某〉所。左右巡防、隨行隨止、隨臥隨起、辟除盜賊、鬼魅消亡。君子見我、喜樂倍常。小人見我、觀躍惶惶。男女見我、供侍酒漿。百惡鬼賊、當我者亡。今日禹歩、上應天罡、玉女侍勞〈傍〉、下者、【所擊者】破、所求者得、所願者成。帝王・大臣・二千石長吏、見我愛如赤子。今日請玉女大神隨我進爲局法。」
又呪曰、「五爲天目、與天相逐、睛如雷電、明輝八極、徹如表裏、無物不然。逆害之徒皆摧滅、魁罡之下、無動無作。急急如律令。」</td><td>請神入局
若人志心修持既濟・乾坤・三台・九宮・四縱五横、禹歩而能出天門入地戸、誦天鼎、想諸神護衞之、後心誦于道、冥心一觀、萬物若空、上知有物、不知有物之自造斯可大矣哉。右天請福、六甲六丁執勝、文伯禹歩各作局、分而布之。
九宮八卦圖局</td></tr>
</table>

③	
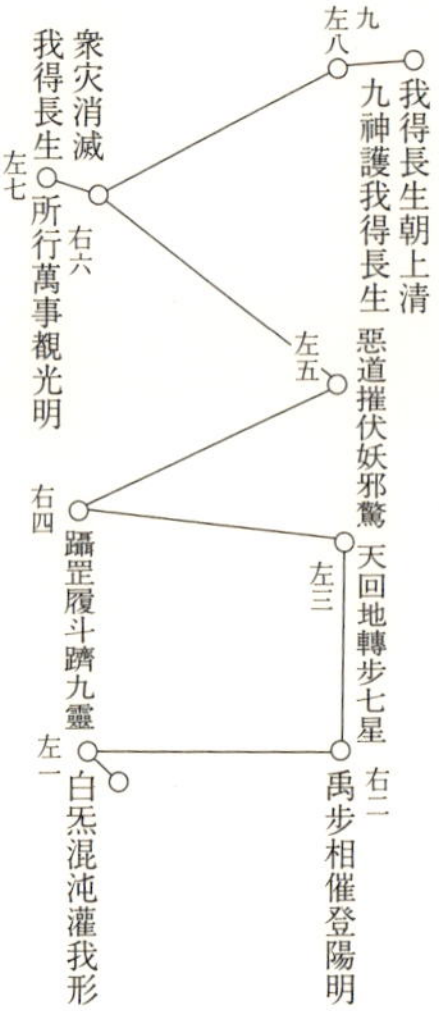	
	呪曰「吾左魁右魒、右魁左魒、上魁下魒、下魁上魒。吾藏身三五之中、⿺鬼盧⿺鬼亢之内、⿺鬼甫⿺鬼巽之裏[38]、顛倒三五、低昻歩罡。魁爲我生形、吾戴日戴月、足履北斗・三台。七星覆我、五星照我、二十八宿羅列衞我、璿璣玉衡衞我身形。衣斗履斗、與斗同儀。令〈今〉[39]歩罡三五合成、歩璿躡衡趨祥、紫微三五勝、乘罡御斗、秉正天威、萬世常存、日月同曜、邪道五害皆伏、魁罡之下、無動無作。急急如律令。」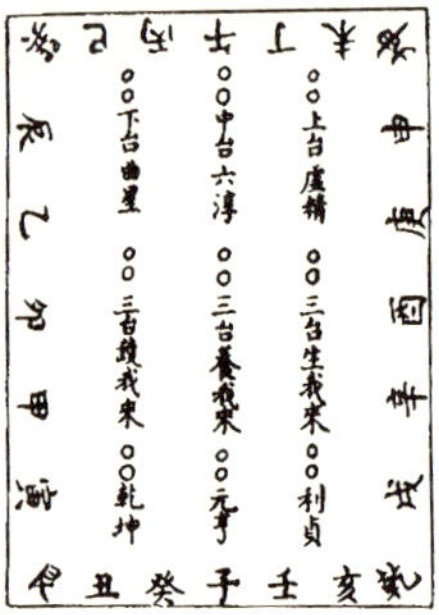

④	⑤
	畫局訖、取中心下、排東西南北、布十二神・八干・四維之位。假令甲日便從甲地入局内、乙日從乙地入局、丙日從丙地入、丁日從丁地入、戊日從乾地入、己日從坤地入于局。手把六筭[40]補、禱祝禮于四方曰、 「請東方功曹・太衝・天罡・青帝・甲乙大神、降于局、衞我身形。」 「請南方太乙・勝先・小吉・赤帝・丙丁大神、降于局。」 「請西方傳送・從魁・白帝・庚辛大神、降于局。」
十二局天門地戸玉女反閉立成 子日天門丙地戸乙玉女庚　丑日天門丙地戸乙玉女辛 寅日天門丙地戸庚玉女乾　卯日天門庚地戸丁玉女壬 辰日天門庚地戸丁玉女癸　巳日天門庚地戸壬玉女艮 午日天門壬地戸辛玉女甲　未日天門壬地戸辛玉女乙 申日天門壬地戸甲玉女巽　酉日天門甲地戸癸玉女丙 戌日天門甲地戸癸玉女丁　亥日天門甲地戸丙玉女坤 ⑬に移すべき。 經曰「若不布局請神喝算、則神無驗〈驗〉矣。」―⑭に移すべき。 （ここに「眞人閉六戊法」の六字およびその図があるが、誤写によるもの。）	畫局訖、便從心下、排東西南北、布十二神・四維・八干位。假令甲日便從甲地入局、乙日便從乙地入局、丙日從丙、丁日從丁、庚日從庚、辛日從辛、壬日從壬、癸日從癸、戊日從乾、己日從艮地入局内。一説戊日即從乾、己日只從巽内。手持六算、禱祝四方。 　謹請 「東方功曹・太衝天罡・青帝大神・甲乙大神、降于局所、侍衞我身。」 　謹請 「南方太乙・勝光小吉・赤帝大神・丙丁火〈大〉神、降于局所、侍衞我身。」 　謹請 「西方傳送・從魁河魁・白帝大神・庚辛大神、降于局所、侍衞我身。」

「請北方登明・神后・大吉・黒帝・壬癸大神、降于局。」

⑥

請四方訖、便從今日日辰上下第一筭。子上下第一筭、丑上下第二筭、寅上下第三筭、卯上下第四筭、辰上下第五筭、巳上下第六筭。但兩支夾一干、先成爲天門、後成爲地戶。

若四件〈仲〉日、地戶不成。取初筭、安第七午上命起、自然成地戶。

退身少許而行呪、運籌喝筭云、

「鼠行失穴入狗市。」移子上筭、安戌上。大呼「青龍下。」

「牛食兎菌〈薗〉食甘草。」移丑上筭、安卯上。大呼「朱雀下。」

「猛虎逡巡來入巳。」移寅上筭、安蛇〈巳〉上。大呼「勾陳下。」

「兎入牛欄伏不起。」移卯上筭、安丑上。大呼「白虎下。」

「龍入馬廏因留止。」移辰上筭、安午上。大呼「玄武下。」

「螣蛇宛轉來申裏。」移巳上筭、安申上。大呼「六合下。」

「馬入龍泉飲甘水。」移午上筭、安辰上。

謹請

「北方登明・神后大吉・黒帝大神・壬癸大神、降于局所、侍衛我身。」

右謹請四方訖、便從所求日辰上、安置算法。

假令子上第一筭　丑上第二筭　寅上第三算

卯上第四筭　辰上第五筭　巳上第六算。

巳上第六算訖、但有兩支挾一干、先成爲天門、後成爲地戶。

四仲日、地戶不成。取初籌第一算、安辰所衝上命起、自然成門。

術曰

「鼠行失穴入狗市。」便移子上第一筭、安戌上。大呼「青龍下。」

「牛入兎園食甘草。」便移丑上第二筭、安卯上。大呼「朱雀下。」

「猛虎眴眴來入戸[41]巳。」便移寅上第三算、安巳上。大呼「勾陳下。」

「兎入牛欄伏不起。」便移卯上第四算、安丑上。大呼「白虎下。」

「龍入馬廏因留止。」便移辰上第五算、安午上。大呼「玄武下。」

「螣蛇宛轉入申裏。」便移巳上第六算、安申上。大呼「六合下。」

若午日、即從午上命第一筭、即曰「馬入龍泉飲甘水。」便移午上筭、安于辰上。

	上段	下段
	「雞羊易位來酉裏。」移未上筭、安酉上。 「猿猴匍匐北奔豕。」移申上筭、安亥上。 「雞飛撲落羊欄裏。」移酉上筭、安未上。 「狗入鼠穴抱其子。」移戌上筭、安子上。 「猪入虎窟自投死。」移亥上筭、安寅上。	「羊雞易位入酉裏。」便移未上筭、安于酉上。 「猿猴踴躍北奔豕。」便移申上筭、安亥上。 「雞飛撲落羊欄裏。」便移酉上筭、安未上。 「狗入鼠穴捕于子。」便移戌上筭、安子上。 「猪入虎穴自求死。」便移亥上筭、安于寅上。喝算訖。
⑦	呪曰 「乾尊耀靈、坤順内營。二儀交泰、六合利貞。配天享地、永寧肅清。應感玄黃、上衣下裳。震離坤兌、翊贊扶持。乾坎艮巽、虎歩龍翔。今日行筭、玉女侍傍。追吾者死、捕吾者亡。牽牛織女、化成江河。急急如律令。」	先成者爲天門、後成者爲地戸、四仲地戸不成、將初籌第一筭衝辰命之乃成。 咒曰「乾尊曜靈、坤順内營。二儀交泰、要合利亨。配天向地、求寧肅清。應感玄黃、黄衣下裳。【震】離坎兌、翊贊扶將〈持〉。乾坤艮巽、虎歩龍翔。今日行筭、玉女侍傍。有急相佐、常輔扶匡。追我者死、捕我者亡。牽牛織女、化成江河。急急如律令。」
⑧	子日立在前、行八千四【維】。子日玉女從庚上周而復始、乘之而去。去有呪、當呼玉女所在。若在庚上、便呼「庚上玉女、速來護我、無令邪鬼侵我。【敵】人莫見我、見者以爲束柴。獨開我門而閉他人門。」呪訖、即便閉門而去。	玉女左行八千四維。子日從庚起周而復始、乘玉女去。時有咒、當呼玉女所在。若庚上、便呼「【庚】上玉女、速來護我、無令百鬼傷我。敵人莫見我、見我者以爲束薪。獨開我門而閉他門。」
⑨		每移一歩持咒一句。 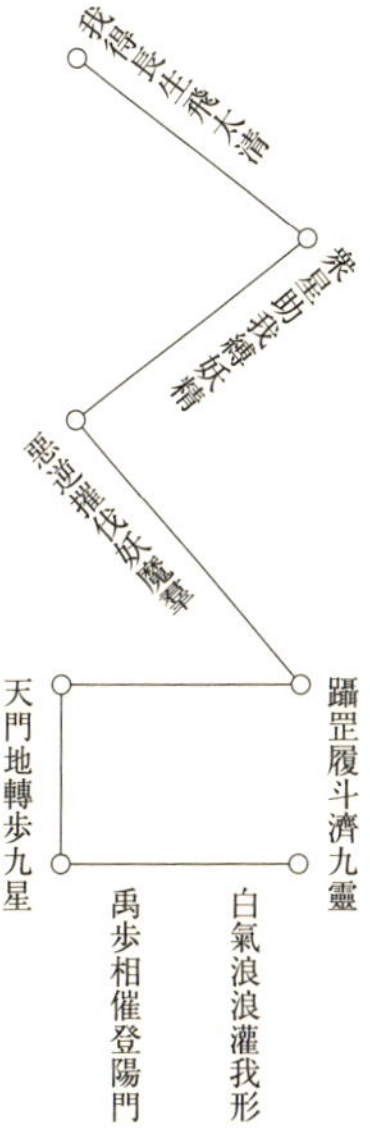

⑩

夫欲遠行・見貴人・上官・赴任者、當出地戸、入天門、乘玉女而行。呪曰、

「天門天門、今日唯良。玉女侍我、左右遊傍。遊行四出、不逢禍殃。君子一見、喜樂未當。所求如意、萬事吉昌。急急如律令。」

夫欲入陣掩車〈捕〉之事、避兵逃難、伏匿殯葬凶事、即出天門、入地戸、乘玉女而去。呪曰、

「諾諾譯譯、行無擇日、返無擇時、隨斗入戸、與神倶遊。天地反覆、心中所欲、皆得隨[42]意。使汝迷惑、以東爲西、以南爲北。【有】知我者、使汝不得。」以筭閉門而去。

⑪

乘玉女呪曰
「玉女玉女、天神之母。護我保我、與我侍行、到某郷里。杳杳冥冥、人莫見、我聞聲、鬼神莫覩其情。喜我者福、惡我者殃。百邪鬼賊、當我者亡。千萬人中、見我者喜。急急如律令。」

⑫

以刀畫地如後。

右禹歩畢、呪曰「六甲九章、天圓地方。四時五行、青赤白黃。太乙爲師、日月爲光。禹前治道、蚩尤避兵。青龍扶轂、白虎扶衡。熒惑在前、辟除不祥。北斗誅伐、除去凶殃。五神道我、周遊八方。當我者死、嫉我者亡。左右社稷、寇盜伏匿。行者得喜、留者有福。萬神護我、永除盜賊。急【急】如律令。」


凡欲爲吉事・遠行・見貴人・上官・赴任者、出地戸、入天門、乘玉女而行。

呪曰「天門天門、今日惟良。玉女侍我、左右遊旁。行乘四出、不逢禍殃。君子一見、喜樂倍長。所求如意、萬事吉昌。急急如律令。」

凡欲入陣掩捕之事、即出天門、入地戸、乘玉女而行。

呪曰「喏喏嚁嚁、行無擇日及返無擇期、隨斗所指、與神倶出。天地反覆、中心所欲、皆得隨意。使汝迷惑、以東爲西、以南爲北。追我者死、【使】汝不得。」以筭閉門而去。

乘玉女呪曰皆一心虔誠
「玉女玉女玉女、天神至矣。護我保我、侍我到ム(某)郷ム(某)里。窈窈冥冥、莫覩其形、人不聞其聲、鬼不視其精〈情〉。惡我者殃。百邪鬼賊、當我者滅。値我者亡。千萬人中、見我者喜。急急如律令。」

次以刀畫地、躡禁諸惡、呪先叩齒七通。

應北斗天罡、【閉】氣、以右手持刀畫地。

<table>
<tr><td></td><td>⑬</td><td>⑭</td></tr>
<tr><td>「律令律令、四縱五横。萬鬼潛形、吾去人〈千〉裏〈里〉。呵吾者死、叱吾者亡、惡吾者自受其殃。急急如律令。」</td><td>十二局天門地戸玉女返閉立成
立成日　天門　地戸　玉女　立成日　天門　地戸　玉女
子　丙　乙　庚　午　壬　辛　甲(44)
　天門　地戸　玉女　　天門　地戸　玉女
丑　丙　乙　辛　未　壬　辛　乙
寅　丙　乙〈庚〉　乾　申　壬　甲　巽
卯　庚　丁　壬　酉　甲　癸　丙
辰　庚　丁　癸　戌　甲　癸　丁
巳　庚　壬　艮　亥　甲　丙　坤</td><td>此法、如不敬心祈祝、降神不專、然呪筭則無驗矣。</td></tr>
<tr><td>咒曰「律律令令、四縱五横。萬鬼潛形、吾去千里者【回】(43)、萬里者歸。呵吾者死、叱吾者亡、惡我者自受其殃。急急如律令。」
又咒曰「律律令令、四縱五横。猛火烈兵、遊行天下、據捉邪精。所有一切、天魔外道、並向吾天罡敕下滅。急急如律令。」
右前咒畢、更歩三台星。自上台虛星〈精〉爲初歩、次中台六淳、下台曲星。二歩一咒「三台生我來、三台養我來、三台護我來。」</td><td>（④の十二局天門地戸玉女反閉立成をここに移すべきである。）</td><td>（④の「經曰」以下一文をここに移すべきである。）</td></tr>
</table>

①は、反閉局の大きさや算木の長さの規定については、『太白』『武経』の玉女反閉局法（以下、本章では『太白』『武経』の玉女反閉局法を「古玉女反閉局法」と総称する）と同じ。古玉女反閉局法との違いは、儀式を始めるに当たって、旺方に向かい旺気と旺神を吸い、歯を一二回噛み合わせ、旺方を背にして呪文を唱える(45)。この呪文は『太上』と『景祐』とで殆ど同じだが、『景祐』では「五爲天目……」という別の呪文が更に加えられている。

②は反閉局の描き方およびそこへの入り方。『太上』では「以刀左旋畫地爲局、以今日辰上爲始。無刀以指。意布十二辰時・八干・四維」と云う。刀で、もし刀がなければ指で、その日の十二支より左旋して十二支・八干・四維を書き込んでいく、といった意味であろうか。反閉局が描きあがったら、入局する。その方法はここにも書かれているが、⑤でももう一度記述されている。

『景祐』には『太上』のような反閉局の書き方に関する規定は見えない。その代わりに『太上』には見られない玉女反閉局法の効能を称える文面と、反閉局は、右天・六甲六丁・文伯なる人物達が作ったという由来を述べる。その次に九宮八卦図局(反閉局)の図を挙げる(おそらくここで反閉局を描くのであろう)。(反閉局が描きあがったら)その次にまた呪文を唱える。この呪文も『太上』には見えない。

③は『太上』の禹歩の図。古玉女反閉局法では禹歩は見えなかったが、『太上』『景祐』では禹歩を行う。『太上』では、ここで禹歩を行うようである。一方、『景祐』では⑨つまり儀式の後半で禹歩を行っている。後世の玉女反閉局法でも、儀式の前半で禹歩を行うものと後半で禹歩を行うものに分かれる。儀式の前半で禹歩を行う(『太上』に近い)ものには『黄帝太一八門入式秘訣』『奇門遁甲秘笈大全』『奇門遁甲応用研究』などがあり、儀式の後半で禹歩を行う(『景祐』に近い)ものには『霊宝六丁秘法』『武備志』『遁甲演義』『鼇頭通書大全』『遁甲玄文』および日本の若杉家文書『小反閇作法幷護身法』の小反閇がある。[46]『景祐』②の呪文で「歩罡」「足履北斗・三台」と云い、『黄帝太一八門入式秘訣』では「出召神啓請訖以禹歩法」と云い、ここの①に見える呪文に相当する呪文を唱え終わった後すぐに禹歩を行っている。これらの資料から考えれば、儀式の前半で禹歩を行うのが本来の形態のようにも思えるが、ここは待考としておく。[47]

④は『景祐』の天門・地戸・玉女の立成(早見表)。『太上』の立成は⑬つまり最後に置かれる。結論から言えば、『景祐』の立成がここにあるのは誤りに違いない。

④部分を、続修四庫全書本の葉数行数で示せば、立成は第11葉A7行目〜B2行目に、「經曰、若不布局請神

喝算、則神無験（驗）矣」の一文は第11葉Ｂ3行目に、「眞人閉六戊法」の六字（題字）は第11葉Ｂ4行目に、その図は第11葉Ｂ5行目～11行目に当たる。

しかしながら、「眞人閉六戊法」という玉女反閉局法とは別の儀式は、玉女反閉局法の次、第15葉Ａ10行目から記述されているのである。なぜこのようなことになったのであろうか。

考えるに、『景祐』も本来は、『太上』のように立成は玉女反閉局法の最後に置かれていたと思われる。その証拠に、『太上』の立成の次にある⑭「此法、如不敬心祈祝、降神不専、然呪筭則無験矣」の一文は、『景祐』④の「經曰、若不布局請神喝算、則神無験（驗）矣」と類似する。両者とも玉女反閉局法の締めの言葉と見做される文面である。故に、『景祐』の立成は⑬の場所に、「經曰……」の一文は⑭の場所に本来あったと推測される。

この推測を基に考えれば、おそらく抄写者が、（算木を動かす段に入る前に立成があった方が便利だと考えたのか、本来、玉女反閉局法の最後にあった）立成を前に持って来たのだが、誤って立成の次にある玉女反閉局法全体の締めの言葉と、その次の真人閉六戊法の題字と図までも前に持って来てしまったのであろう。

以上を要するに、続修四庫全書本の第11葉Ａ7行目からＢ11行目までのそのすべてを、第15葉Ａ9行目と10行目の間に移すべきなのである。

⑤は入局の方法および四方神への禱祝（謹請）。入局の方法については、各文献間に異同があることは既に述べた（第一節①）。四方神への禱祝は古玉女反閉局法には見えなかったものである。

⑥で算木を動かす。内容的には古玉女反閉局法と同一である（第一節②）。『太上』の「子上下第一筭」は「子上に第一筭を下《お》く」と読むのであろう。なお、『景祐』には、午→辰への算木の移動以降は算木を動かし終わった後に六神を呼ぶ記述がない。これについて『遁甲玄文』には「以上喝籌依前式、下之不拘何日、皆以第一籌爲青龍、第二籌朱雀、第三籌勾陳……（以上の喝籌は前式に依り、之を下《お》くに何日かに拘《かかは》らず、皆な第一籌を以て青龍と爲し、第二籌を朱雀とし、第三籌を勾陳とし……）」と云う。ただし、この法則が『太上』『景祐』にも当て嵌まるかど

うかは定かではない。

⑦は、⑥で六本の算木すべてを動かし終わった後に唱える呪文だと思われる。これも古玉女反閉局法では見られなかったものである。

⑧は、玉女の所在の法則と、玉女に乗る際の呪文。玉女は、子日は庚上に居り、そこから反閉局に書かれた八干・四維を時計回りに廻る。つまり丑日は辛上、寅日は乾上……、となる。玉女に乗る際の呪文は『太白』(第一節⑤)とほぼ同じ。

⑨は『景祐』の禹歩。禹歩については既に③で述べた。『景祐』では禹歩が終わった後に、更に、『太上』には見られない「六甲九章……」という呪文を唱える。(48)

⑩は天門・地戸への出入(第一節④に相当)。ここでは目的別に二つのバージョンが記載されている。すなわち吉事・遠行・貴人に会う・上官・赴任の場合は、地戸を出て、天門に入る。入陣・掩捕・避兵・逃難・伏匿・殯葬・凶事の場合には天門を出で、地戸に入る。また目的別に呪文も異なっている。

⑪は乗玉女呪。古玉女反閉局法には見えないもの。⑧は玉女に乗る前に玉女に呼びかける呪文で(故に「當呼玉女所在」と云う)、ここは玉女に乗った後で唱える呪文であろう。因みに『景祐』では「玉女」と三回呼んでいるが、若杉家文書『小反閇作法幷護身法』の小反閇の玉女呪では「甲上玉女〻〻〻」という記述がある。ここの「甲上玉女」以下の記号は重文符号であり、「甲上玉女」と三回呼ぶことを示しており、玉女を三回呼ぶ点が共通している。(49)

⑫は四縦五横の画地。古玉女反閉局法では単に「畫地」であったが(第一節⑦)、『太上』『景祐』では四縦五横を地面に描く。『太上』の「刀を以て地を畫すこと後の如し」の文は、⑪の呪文の後の夾注である。「後の如し」と言われても後には何もない。呪文には「四縦五横」が見えるので、描く図形は四縦五横𠖦だと推測される。(50)おそらくここの後に本来、四縦五横の図があったものを(『正統道蔵』編入の際などに)落としたのであろう。『景

祐』は、『太上』のものに、叩歯・閉気などの要素を加えて、更に複雑化している。また、

歩三台星。自上台虚星〈精〉爲初歩、次中台六淳、下台曲星。二歩一咒「三台生我來、三台養我來、三台護我來。」

三台星を歩むに、上台虚精自《よ》り初歩と爲し、次に中台六淳、下台曲星なり。二歩するごとに一咒す。「三台は我を生じ來り、三台は我を養ひ來り、三台は我を護り來り」と。

とあるのは、②の九宮八卦図局（反閉局）の中に描かれた文面と一致する。そこの三台星を踏み歩きながら呪文を唱えるものであろう。

さて、となれば、九宮八卦図局の三台星の下にある「乾坤」「元亨」「利貞」はどのように使うのであろうか。『景祐』にはその使用法に関する記述が見えないのだが、これに関して若杉家文書『小反閇作法幷護身法』の小反閇に、

次六歩。乾坤　元亨　利貞　六歩。罡（剛）日ニハ右足ヲ先マツ《ママ》ナリ。柔日ニハ左足お先マツ《ママ》ナリ(51)。

とある。管見の限りでは、これ以外に、「乾坤」「元亨」「利貞」の歩法は見えない。おそらくは『景祐』には、本来、小反閇の歩法のような記述があったのではなかろうか。

唐突な感はあるが、『太上』『景祐』とも、ここで玉女反閉局法の儀式の記述は終わる。しかしながら、儀式後半の順序としては、天門・地戸の出入（⑩）→玉女への呼びかけ（⑧）→玉女に乗る（⑩）→乗玉女呪を唱える（⑪）→四縦五横の画地などの儀式を行う（⑫）→その後、算木を以て門を閉ざし、反閉局から出て、玉女反閉局法が終わる「以筭閉門而去」（⑩）、となるかと思う。

⑬は立成。『景祐』の立成もここに移すべきことは既に述べた。

⑭は締めの言葉。『景祐』のものも本来ここにあったはずである。

本節を終わるに当たって、両書の玉女反閉局法の比較を通じて、気付いたことを述べておきたい。『太上』と

『景祐』との大きな違いは、『景祐』には、『太上』に見えない呪文などが幾つか見える（①②⑨⑫）点である。ここから考えるに、『景祐』は、『太上』を基礎に、呪文などを増加させたものだと思われる。となれば、玉女反閉局法について言えば、『太上』は『景祐』よりも時代が古いものと考えるのが妥当であろう。(52)

むすび

本章では『太白陰経』『武経総要』『太上六壬明鑑符陰経』『景祐遁甲符応経』の玉女反閉局法について、初歩的な校勘と若干の解説を施した。これにより、玉女反閉局法の儀式次第をある程度は明らかにし得たのではないかと思う。しかしながら、文面の乱れおよび筆者の理解不足によって、未だ不明瞭な箇所も多い。文面の乱れに関しては、今回、入手・利用できなかった版本の捜索および確認を今後も続けていきたいと思う。(53)

最後に、本章の考察から判明した玉女反閉局法と日本陰陽道の反閇との関係について述べて本章を終わりたい。従来の陰陽道研究において、反閇が中国の玉女反閉局法に由来すること、また反閇が忌日の行幸等に先立って行われる陰陽道の邪気祓いの呪術儀式であることから、その行われる目的も玉女反閉局法と基本的には同じであることが明らかにされている。(54)中国の玉女反閉局法および陰陽道の反閇儀式（特に小反閇）の考察を通じて、「禹歩」が反閇を構成する呪術の一要素に過ぎないこともわかっていた。(55)

しかしながら、本章によってはじめて紹介された『太白陰経』『武経総要』の玉女反閉局法（古玉女反閉局法）の存在は、禹歩が、玉女反閉局法ではそもそも行われなかったもので、それは後から追加された要素に過ぎないことを明らかにした。要するに、本来的には玉女反閉局法と禹歩とは無関係なのである。

さて、従来の研究では、『隋書』経籍志掲載の『玉女反閉局法』三巻や『日本国見在書目録』（八九一年？）掲載の『玉女返閉』四巻・『玉女反閉局抄』一巻・『黄帝玉女返閉神林抄』一巻などの玉女反閉局法を、北宋初期の『景祐遁甲符応経』『太上六壬明鑑符陰経』の玉女反閉局法や明代の『武備志』の玉女反閉局法のようなものだと推測してきたのだが、古玉女反閉局法の存在が明らかになった今、このような考えは改めなくてはならない。筆者は、これらの佚書に記載されていたであろう玉女反閉局法は、古玉女反閉局法に近いものであったと推測する。筆と言うのは、時期的に考えて、古玉女反閉局法つまり、禹歩や四縦五横を伴わない、算木を反閉局上で移動させつつ呪文を唱える儀式である玉女反閉局法が日本に伝わり日本で行われた可能性が高いからである。

日本において「反閉」の語が見える最も古い文献は、八七二年から八七七年の間に成立したとされる『儀式（貞観儀式）』であり、[56] 唐代の『太白陰経』（七六八年？）に時期が近いのである。

後、北宋の初め頃には、おそらくは遁甲式占書を通じて、『太上六壬明鑑符陰経』『景祐遁甲符応経』に掲載されるタイプの禹歩や四縦五横が伴う玉女反閉局法が日本に入って来たのであろう。

しかしながら日本では、おそらくは陰陽師によって、この玉女反閉局法を簡略化した独自の略式の儀式すなわち「反閇」が作成された。この反閇には幾つかの種類があったらしいが、[57] 現在儀式次第がわかっているものは、そのすべてが略式つまり反閉局上で算木を動かす儀式を省略したものである。例えば、若杉家文書『小反閇作法幷護身法』（一一五四年）の小反閇では反閉局を作らず算木を動かすこともしない。[58] 本章附録を参照。

日本において、反閉局上で算木を動かす玉女反閉局法が行われたかどうかは、文献上の記載からわからないため、研究者によっては、日本では反閉局が作られることはなかったと考えている。[59] しかしながら、上述したように古玉女反閉局法が日本に伝わった可能性が高いため、日本で行われた「反閉」がすべてはじめから略式の反閇であったわけではない、と筆者は考える。例えば、『中右記』嘉保二年（一〇九五年）九月七日の条に見える祓の儀式についての記述に、

神祇史讀忌詞内外七言、其儀如反閇。

神祇史は忌詞内外七言を讀むに、其の儀、反閇の如し。

とあり、これについて小坂眞二氏は「これは、神祇官人が麻を持ち忌詞（不明）を読み乍ら歩く作法が反閉のようであったというのであろう」と云う(60)。筆者思うに、これは、神祇官人の儀式が、玉女反閉局法において算木を動かすため反閉局上を歩き回りつつ呪文を唱えるさまに似ていることを述べたものではなかろうか。

（1）村山修一編『陰陽道基礎史料集成』（東京美術、一九八七年）に掲載。

（2）陰陽道の反閇に関係する論著には以下のものがある。藤野岩友「禹歩考」（同氏著『中国の文学と礼俗』所収、角川書店、一九七六年）、小坂眞二「反閉」（『民俗と歴史』第八号、一九七九年）、同氏著「反閉 下」（『民俗と歴史』第一〇号、一九八〇年）、同氏著「陰陽道の反閇について」（村山修一・下出積与・中村璋八・木場明志・小坂眞二・脊古真哉・山下克明編『陰陽道叢書④特論』所収、名著出版、一九九三年）、同氏著「陰陽師が反閇をつとめるとはどういうことか」（『ダ・ヴィンチ』二〇〇一年一〇月号）、遠藤克己『近世陰陽道史の研究』（豊文社、一九八五年）第五篇第二章「陰陽道の呪術的行事」、村山修一「若杉家旧蔵の陰陽書について」（『史林』第三四〇号、一九八六年）、同氏前掲『陰陽道基礎史料集成』、野本覚成「陰陽道の反閉と戒壇結界――戒灌頂流の思想を見る」（『印度学仏教学研究』第三七巻第一号、一九八八年）、同氏著「「反閉」と大乗戒壇結界法」（村山修一他前掲『陰陽道叢書④特論』所収）、同氏著「地鎮法と陰陽道「反閉」の習合」（『儀礼文化』第二八号、二〇〇一年）、同氏著「道教と密教の習合事相――禹歩・反閉」（『東アジア文化環流』第一編第一号、二〇〇八年）、酒井忠夫「反閉について」（『酒井忠夫著作集5　道家・道教史の研究』所収、国書刊行会、二〇一一年）、同氏著（王賢徳訳）「談「反閉」――有関日中宗教文化交流史之研究」（『道教学探索』第四号、一九九一年）、八木意知男「特殊歩行の儀――反閇と禹歩――」（『神道史研究』第三八巻第一号、一九九〇年）、三崎良周「中国・日本の密教における道教的要素」（酒井忠夫・福井文雅・山田利明編『日本・中国の宗教文化の研究』所収、平河出版社、一九九一年）、諏訪春雄「六方・反閇・禹歩――顕現した神の足取り――」（『日中文化研究』第四号、一九九三年）、津田徹英「禹歩・反閇と尊星王・六字明王の図像」（『日本宗教文化史研究』第二巻第二号、一九九八年）、斉藤英喜「安倍晴明と陰陽道の呪術・祭祀」（酒井直行編『安倍晴明と陰陽道の秘術』所収、新人物往来社、二〇〇三年）、同氏著『安倍晴明』（ミネルヴァ書房、二〇〇四年）第六章「道の傑出者」、田中勝裕「『小反閇幷護身法』の一考察――「天鼓」と「玉女」をめぐって――」（『佛教大学大学院紀要』第三三号、二〇〇五年）、同氏著「反閇と地戸呪――若杉家文書『小反閇幷護身法』の解読から」（『佛教大学大学院紀要』第三五号、二〇〇七年）、繁田信一

『平安貴族と陰陽師　安倍晴明の歴史民俗学』（吉川弘文館、二〇〇五年）第一章第四節「家宅の危険性と陰陽師の反閇」、同氏著『陰陽師』（中公新書、二〇〇六年）第四章第四節「家内安全」、山下克明「若杉家文書『反閇作法并作法』『反閇部類記』」（『東洋研究』第一六四号、二〇〇七年）、深澤瞳「禹歩・反閇から身固めへ――日本陰陽道展開の一端として――」（『大妻国文』第四三号、二〇一二年）等。なお、芸能・民俗学関連のものは省略した。

（3）『太白陰経』の成立年代については、余嘉錫『四庫提要辨証』（中華書局、二〇〇七年）巻十一・子部二・兵家類および張文才・王隴訳注『太白陰経全解』（岳麓書社、二〇〇四年）の「前言」を参照。『太白陰経』の専論に湯浅邦弘「合理と呪術の兵法――『太白陰経』――」（同氏著『戦いの神――中国古代兵学の展開――』所収、研文出版、二〇〇七年）があり、『太白陰経』遁甲篇の専論に邢文芳『《太白陰経》遁甲篇研究』（浙江大学碩士論文、二〇一一年）がある。

（4）『武経総要』の成立年代は、許保林『中国兵書通覧』（解放軍出版社、一九九〇年）三五九頁に拠る。なお『武経総要』の占候（術数）部分は楊維徳の編纂にかかるもの。趙国華『中国兵学史』（福建人民出版社、二〇〇四年）四〇一頁を参照。

（5）筆者が利用し得たものは以下の通り。『黄帝太一八門入式秘訣』（『道蔵』洞玄部衆術類・五）、『霊宝六丁秘法』隠遁十二時筭子法（『道蔵』洞玄部衆術類・五）、明・程道生『遁甲演義』（一六一三年以降）巻三・玉女反閉訣（『四庫全書』所収）、明・茅元儀『武備志』（一六一九年）巻一百八十一・占度載・占三十四・景祐遁甲符応経纂三・釈玉女返閉局法（《中国兵書集成》編委会編『中国兵書集成（第27-36冊）』所収、解放軍出版社、一九八九年）、劉伯温校定（仮託）『奇門遁甲秘笈大全』（別名『奇門遁甲全書』）巻二十五・玉女返閉局（武陵出版有限公司、一九九八年）、『奇門遁甲』玉女返閉隠形局法（劉永明主編『増補四庫未収術数類古籍大全』所収、江蘇広陵古籍刻印社、一九九七年）、『遁甲玄文』釈玉女反閉法（劉永明前掲『増補四庫未収術数類古籍大全』所収）、明・熊宗立『鼇頭通書大全』（一七八六年重梓）巻之十・遁甲奇門・玉女反閉注局（竹林書局影印、一九九八年第六版）、張崇俊編『奇門遁甲秘笈真詮』玉女返閉局（武陵出版有限公司、一九八七年）、高安齢『奇門遁甲応用研究』第七章第三節「玉女反閉局」（武陵出版有限公司、一九九五年第二版）等。これらは玉女反閉局法を載せる書のほんの一部に過ぎない。なお、以上は成立年代不明のものもあるが、殆どが明清以降のもので、玉女反閉局法の原形を留めているとは言い難い。よってこれらを校勘に利用するのはなるべく控え、最低限に留めた。

（6）なお、『太白陰経』には八巻本（『四庫全書』所収）もあるが、八巻本は遁甲篇を含まない。

（7）《中国兵書集成》編委会編『中国兵書集成（第3-5冊）』（解放軍出版社、一九八八年）所収。

（8）四十三巻本は四十巻本の増補とされる。《中国兵書集成》編委会前掲『中国兵書集成（第3冊）』掲載「武経総要編輯説明」を参照。

（9）兵書集成本に拠り補う。
（10）『景祐』では「凡用三元九宮遁甲、無三奇吉門者、則不可出行、宜玉女反閉局而去」と云う。
（11）兵書集成本に拠り補う。
（12）兵書集成本に拠り改める。
（13）兵書集成本は「投死」を「求死」に作る。
（14）「第二籌子」の「子」は接尾辞。「籌子」で算木の意。十二支の子の意ではない。
（15）比較表中の空白・空行は上下で文面を比較できるよう調整したため生じたもの。必ずしも原著がそのようになっているわけではない。このため原著の段組みを変更した箇所も多い。ただし、文面の順序を入れ換えるなどの操作は行っていない。
（16）ここの前に「逃難隠死、作玉女反閉局法」とあることに拠り「閉」を補う。
（17）兵書集成本は「即」を「用」に作る。
（18）兵書集成本は「丙丁庚辛壬癸」に作る。
（19）兵書集成本は「日今」を「今日」に作る。これに拠り改める。
（20）銭熙祚に拠り改める。
（21）兵書集成本は「下」を「不成」に作る。これに拠り改める。
（22）兵書集成本に拠り改める。
（23）銭熙祚に拠り改める。
（24）兵書集成本に拠り改める。
（25）兵書集成本に拠り改める。
（26）兵書集成本は「二十」を「十二」に作る。これに拠り改める。
（27）天門・地戸についての専論には松村巧「天門地戸考」（吉川忠夫編『中国古道教史研究』所収、同朋舎、一九九二年）がある。
（28）洪丕謨・姜玉珍（中村璋八・中村敞子訳）『中国算命術』（東方書店、一九九二年）五六〜五八頁を参照。
（29）『武経』の立成は次の通り。「凡地戸所在立成。子丑日在乙、寅日在庚、卯辰日在丁、巳日在壬、午未日在辛、申日在甲、酉日在巽、戌日在癸、亥日在丙」（「酉日在巽、戌日在癸」は「酉戌日在癸」の誤りか）、「凡天門所在立成。子丑寅日在丙、卯辰巳日在庚、午未申日在壬、酉戌亥日在甲」、「凡玉女所在立成。子日在庚、丑日在辛、寅日在乾、卯日在壬、辰日在癸、巳日在艮、午日在甲、未日在乙、申日在巽、酉日在丙、戌日在丁、亥日在坤。」

(30) 兵書集成本に拠り補う。

(31) 兵書集成本は「彼倚仗強暴掩襲」を「被奇伏強暴掩襲」に作る。これに拠り改める。

(32) 兵書集成本は「爾之時」を「是時」に作る。

(33) 兵書集成本は「以畫地戸」を「手而畫斷地脈」に作る。

(34) なお、この呪文は『抱朴子』登渉篇に引く『遁甲中経』の隠身術の呪文「諾皋。大陰将軍、獨聞〈開〉曾孫王甲、勿開外人。使人見甲者、以為束薪。不見甲者、以為非人」に類似している。

(35) 『太上六壬明鑑符陰経』は、六壬式占書のような名称であるが、実際には六壬について書かれた書ではなく、太乙・六壬・遁甲の三式それぞれに関連した呪術を集めた書のようである。

(36) 「執刀」の二字がくっついて「劈」に誤ったもの。

(37) 『景祐』『黄帝太一八門入式秘訣』などは「大神」に、『遁甲演義』などは「眞君」に、『武備志』『奇門遁甲秘笈大全』などは「六神」に作る。

(38) 『遁甲演義』などは「䰽𩴾」を「𩳐䰽」に作る。

(39) 『遁甲演義』などが「今我歩罡」に作ることに拠り改める。

(40) 「補」は衍字かもしれない。

(41) 「戸」は衍字であろう。

(42) この文は、『武備志』は「有知我者、使汝迷不得」に、『奇門遁甲秘笈大全』は「有知我者、使汝迷不得見」に作るが、この呪文は四字句から成るため「有」一字を補うに留めた。

(43) 『遁甲演義』などが「吾去千里者回」に作ることに拠り「回」字を補う。

(44) この一行は不要。おそらく、抄写されたもとの版本がこの行の前後で葉が変わるものだったため、(次葉の最初に)もう一度「天門 地戸 玉女」と表示していたのを、抄写者がそのまま写してしまったのであろう。

(45) 「旺神」について『黄帝太一八門入式秘訣』に「春卯・夏午・秋酉・冬子」とある。「旺方」とはこれらの方角を指し、「旺氣」「旺神」はそれらの方角の気・神を指すものであろう。なお、旺については、洪丕謨・姜玉珍前掲『中国算命術』四二一〜五四頁を参照。

(46) 村山修一前掲『陰陽道基礎史料集成』。

(47) なお、『太上』の禹歩は、九歩で北斗九星を踏み、その際一歩ごとに呪文を唱える。一方、『景祐』の禹歩をはじめ、殆どの後世の玉女反閉局法は、七歩で北斗七星を踏み、その際一歩ごとに呪文を唱えるもの。北斗九星を踏むのは珍しいと言えるのだが、ここで興味深いのは、若杉家文書の小反閇中の禹歩も北斗九星を踏むものであり、両者が近い関係にある可能性がある。

(48) この呪文は、『太上六壬明鑑符陰経』では、玉女反閉局法ではなく、欲行千里出門法や真人禹歩斗罡といった別の呪術儀式の呪文として見える。

(49) 『遁甲演義』には「乘玉女、即三呼所在玉女呪」とある。

(50) 例えば、武陵出版有限公司一九九八年影印(版本不明)の『奇門遁甲秘笈大全』には「畫地法」として四縦五横の図が見える。一方、竹林書局の該書排印本(『奇門遁甲全書』二〇〇五年第一五版)では「畫地法」の字だけで図を落としてしまっている。これと同じような現象が『太上』でも起こったのではなかろうか。

(51) 「先《マツ》ナリ」はおそらく「先んずる」の意で、一文は、剛日には右足からスタートし、柔日には左足からスタートするの意味であろう。

(52) 『太上六壬明鑑符陰経』の成立年代について、酒井忠夫前掲「反閉について」は南宋～元代、Kristofer Schipper and Franciscus Verellen (ed): *The Taoist canon: a historical companion to the Daozang*. University of Chicago Press, 2004 は南宋以降、蕭登福『正統道蔵総目提要』(文津出版社、二〇一一年)は宋末とする。本章での比較は玉女反閉局法に限ったものであり、その書自体の成立年代まで明らかにし得ないが、玉女反閉局法に限って言えば、『太上』は、『景祐』より古い、つまり、北宋景祐年間以前のものと考えるべきであろう。

(53) 例えば、王重民『中国善本書提要』(上海古籍出版社、一九八三年)に明鈔本『景祐遁甲符応経』上部三巻下部三巻(アメリカ議会図書館蔵)の掲載が確認できる。『景祐遁甲符応経』および遁甲式占書の版本の調査は今後の課題としたい。

(54) 玉女反閉局法は、そもそもは、遁甲式占による占いの結果、出行や出軍が凶であった時に、その災厄を防ぐための儀式であったが、後、『武備志』には「凡一切出行用事、無吉方吉時、可用此法……、即不避歸忌・往亡・陥破一切凶神殺」と云い、帰忌・往亡といった日選びにおける凶日においての出行にも玉女反閉局法を行ったようである。

(55) 八木意知男前掲「特殊歩行の儀――反閇と禹歩――」。また、斉藤英喜前掲『安倍晴明』も参照。

(56) 『儀式』巻第八・相撲節儀に「陰陽師率相撲人等反閉」とある。津田徹英前掲「禹歩・反閇と尊星王・六字明王の図像」を参照。

(57) 小坂眞二前掲「反閉 下」。

(58)　日本陰陽道における反閇が、禹歩・四縦五横・呪文などから構成されるため、一見すれば、本書第二部第三章で検討した出土『日書』に掲載の「禹歩五画地法」に大変類似している。しかし反閇は玉女反閉局法の略式であり、かつ玉女反閉局法は、本来は古玉女反閉局法のように禹歩や四縦五横を伴わない儀式であった。であるから、日本の反閇と禹歩五画地法やこれを継承した速用縦横法等との間には直接的な継承関係があるわけではない。本章第二部第三章を参照されたい。

(59)　小坂眞二前掲「反閉」。

(60)　小坂眞二前掲「反閉　下」。

［附録］　参考のため若杉家文書『小反閇作法幷護身法』の小反閇部分を挙げておく（なお、原文には訓点および小文字で書き込まれた注釈の類が存在するが省略した）。

小反閇作法
先向可出之便門、申事由於玉女。
次觀五氣、三打天鼓、而臨目思。
木。肝中青氣、出自左耳、化爲青龍在左。
金。肺中白氣、出自右耳、化爲白虎在右。
火。心中赤氣、出自頂上、化爲朱雀在前。
水。腎中黒氣、出自足下、化爲玄武在後。
土。脾中黄氣、出自口中、化爲黄龍在上。
次勸請咒
南无陰陽本師・龍樹菩薩・提婆菩薩・馬鳴菩薩・伏羲・神農・黄帝・玄女・玉女・師曠・天老所傳此法、蒙益乞也。天判地理、早得驗貴、急〻如律令。
次天門咒
六甲六丁、天門自成、六戊六已、天門自開、六甲磐垣、天門近在、急〻如律令。
次地戸咒
九道開塞〻〻〻〻〻〻〻〻〻〻、有來追我者、從此極棄。乘車來者、折其兩軸。騎馬來者、暗其目。歩行來者、腫其足。揚兵來者、令自伏、不敢赴。明星北斗、却敵万里、追我不止。牽牛須女、化成江海。急〻如律令。
次玉女咒
甲上玉女〳〵、來護我身、無令百鬼中傷我。見我者、以爲束薪。獨開我門、自閇(閉)他人門。急〻如律令。
次刀禁咒
吾此天帝使者所使執持金刀、令滅不祥。此刀非凡常之刀、百練之鋥(鋼)。此刀一下、何鬼不走、何病不愈(癒)。千殃万邪、皆伏死亡。吾今刀下。急〻如天帝太上老君律令。
次四縱五横咒並印
四縱五横、禹爲除道、蚩尤避兵、令吾周遍天下、歸還故嚮〈鄉。向〉吾者死、留吾者亡。急〻如律令。

印

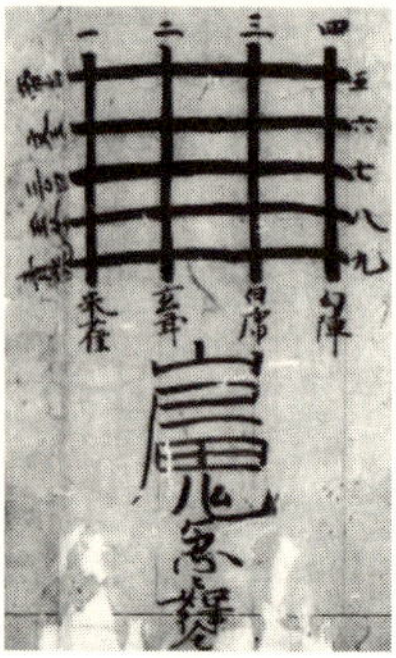

次禹歩
謹請天蓬・天内・天衝・天輔・天禽・天心・天柱・天任・天英。

次禹歩立留咒曰
南斗・北斗・三台・玉女、左青龍避万兵、右白虎避不祥、前朱雀避口舌、後玄武避万鬼、前後輔翼。急〻如律令。
次六歩
乾坤　元亨　利貞　六歩。罡(剛)日ニハ右足ヲ先マツナリ。柔日ニハ左足お先マツナリ。

結論

本書では、戦国秦漢時代の墓地から出土した術数文献を研究対象とし、文献としての構造的特徴、思想的特徴、およびその伝承、歴史的変遷を考察した。そして、かかる考察を通して、出土術数文献を中国古代思想史の中に位置付けることを試みた。行論においては、考察の対象として出土術数文献の中でも、特に択日（日選び）の文献である『日書』を中心に検討を行った。

各論における結論をそれぞれ纏めれば、次のようになる。

序論「新出土資料と中国古代術数研究」では、まず思想史研究上における術数文献の重要性および術数学研究上における出土文献の重要性を指摘し、次に、本研究の導入として、これまでの研究史における「術数」という言葉の定義をめぐる議論について紹介するとともに、本書における「術数」という言葉の用法を提示した。

第一部解題篇では出土術数文献の解題を網羅的に詳細に行い、戦国秦漢時代における術数の全体像の把握に努めた。

第二部第一章「睡虎地秦簡『日書』における神霊と時の禁忌」では、睡虎地秦簡『日書』の日選びにおける禁忌を考察することを通じて、『日書』の文献としての特徴およびその背後にある思想を明らかにした。

その方法としては、神霊に由来する時日の禁忌を、その主体別に分類し、①天神・神煞（後述）によるもの（高位の神霊）、②祭祀対象になる神霊によるもの（人々に身近な神霊）の二種類に区分し、後世の通書（択日書）との比較を行い、また、宗教学におけるタブー研究の成果を利用することで、睡虎地秦簡『日書』における時日の禁忌の独自性を検討した。

かかる検討の結果、睡虎地秦簡『日書』における時日の禁忌には、神霊に対する畏敬感に基づく原始的な態度が保存されていることが見て取れるのである。このことは睡虎地秦簡『日書』が、基本的には実利を追求するための占術の書でありながらも、後世の通書とは異なり、未だ通俗化・功利化・大衆化しきっていないことを意味する。

第二部第二章「中国古代の神煞——戦国秦漢出土術数文献に見るもうひとつの天道観——」では、前章で十分に議論できなかった神煞（日の吉凶を支配する神。架空の星・星神とされる）について考察を加えた。後世、神煞は二種類に分類される。ひとつはある行動をなすのに良い日だとされる「吉神」、もうひとつはある行動をなすのに悪い日だとされる「凶煞」である。本章では、出土術数文献中に見える択日に関する神煞を収集し、これらの神煞の中で、後世の凶煞と同一の存在だと考えられるものが多数確認されるのに対し、後世の吉神と同一の存在は全く見つけ出すことができないことを確認した。戦国秦漢時代には吉神が存在しない。だとすれば、吉神という概念は漢代以降に発生した後発の概念だと言える。

かかる事実をば、筆者は、前章で確認した畏敬感を基本とした神煞の禁忌への遵守、かかる原始的信仰を背景とする態度が、時代が降るにつれ大きく変容した結果だと解釈する。故に、後世には「吉神」という概念が生まれ、「吉神」に福を求めつつ「凶煞」を忌み嫌うという功利的な態度へ、という移行が起こった。古代における人と神煞との関係と、後世における両者の関係はもはや全く別物となっているのである。

本章では、神煞の禁忌への遵守が、中国思想のいわゆる敬天順時の考え方と一致することから、規則的・循環的な運行をする神煞は、「天道」そのものもしくはその一部と見做されていたと想定し（この想定は『史記』太史公自序・六家之要指の考えに基づく)、かかる神煞観念の変化を、人の天に対する考え方(天道観)の変化だと捉える。となれば、出土術数文献に見える天道観は、かかる変化を経る以前の、よりプリミティブな天道観だと言えるのである。筆者はこれを「術数的天道観」と名付けた。

術数的天道観の特徴は、①天道(自然界の循環的運行規則)への一方的随順、②天が人に道徳的規範を要求しないことである。これは伝世文献、特に儒家文献に見られる道徳による天と人との双方向的な感応(天人感応・天人相関)を基礎とする天道観とはまるで異なっている。このような天道観の存在は、従来の典籍には殆ど記載されていなかったため、出土術数文献の発見によってはじめて明らかになったのである。両者の天道観の違いは、同時に両者の文献としての性質が異なることをも物語る。

前章を含めた以上の考察によって、出土術数文献の中国思想史上における特異性、およびその特異性の理由を明らかにすることができた。しかし、出土術数文献および術数的天道観は単に特異なだけではない。本章では、術数的天道観が、中国全土において卿大夫から庶民に到るまで広汎に共有されていた点から、中国的思考を理解する上で、つまりは中国思想史を考える上で、重要な概念であることをも指摘した。

第二部第三章「『日書』における禹歩と五画地の出行儀式」では、『日書』における禹歩に関連した箇所についての先行研究を再検討した。睡虎地秦簡および放馬灘秦簡『日書』には、「禹歩」「呪文」「五画地」などからなる儀式(以下、「禹歩五画地法」と称する)を出行に際して行うことが見えるが、本章では、継承の関係が不明瞭であった禹歩五画地法から後世の速用縦横法への流れを種々の資料を用いて検討した。

その結果、『日書』の禹歩五画地法→『北斗治法武威経』の天罡法(初唐もしくは盛唐)→敦煌遺書P二六六一背の出行儀式・敦煌遺書P二六一〇などの出軍大忌日法(中唐)→『居家必用事類』に引く『趙氏拝命暦』(一一九三年)の速用縦横法→明清の通書・日用類書に見える速用縦横法→現代へ、という継承関係を明らかにすることができた。

本章の結論としては、『日書』の禹歩五画地法について、上記の出行儀式の継承関係を踏まえることで、従来の研究者が指摘してきたものとは異なる実態を明らかにすることができた。次の通り。

一、禹歩五画地法は後世文献に見える類似の諸儀式と同じく、出行の凶日にどうしても出発しなくてはならない場合に行うものであるが、『日書』では、出行の吉凶日が、禹歩五画地法に隣接して記載されている。これによって、睡虎地秦簡『日書』甲種の禹歩五画地法は「亡日」「出亡帰死之日」に出発する際の対処儀式であり、睡虎地秦簡『日書』乙種の禹歩五画地法は「臽日」に出発する際の対処儀式であり、放馬灘秦簡『日書』の禹歩五画地法は「禹須臾行日」に示される出行の吉方に出発できない際の対処儀式だとわかるのである。

二、出行の凶日に出発すれば、当然災いを受けるはずであり、それをあらかじめ防禦しなければならず、そのため禹歩五画地法では、複数の辟邪術（「禹歩」「五画地」等）を組み合わせることで、その辟邪の効力を高め、それへの対策とした。また、それぞれの出行の凶日に対応する儀式は、それぞれその組み合わせが異なっている。本章で扱った三種の禹歩五画地法がそれぞれその構成要素に共通性があるものの、全く同じでないのは、異なった凶日に異なった儀式で対応したがためであると推測できる。

第二部第四章「玉女反閉局法について」は、玉女反閉局法の専論である。この儀式については、日本の陰陽道研究において、陰陽道の反閇《へんばい》のルーツとして、先行研究でたびたび紹介されていたものの、十分な考察はなされていなかった。本章では、玉女反閉局法が見える文献で古いものから四種（『太白陰経』『武経総要』『太上六壬明鑑符陰経』『景祐遁甲符応経』）を取り上げ、その儀式次第を順を追って紹介し、また文面の基礎的な校勘を試みた。

この校勘作業を経て新たに判明した点が幾つかある。①『太白陰経』『武経総要』→『太上六壬明鑑符陰経』『景祐遁甲符応経』という玉女反閉局法の展開を確認し、その結果、玉女反閉局法はそもそもは「禹歩」や「四縦五横」等を伴わない儀式であったことがわかった。②かかる事実によって、従来、日本の陰陽道研究において玉女反閉局法およびこれに基づく日本の反閇に不可欠の要素と考えられていた「禹歩」が、そもそもは反閇儀式と無関係であることが判明し、③また、『日書』の禹歩五画地法および前章にて検討したこの儀式を継承した速用縦横法に到るまでの一連の諸儀式と、玉女反閉局法とが直接的継承関係にないことが明らかになった。

あとがき

本書は、筆者のこれまでの術数に関連した論考を纏めたものである。各論ともその論旨に大きな変更はないが、その後に発表された研究成果を取り込んだりして大幅な加筆・訂正を行った。各章の初出は次の通り。

序　論　「出土術数書について――術数書の源流――」（研究代表者三浦國雄『術数書の基礎的文献学的研究――主要術数文献解題 続編――』所収、平成一九～二〇年度科学研究費補助金基盤研究（C）研究成果報告書、二〇〇九年）

第一部解題篇

「出土術数書解題」（研究代表者三浦國雄『術数書の基礎的文献学的研究――主要術数文献解題 続編――』所収、平成一九～二〇年度科学研究費補助金基盤研究（C）研究成果報告書、二〇〇九年）

「出土術数書解題」（研究代表者三浦國雄『術数書の基礎的文献学的研究――主要術数文献解題 第三編――』所収、平成二一～二三年度科学研究費補助金基盤研究（C）研究成果報告書、二〇一二年）

第二部論文篇

第一章　「睡虎地秦簡『日書』における神霊と時の禁忌」（『中国出土資料研究』第九号、二〇〇五年）

第二章　「中国古代の神煞――戦国秦漢出土術数文献に見るもうひとつの天人関係――」（『中国哲学』第四〇号、二〇一三年）

第三章　「『日書』における禹歩と五画地の再検討」（『東方宗教』第一〇八号、二〇〇六年）
第四章　「玉女反閉局法について」（『北海道大学大学院文学研究科研究論集』第六号、二〇〇六年）

本書は二〇一〇年三月に提出した筆者の博士学位論文『出土術数文献の研究』に基づき、これを大幅に増補改訂したものである。なお、もともとの博士論文中には『周易』について論じた第二部第五章から第七章があったが、これは省略した（筆者の見解の一部は解題篇の各文献の解題中に取り込んである）。『周易』と術数の関係については、近年、卜筮に関する新たな資料が陸続と発見、公開されており（本書第一部解題篇を参照）、それらの資料を利用して改めて考察したいと思う。

また、本来ならば本書結論において今後の課題と展望についても記すべきであろうが、これも省略した。今後の課題については解題篇の各解題中や第二部の各論考中、特に第二部第二章第七節中に、既に記してあるからである。

今後の展望としては、筆者として希望することは、一人でも多くの読者が、本書を叩き台として、術数研究あるいは術数文献を用いた思想史研究に「参入」してもらいたいと思っている。解題篇はそのために、基礎的な事柄を日本の学界へ紹介することを目的に作成したし、論文篇では、『日書』とは何か、出土術数文献とは何か、ということを明確にし、術数文献が検討の対象とするに十分な学術的価値を有するのだということを読者に認識いただけるよう心掛けた。そういった意味から、本書を「基礎的研究」と題した。

さて、本書はいわば二〇〇一年に筆者が北海道大学大学院修士課程に進学してから現在に到るまでの研究の成果を纏めたものとなる。振り返れば、修士課程進学以前、筆者は教育学部の学生として教師を目指すかたわら、独学で、あくまで趣味として中国学関連の一般書などを読んでいたに過ぎず、専門的な訓練など受けたこともない学生であった。大学院進学以来、北海道大学大学院文学研究科中国文化論研究室の先生方すなわち故伊東倫厚先生、佐藤錬太郎先生、弥和順先生、近藤浩之先生、水上雅晴先生（現在琉球大学教育学部）、特に指導教員である近藤浩之先生の暖かくも厳しく熱心なご指導によって、何とか博士論文を完成させることができるまでに到った次第である。かかる学恩に、心からお礼申し上げ、感謝の意を表したい。

また、先生ばかりでなく、中国文化論研究室の先輩・同学・後輩の方々には日々学術的な面から私的な面まで種々様々な面でお世話になった。皆様に心から感謝したい。この研究室がなかったならば今の大野は決して存在していなかったであろう。

北大中国文化論の特色を示すため、学生時代を振り返ってみたい。近藤先生の授業では、筆者が進学した初年度に、何琳儀『戦国文字通論』によって出土資料の基礎的な部分から教えていただくことができた。続いて郭店楚簡『五行』、馬王堆帛書『五行』、郭店楚簡『性自命出』、上海博物館蔵戦国楚竹書『性情論』、上海博物館蔵戦国楚竹書『周易』、張家山漢簡『算数書』、張家山漢簡『蓋盧』などがゼミの題材となった。また近藤先生には睡虎地秦簡『日書』の読書会を週一で開催していただいた。筆者が北大進学時、近藤先生は北大に赴任して一年経ったばかりであり、また筆者の同学・後輩に出土資料に興味のある学生が多数いたという恵まれた環境であったため、出土資料学について、共に一から教わり、共に学び共に成長することができた。思えば僥倖の限りである。佐藤先生のゼミでは宋明理学関係の文献、例えば『朱子語類』や『聖学宗伝』などを読んだ。弥先生のゼミでは注疏を、筆者参加時は『礼記注疏』を読んだ。伊東先生の講義とゼミは、その殆どが『易』もしくは『説文』（すなわち文字学）に関する内容であった。水上先生には孫詒譲『周礼正義』の読書会を開いていただき、水上先生からは清朝考証学について学ぶことができた。このように当時の北大は中国思想史を総合的・多角的に学べるという環境が整っており（当時はそれを特別なことだとは感じてはいなかったが）、もし筆者が北海道大学に来なければ、経学や「易と説文」について詳しく学べなかっただろうし、興味も持てなかったのではないかと思うと、北大での研究生活が、これまでのそしてこれからの私の研究においていかに貴重で重要であったかを思い知らされる。言うまでもないかもしれないが、易学は術数学の、文字学は出土資料学の骨子である。

本書の基になった各論文および本書執筆に際しては、北大以外の先生方にも多くのご助力をいただいた。第二部第三章の論考執筆に当たっては、李承律先生（当時東京大学大学院講師）に便宜を図っていただき、東京大学総合図書館蔵本『軍林兵人宝鑑』を見ることができた。その後も李先生には東京に行く度お世話になった。また、劉楽賢先生からは、劉昭瑞氏の論文「論〝禹歩〟的起源及禹与巫、道的関係」を送付いただいた。劉先生とはその後、中国留学中に何度かお会いする機会に恵まれ、抜刷や貴重な情報をいただくことができた。そして、筆者の研究の大きな契機となった出会いがある。すなわち二〇〇四年、二松学舎大学での第五六回日本中国学会において、伊東倫厚先生にご紹介いただいた三浦國雄先生との出会いである。三浦國雄先生は術数学の重要性を早くから説いておられ、かねてからお会いしたいと思っていた。が、お会いするどころかその後、三浦先生の科研費研究プロジェクトの研究協力者に加えていただくことになった。すなわち研究代表者三浦國雄「術数書の基礎的文献学的研究――主要術数文献解題――」（筆者が参加したのは二〇〇七年の続編から）である。かかるプロジェクトに参加して、筆者の今後の研究の対象が定まることとなった。すなわち「術数学」研究に従事しようと決心するに到った。

博士論文提出に前後して、中国政府奨学金高級進修生として計三年間、中国・北京に留学した（二〇〇七～〇九年および二〇一〇～一一年）。受入研究者として筆者を快く迎え入れてくださった清華大学の廖名春先生、北京外国語大学の郭連友先生には心から感謝したい。この三年間、筆者は、決して研究者としては真面目に活動を行っていたとは言えないのだが、しかし、「中国」なるものを肌身を通じて感じることができた貴重な時間であった。留学を通じて筆者は、かかる「感覚」を言語化することこそが中国学研究なのだと確信した。本書はその第一歩なのだとも言える。

その後は、大変ありがたいことに、筆者は日本学術振興会海外特別研究員に採用され、台湾大学にて二年間研究に従事することができた（二〇一一～一三年）。日本学術振興会および受入研究者の鄭吉雄先生（現在香港教育学院）、李隆献先生にお礼申し上げる。台湾での二年間の研究生活は大変収穫の多いものであった。その成果は本書の随所に取り込んである。台湾での二年間を経ることで、本書を、博士論文として提出した時とはまるで見違えるような、充実した内容に発展させることができた。術数の本場とも言える台湾での資料調査ができたことも大きいが、特に台湾大学にて出席できた鄭吉雄先生の「中国思想史」、および佐藤將之先生の「先秦儒家哲学討論」の授業にて得るものが非常に大きかった。両先生とも独自の「思想史」を構築されており、講義を通じて両先生の思想史研究の方法を学ぶことができた。台湾での研究を経て、（やっと）筆者の研究方針が固まったと言える。それは、術数文献を用いた筆者独自の思想通史を描くこと、である。本書をその第一歩とするため、博士論文を大幅に改稿することになったのである。

また、二〇一〇年からは武田時昌先生主宰の京都大学人文科学研究所共同研究班「術数学――中国の科学と占術」に班員として参加させていただいており、当班を通じて術数学研究の最新成果を入手できるようになり、その成果も本書に取り込むことができた。班長の武田先生には、筆者の参加を許可されたこと、そして何より、日本の術数学研究を牽引してくださっていることを、感謝申し上げる。

ここに名前を挙げることができなかったけれども学会発表の場等を通じてご指導くださった多くの先生方および学兄・学友皆様に感謝申し上げる。とともに今後、筆者の術数思想史構築に向けて、変わらぬご助力をお願い申し上げる次第である。

以上を要するに、本書は決して筆者一人の力で完成できたものではなく、多数の師友の様々なご助力とご学恩によって完成することができた、ということを伝えたかった次第である。

筆者が大学院を修了してから、日本社会は、急速に、それまでとは大きく変化している。尖閣問題に端を発する日中関係の悪化、東日本大震災を経ての社会の変化、ソーシャルメディアの発展とそれに対応しきれていない旧態依然の諸組織（この中には「学界」「学会」そして筆者をはじめ研究者も含む）……。かかる緊迫した状況を前にしても、筆者は文献学者でしかなく、文献を通して、文献に基づいて発言を行うことしかできない。しかしながら、文献に基づいて、着実に、「中国」とは何か、を問い続け、考え続けることこそ、中国学に従事する者としての、文献学者としての、そして私の使命だと考える。これが（大変当たり前で月並みでしかないが）この十数年に渉る研究そして留学を経て、私が中国学研究者としての責務だと考えるに至ったものである。本書がその責務を十分に果たしているとは、筆者自身到底思えないものではある。が、何度も繰り返しているが本書は第一歩に過ぎない。「術数」を通じて中国を見ることが、少しでも中国を理解することに役立つ点があると筆者は信じる。本書を通じてそのことを伝えることができたならば幸いである。今後も、より一層、術数学研究に尽力したい。

老家呉市にて

二〇一三年一〇月一八日

大野裕司

大野裕司（おおの ゆうじ）

1978年生まれ。2010年北海道大学大学院（文学研究科・歴史地域文化学専攻・中国文化論講座）博士後期課程修了。博士（文学）。中国・清華大学（2007～09年）、北京外国語大学（2010～11年）に留学。日本学術振興会海外特別研究員として国立台湾大学中国文学系客座研究員（2011～13年）を経て、現在、北海道大学大学院文学研究科専門研究員。

共著に研究代表者三浦國雄『術数書の基礎的文献学的研究――主要術数文献解題 続編――』（平成19～20年度科学研究費補助金基盤研究（C）研究成果報告書、2009年）、同代表『術数書の基礎的文献学的研究――主要術数文献解題 第三編――』（平成21～23年度科学研究費補助金基盤研究（C）研究成果報告書、2010年）、共訳書に朱伯崑著・伊東倫厚監訳・近藤浩之編『易学哲学史』（朋友書店、2009年）がある。

北海道大学大学院文学研究科 研究叢書27

戦国秦漢出土術数文献の基礎的研究

2014年6月10日 第1刷発行

著　者　大野裕司

発行者　櫻井義秀

発行所　北海道大学出版会

札幌市北区北9条西8丁目 北海道大学構内（〒060-0809）

Tel. 011(747)2308・Fax. 011(736)8605・http://www.hup.gr.jp/

アイワード/石田製本

© 2014 大野裕司

ISBN978-4-8329-6802-8

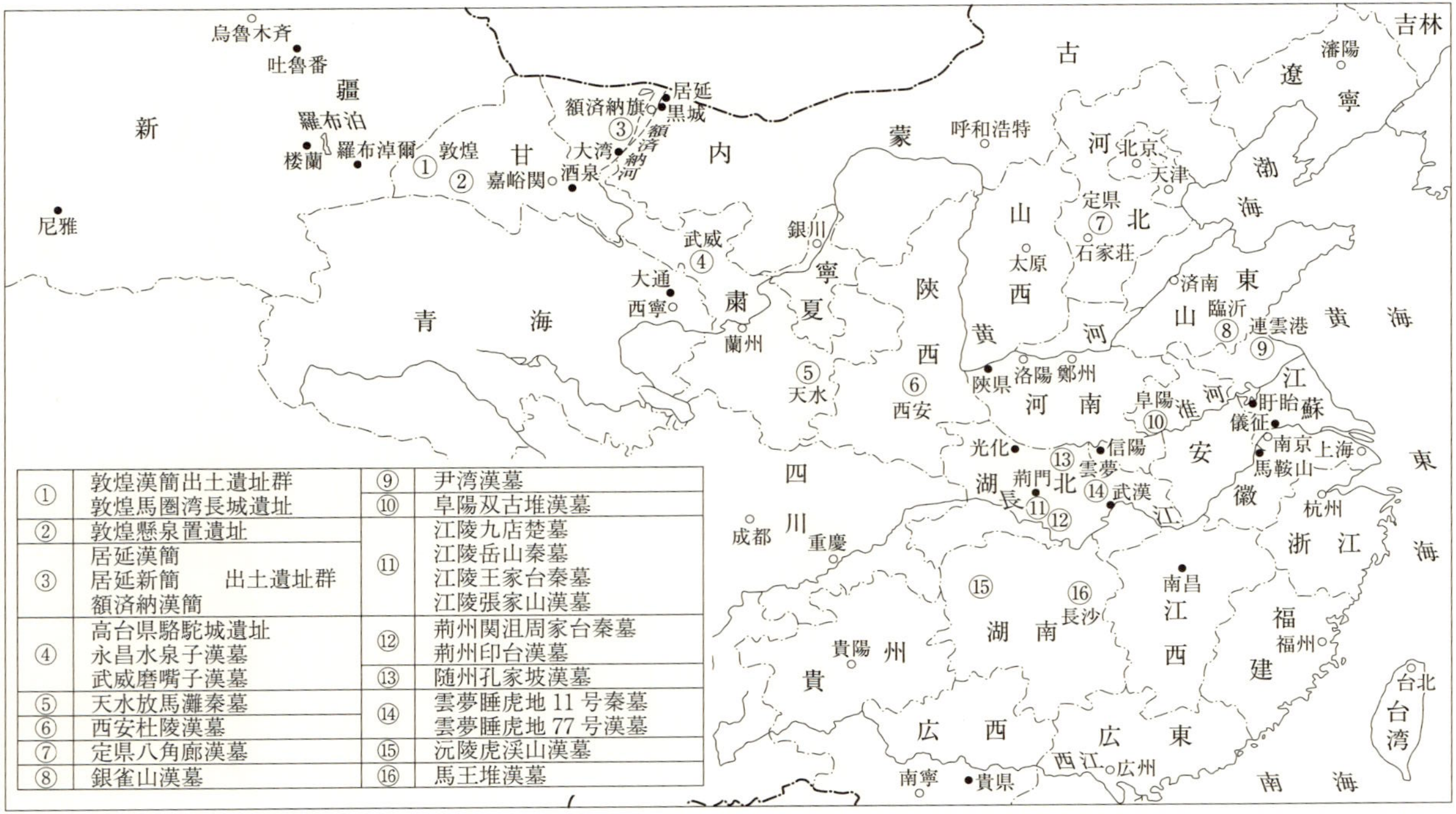

①	敦煌漢簡出土遺址群 敦煌馬圏湾長城遺址	⑨	尹湾漢墓
		⑩	阜陽双古堆漢墓
②	敦煌懸泉置遺址	⑪	江陵九店楚墓 江陵岳山秦墓 江陵王家台秦墓 江陵張家山漢墓
③	居延漢簡 居延新簡　　出土遺址群 額済納漢簡		
④	高台県駱駝城遺址 永昌水泉子漢墓 武威磨嘴子漢墓	⑫	荊州関沮周家台秦墓 荊州印台漢墓
		⑬	随州孔家坡漢墓
⑤	天水放馬灘秦墓	⑭	雲夢睡虎地 11 号秦墓 雲夢睡虎地 77 号漢墓
⑥	西安杜陵漢墓		
⑦	定県八角廊漢墓	⑮	沅陵虎渓山漢墓
⑧	銀雀山漢墓	⑯	馬王堆漢墓

簡牘出土地図

図版引用一覧

†図 1
睡虎地秦墓竹簡整理小組編『睡虎地秦墓竹簡』(文物出版社、1990 年)。
北京大学出土文献研究所編『北京大学蔵西漢竹書墨迹選粋』(人民美術出版社、2012 年)。
李憲章授男遠江合編『聚宝楼通勝 2001 辛巳年』(聚宝楼、2000 年)。
『文化大雑書万宝大成』(文化九年(1812 年)、皇都書肆)。
高島大鳳『平成十五年高島本暦』(有限会社神栄館、2002 年)。
劉徳義『2005 中華民国 94 年歳次乙酉年雞年 大義福禄寿暦書』(大義出版社、2004 年)。
長沢規矩也編『宋本三世相』(長沢規矩也による宋刊本の影印、1933 年)。

†図 2
劉楽賢『馬王堆天文書考釈』(中山大学出版社、2004 年)。

†図 3
湖北省荊州市周梁玉橋遺址博物館編『関沮秦漢墓簡牘』(中華書局、2001 年)。

†図 4・†図 5
陳松長『簡帛研究文稿』(綫装書局、2008 年)。

†図 6
『増補玉匣記通書』(上海校経山房石印、出版年不明)。

†図 7
何介鈞『馬王堆漢墓』(文物出版社、2004 年)。

†図 8
連雲港市博物館・東海県博物館・中国社会科学院簡帛研究中心・中国文物研究所編『尹湾漢墓簡牘』(中華書局、1997 年)。

†図 9
『四庫術数類叢書(九)』(上海古籍出版社、1991 年)所収『欽定協紀辨方書』。

†図 10
李憲章授男遠江合編『聚宝楼通勝 2001 辛巳年』(聚宝楼、2000 年)。

†図 11
湖北省荊沙鉄路考古隊編『包山楚簡』(文物出版社、1991 年)。
河南省文物考古研究所編『新蔡葛陵楚墓』(大象出版社、2003 年)。

†図 12
荊州地区博物館「江陵王家台一五号秦墓」(『文物』1995 年第 1 期)。

†図 13
『増補玉匣記』(上海錦章図書局石印、出版年不明)。

†図 14・†図 15
睡虎地秦墓竹簡整理小組編『睡虎地秦墓竹簡』(文物出版社、1990 年)の図版を基に作成。篇名は劉楽賢『睡虎地秦簡日書研究』(文津出版社、1994 年)に拠る。

†図 16
張徳芳主編・孫占宇著『天水放馬灘秦簡集釈』(甘粛文化出版社、2013 年)の図版を基に作成。篇名も同書の命名に拠る。

†図 17
冨山房編輯部編輯『漢文大系第 17 巻 礼記』(冨山房、1976 年)所収『礼器図』。

†図 18
『続修四庫全書術数類叢書』(上海古籍出版社、2006 年)所収『景祐遁甲符応経』の図版を基に作成。

†図 19
洪丕謨・姜玉珍(中村璋八・中村敞子訳)『中国算命術』(東方書店、1992 年)。

† 225 頁図版
『道蔵』(上海書店・文物出版社・天津古籍出版社、1988 年)所収『北斗治法武威経』。

† 262 頁図版
『続修四庫全書術数類叢書』(上海古籍出版社、2006 年)所収『景祐遁甲符応経』。

† 280 頁図版
村山修一編『陰陽道基礎史料集成』(東京美術、1987 年)。

†簡牘出土地図
劉正成主編『中国書法全集 第 6 巻』(栄宝斎出版社、1997 年)に掲載の「秦漢簡牘帛書出土分布示意図」を基に作成。

戰國秦漢出土術數文獻之基礎研究

大野裕司

中 文 目 錄

書名索引

本索引に挙げる書名は主として近代以前の文献を対象とする。

出土術数文献については、「出土地」「時代」「書写材料」を冠した名称で掲載してある（例：雲夢睡虎地秦簡『日書』）。また、第一部解題篇に解題が掲載してある文献については、その頁数をゴシック体で示す。

ア　行

カ　行

サ　行

タ　行

ナ　行

ハ　行

マ　行

人名索引

ア　行

カ　行

サ　行

タ　行

ナ　行

ハ　行

マ　行

ヤ　行

ラ　行

ワ　行